AF119366

SV

NELLY SACHS
WERKE

Kommentierte Ausgabe
in vier Bänden
Herausgegeben von
Aris Fioretos

Band I

NELLY SACHS
GEDICHTE
1940-1950

Herausgegeben von
Matthias Weichelt

SUHRKAMP VERLAG

Die Ausgabe wurde gefördert von

 Riksbankens
Jubileumsfond

Satz: Hümmer GmbH, Waldbüttelbrunn
Druck: Druckhaus Nomos, Sinzheim
Printed in Germany
Erste Auflage 2010
ISBN 978-3-518-42156-7

1 2 3 4 5 6 − 15 14 13 12 11 10

INHALT

VERÖFFENTLICHTE GEDICHTE
1947-1949

IN DEN WOHNUNGEN DES TODES
(1947)

Meinen toten Brüdern und Schwestern

DEIN LEIB IM RAUCH DURCH DIE LUFT

Und wenn diese meine Haut zerschlagen sein wird,
so werde ich ohne mein Fleisch Gott schauen

Hiob

O DIE SCHORNSTEINE
Auf den sinnreich erdachten Wohnungen des Todes,
Als Israels Leib zog aufgelöst in Rauch
Durch die Luft –
Als Essenkehrer ihn ein Stern empfing
Der schwarz wurde
Oder war es ein Sonnenstrahl?

O die Schornsteine!
Freiheitswege für Jeremias und Hiobs Staub –
Wer erdachte euch und baute Stein auf Stein
Den Weg für Flüchtlinge aus Rauch?

O die Wohnungen des Todes,
Einladend hergerichtet
Für den Wirt des Hauses, der sonst Gast war –
O ihr Finger,
Die Eingangsschwelle legend
Wie ein Messer zwischen Leben und Tod –

O ihr Schornsteine,
O ihr Finger,
Und Israels Leib im Rauch durch die Luft!

Es gibt Steine wie Seelen.
Rabbi Nachman

AN EUCH, DIE DAS NEUE HAUS BAUEN

Wenn du dir deine Wände neu aufrichtest –
Deinen Herd, Schlafstatt, Tisch und Stuhl –
Hänge nicht deine Tränen um sie, die dahingegangen,
Die nicht mehr mit dir wohnen werden
An den Stein
Nicht an das Holz –
Es weint sonst in deinen Schlaf hinein,
Den kurzen, den du noch tun mußt.

Seufze nicht, wenn du dein Laken bettest,
Es mischen sich sonst deine Träume
Mit dem Schweiß der Toten.

Ach, es sind die Wände und die Geräte
Wie die Windharfen empfänglich
Und wie ein Acker, darin dein Leid wächst,
Und spüren das Staubverwandte in dir.

Baue, wenn die Stundenuhr rieselt,
Aber weine nicht die Minuten fort
Mit dem Staub zusammen,
Der das Licht verdeckt.

O DER WEINENDEN Kinder Nacht!
Der zum Tode gezeichneten Kinder Nacht!
Der Schlaf hat keinen Eingang mehr.
Schreckliche Wärterinnen
Sind an die Stelle der Mütter getreten,
Haben den falschen Tod in ihre Handmuskeln gespannt,

Säen ihn in die Wände und ins Gebälk –
Überall brütet es in den Nestern des Grauens.
Angst säugt die Kleinen statt der Muttermilch.

Zog die Mutter noch gestern
Wie ein weißer Mond den Schlaf heran,
Kam die Puppe mit dem fortgeküßten Wangenrot
In den einen Arm,
Kam das ausgestopfte Tier, lebendig
In der Liebe schon geworden,
In den andern Arm, –
Weht nun der Wind des Sterbens,
Bläst die Hemden über die Haare fort,
Die niemand mehr kämmen wird.

WER ABER LEERTE den Sand aus euren Schuhen,
Als ihr zum Sterben aufstehen mußtet?
Den Sand, den Israel heimholte,
Seinen Wandersand?
Brennenden Sinaisand,
Mit den Kehlen von Nachtigallen vermischt,
Mit den Flügeln des Schmetterlings vermischt,
Mit dem Sehnsuchtsstaub der Schlangen vermischt,
Mit allem was abfiel von der Weisheit Salomos vermischt,
Mit dem Bitteren aus des Wermuts Geheimnis vermischt –

O ihr Finger,
Die ihr den Sand aus Totenschuhen leertet,
Morgen schon werdet ihr Staub sein
In den Schuhen Kommender!

AUCH DER GREISE
Letzten Atemzug, der schon den Tod anblies
Raubtet ihr noch fort.
Die leere Luft,
Zitternd vor Erwartung, den Seufzer der Erleichterung
Zu erfüllen, mit dem diese Erde fortgestoßen wird –
Die leere Luft habt ihr beraubt!

Der Greise
Ausgetrocknetes Auge
Habt ihr noch einmal zusammengepreßt
Bis ihr das Salz der Verzweiflung gewonnen hattet –
Alles was dieser Stern
An Krümmungen der Qual besitzt,
Alles Leiden aus den dunklen Verliesen der Würmer
Sammelte sich zuhauf –

O ihr Räuber von echten Todesstunden,
Letzten Atemzügen und der Augenlider *Gute Nacht*
Eines sei euch gewiß:

Es sammelt der Engel ein
Was ihr fortwarft,
Aus der Greise verfrühter Mitternacht
Wird sich ein Wind der letzten Atemzüge auftun,
Der diesen losgerissenen Stern
In seines Herrn Hände jagen wird!

EIN TOTES KIND SPRICHT

Die Mutter hielt mich an der Hand.
Dann hob Jemand das Abschiedsmesser:
Die Mutter löste ihre Hand aus der meinen,
Damit es mich nicht träfe.
Sie aber berührte noch einmal leise meine Hüfte –
Und da blutete ihre Hand –

Von da ab schnitt mir das Abschiedsmesser
Den Bissen in der Kehle entzwei –
Es fuhr in der Morgendämmerung mit der Sonne hervor
Und begann, sich in meinen Augen zu schärfen –
In meinem Ohr schliffen sich Winde und Wasser,
Und jede Trostesstimme stach in mein Herz –

Als man mich zum Tode führte,
Fühlte ich im letzten Augenblick noch
Das Herausziehen des großen Abschiedsmessers.

Und das Sinken geschieht
um des Steigens willen
Buch Sohar

EINER WAR,
Der blies den Schofar –
Warf nach hinten das Haupt,
Wie die Rehe tun, wie die Hirsche
Bevor sie trinken an der Quelle.
Bläst:
Tekia
Ausfährt der Tod im Seufzer –
Schewarim
Das Samenkorn fällt –
Terua
Die Luft erzählt von einem Licht!
Die Erde kreist und die Gestirne kreisen
Im Schofar,
Den Einer bläst –
Und um den Schofar brennt der Tempel –
Und Einer bläst –
Und um den Schofar stürzt der Tempel –
Und Einer bläst –
Und um den Schofar ruht die Asche –
Und Einer bläst –

HÄNDE
Der Todesgärtner,
Die ihr aus der Wiegenkamille Tod,
Die auf den harten Triften gedeiht
Oder am Abhang,
Das Treibhausungeheuer eures Gewerbes gezüchtet habt.
Hände,
Des Leibes Tabernakel aufbrechend,
Der Geheimnisse Zeichen wie Tigerzähne packend –
Hände,
Was tatet ihr,
Als ihr die Hände von kleinen Kindern waret?
Hieltet ihr eine Mundharmonika, die Mähne
Eines Schaukelpferdes, faßtet der Mutter Rock im Dunkel,
Zeigtet auf ein Wort im Kinderlesebuch –
War es Gott vielleicht, oder Mensch?

Ihr würgenden Hände,
War eure Mutter tot,
Eure Frau, euer Kind?
Daß ihr nur noch den Tod in den Händen hieltet,
In den würgenden Händen?

SCHON VOM ARM des himmlischen Trostes umfangen
Steht die wahnsinnige Mutter
Mit den Fetzen ihres zerrissenen Verstandes,
Mit den Zündern ihres verbrannten Verstandes
Ihr totes Kind einsargend,
Ihr verlorenes Licht einsargend,
Ihre Hände zu Krügen biegend,
Aus der Luft füllend mit dem Leib ihres Kindes,
Aus der Luft füllend mit seinen Augen, seinen Haaren
Und seinem flatternden Herzen –

Dann küßt sie das Luftgeborene
Und stirbt!

WELCHE GEHEIMEN WÜNSCHE des Blutes,
Träume des Wahnes und tausendfach
Gemordetes Erdreich
Ließen den schrecklichen Marionettenspieler entstehen?

Er, der mit schäumendem Munde
Furchtbar umblies
Die runde, kreisende Bühne seiner Tat
Mit dem aschgrau ziehenden Horizont der Angst!

O die Staubhügel, die, wie von bösem Mond gezogen
Die Mörder spielten:

Arme auf und ab,
Beine auf und ab
Und die untergehende Sonne des Sinaivolkes
Als den roten Teppich unter den Füßen.

Arme auf und ab,
Beine auf und ab
Und am ziehenden aschgrauen Horizont der Angst
Riesengroß das Gestirn des Todes
Wie die Uhr der Zeiten stehend.

Ehe es wächst, lasse ich euch es erlauschen.
Jesaia

LANGE HABEN WIR das Lauschen verlernt!
Hatte Er uns gepflanzt einst zu lauschen
Wie Dünengras gepflanzt, am ewigen Meer,
Wollten wir wachsen auf feisten Triften,
Wie Salat im Hausgarten stehn.

Wenn wir auch Geschäfte haben,
Die weit fort führen
Von Seinem Licht,

Wenn wir auch das Wasser aus Röhren trinken,
Und es erst sterbend naht
Unserem ewig dürstenden Mund –
Wenn wir auch auf einer Straße schreiten,
Darunter die Erde zum Schweigen gebracht wurde
Von einem Pflaster,
Verkaufen dürfen wir nicht unser Ohr,
O, nicht unser Ohr dürfen wir verkaufen.
Auch auf dem Markte,
Im Errechnen des Staubes,
Tat manch einer schnell einen Sprung
Auf der Sehnsucht Seil,
Weil er etwas hörte,
Aus dem Staube heraus tat er den Sprung

Und sättigte sein Ohr.
Preßt, o preßt an der Zerstörung Tag
An die Erde das lauschende Ohr,
Und ihr werdet hören, durch den Schlaf hindurch
Werdet ihr hören
Wie im Tode
Das Leben beginnt.

IHR ZUSCHAUENDEN

Unter deren Blicken getötet wurde.
Wie man auch einen Blick im Rücken fühlt,
So fühlt ihr an euerm Leibe
Die Blicke der Toten.

Wieviel brechende Augen werden euch ansehn
Wenn ihr aus den Verstecken ein Veilchen pflückt?
Wieviel flehend erhobene Hände
In dem märtyrerhaft geschlungenen Gezweige
Der alten Eichen?

Wieviel Erinnerung wächst im Blute
Der Abendsonne?

O die ungesungenen Wiegenlieder
In der Turteltaube Nachtruf –
Manch einer hätte Sterne herunterholen können,
Nun muß es der alte Brunnen für ihn tun!

Ihr Zuschauenden,
Die ihr keine Mörderhand erhobt,
Aber die ihr den Staub nicht von eurer Sehnsucht
Schütteltet,
Die ihr stehenbliebt, dort, wo er zu Licht
Verwandelt wird.

LANGE SCHON FIELEN die Schatten.
Nicht sind gemeint jetzt
Jene lautlosen Schläge der Zeit
Die den Tod füllen –
Des Lebensbaumes abgefallene Blätter –

Die Schatten des Schrecklichen fielen
Durch das Glas der Träume,
Von Daniels Deuterlicht erhellt.

Schwarzer Wald wuchs erstickend um Israel,
Gottes Mitternachtssängerin.
Sie verging im Dunkeln,
Namenlos geworden.

O ihr Nachtigallen in allen Wäldern der Erde!
Gefiederte Erben des toten Volkes,
Wegweiser der gebrochenen Herzen,
Die ihr euch füllt am Tage mit Tränen,
Schluchzet es aus, schluchzet es aus
Der Kehle schreckliches Schweigen vor dem Tod.

GEBETE FÜR DEN TOTEN BRÄUTIGAM

DIE KERZE, DIE ich für dich entzündet habe,
Spricht mit der Luft der Flammensprache Beben,
Und Wasser tropft vom Auge; aus dem Grabe
Dein Staub vernehmlich ruft zum ewgen Leben.

O hoher Treffpunkt in der Armut Zimmer.
Wenn ich nur wüßte, was die Elemente meinen;
Sie deuten dich, denn alles deutet immer
Auf dich; ich kann nichts tun als weinen.

NACHT, MEIN AUGENTROST du, ich habe meinen Geliebten
                                                    verloren!
Sonne, du trägst sein Blut in deinem Morgen- und Abendgesicht.
O mein Gott, wird wo auf Erden ein Kind jetzt geboren,
Laß es nicht zu, daß sein Herz vor der blutenden Sonne zerbricht.

Mörder, aus welchem Grabstaub warst du einmal so schrecklich
                                                    bekleidet?
Trug ihn ein Wind von einem Stern, den ein Nachtmahr behext
Wie Totenschnee hinab auf eine Schar, die sich zu Gott hindurchleidet,
Mörder, an deinen Händen zehnfacher Marterpfahl wächst.

Darum auch spürtest du nicht der Liebe Zittern im Morden,
Da sie ein letztes Mal aus soviel Küssen dich angehaucht –
Darum ist ihr, der Hiobzerschlagenen, keine Antwort geworden,
Die dich zu Ihm wieder, zu Ihm wieder, hätte untergetaucht!

VIELLEICHT ABER BRAUCHT Gott die Sehnsucht, wo sollte sonst sie
auch bleiben,
Sie, die mit Küssen und Tränen und Seufzern füllt die
geheimnisvollen Räume der Luft –
Vielleicht ist sie das unsichtbare Erdreich, daraus die glühenden
Wurzeln der Sterne treiben –
Und die Strahlenstimme über die Felder der Trennung, die zum
Wiedersehn ruft?
O mein Geliebter, vielleicht hat unsere Liebe in den Himmel der
Sehnsucht schon Welten geboren –
Wie unser Atemzug, ein – und aus, baut eine Wiege für Leben
und Tod?
Sandkörner wir beide, dunkel vor Abschied, und in das goldene
Geheimnis der Geburten verloren,
Und vielleicht schon von kommenden Sternen, Monden und
Sonnen umloht.

AUCH DIR, DU mein Geliebter,
Haben zwei Hände, zum Darreichen geboren,
Die Schuhe abgerissen,
Bevor sie dich töteten.
Zwei Hände, die sich darreichen müssen
Wenn sie zu Staub zerfallen.
Deine Schuhe waren aus einer Kalbshaut.
Wohl waren sie gegerbt, gefärbt,
Der Pfriem hatte sie durchstochen –
Aber wer weiß, wo noch ein letzter lebendiger
Hauch wohnt?
Während der kurzen Trennung
Zwischen deinem Blut und der Erde
Haben sie Sand hineingespart wie eine Stundenuhr
Die jeden Augenblick Tod füllt.
Deine Füße!
Die Gedanken eilten ihnen voraus.
Die so schnell bei Gott waren,

So wurden deine Füße müde,
Wurden wund um dein Herz einzuholen.

Aber die Kalbshaut,
Darüber einmal die warme leckende Zunge
Des Muttertieres gestrichen war,
Ehe sie abgezogen wurde –
Wurde noch einmal abgezogen
Von deinen Füßen,
Abgezogen –
O du mein Geliebter!

Alles Vergeßnen
gedenkst du von Ewigkeit her

DU GEDENKST DER Fußspur, die sich mit Tod füllte
Bei dem Annahen des Häschers.
Du gedenkst der bebenden Lippen des Kindes
Als sie den Abschied von seiner Mutter erlernen mußten.
Du gedenkst der Mutterhände, die ein Grab aushöhlten
Für das an ihrer Brust Verhungerte.
Du gedenkst der geistesverlorenen Worte,
Die eine Braut in die Luft hineinredete zu ihrem toten Bräutigam.

Die Gewänder des Morgens sind nicht
die Gewänder des Abends.
Buch Sohar

QUAL, ZEITMESSER EINES fremden Sterns,
Jede Minute mit anderem Dunkel färbend –
Qual deiner erbrochenen Tür,
Deines erbrochenen Schlafes,
Deiner fortgehenden Schritte,
Die das letzte Leben hinzählten,

Deiner zertretenen Schritte,
Deiner schleifenden Schritte,
Bis sie aufhörten Schritte zu sein für mein Ohr.
Qual um das Ende deiner Schritte
Vor einem Gitter,
Dahinter die Flur unserer Sehnsucht zu wogen begann –
O Zeit, die nur nach Sterben rechnet,
Wie leicht wird Tod nach dieser langen Übung sein.

ICH SAH EINE Stelle, wo ein Herd stand –
Auch fand ich einen Männerhut –
O, mein Geliebter, welcher Sand
Weiß um dein Blut?

Die Schwelle, die liegt ohne Tür
Sie liegt zum Beschreiten bereit –
Dein Haus, mein Geliebter, ich spür
Ist ganz von Gott verschneit.

IM MORGENGRAUEN,
Wenn ein Vogel das Erwachen übt –
Beginnt die Sehnsuchtsstunde allen Staubes
Den der Tod verließ.

O Stunde der Geburten,
Kreißend in Qualen, darin sich die erste Rippe
Eines neuen Menschen bildet.

Geliebter, die Sehnsucht deines Staubes
Zieht brausend durch mein Herz.

WENN ICH NUR wüßte,
Worauf dein letzter Blick ruhte.
War es ein Stein, der schon viele letzte Blicke
Getrunken hatte, bis sie in Blindheit
Auf den Blinden fielen?

Oder war es Erde,
Genug, um einen Schuh zu füllen,
Und schon schwarz geworden
Von soviel Abschied
Und von soviel Tod bereiten?

Oder war es dein letzter Weg,
Der dir das Lebewohl von allen Wegen brachte
Die du gegangen warst?

Eine Wasserlache, ein Stück spiegelndes Metall,
Vielleicht die Gürtelschnalle deines Feindes,
Oder irgend ein anderer, kleiner Wahrsager
Des Himmels?

Oder sandte dir diese Erde,
Die keinen ungeliebt von hinnen gehen läßt
Ein Vogelzeichen durch die Luft,
Erinnernd deine Seele, daß sie zuckte
In ihrem qualverbrannten Leib?

Ich sah, daß er sah.
Jehuda Zwi

DEINE AUGEN, o du mein Geliebter,
Waren die Augen der Hindin,
Mit der Pupillen langen Regenbögen
Wie nach fortgezogenen Gottgewittern –
Bienenhaft hatten die Jahrtausende

Den Honig der Gottesnächte darin gesammelt,
Der Sinaifeuer letzte Funken –
O ihr durchsichtigen Türen
Zu den inneren Reichen,
Über denen soviel Wüstensand liegt,
Soviel Qualenmeilen zu o Ihm gehn –
O ihr erloschenen Augen,
Deren Seherkraft nun hinausgefallen ist
In die goldenen Überraschungen des Herrn,
Von denen wir nur die Träume wissen.

GRABSCHRIFTEN IN DIE LUFT GESCHRIEBEN

DER HAUSIERER [G. F.]

Du hattest einen weiten Weg zu gehn
Von Nadeln und Zwirn bis zu den Engeln –
Der Tod kam deinen Kram besehn,
An einer Sichel sang sein Dengeln,
Aufgingen Scheren wie im Windeswehn
Der Mond lag bleichend auf dem Linnen.
Sand leerte sich aus einem Kinderschuh –
Du aber standst im schrecklichen Beginnen
Und nahmst an Angst wie an Gewichten zu.
Doch deine Füße, längst gewohnt das Wandern
Wußten nun den Weg, den andern.
Deine Augen, die die Elle abgemessen
Tauten Spiegel aus dem längst Vergessen.
Deine Hände, die die Münze nahmen
Starben wie zwei Beter mit dem Amen.

DIE MARKTHÄNDLERIN [B. M.]

Sanfte Tiere zu verkaufen war dein Tun auf einem Markt auf Erden,
Lockendes sprachst du wie eine Hirtin zu den Käuferherden.

Umstrahlt von heimkehrenden Fischen im Tränengloriengewand
Versteckten Füßen der Tauben die geschrieben für Engel im Sand.

Deine Finger, das blutge Geheimnis berührend und abschiedsrot
Nahmen die kleinen Tode hinein in den riesigen Tod.

DER SPINOZAFORSCHER [H. H.]

Du last und hieltest eine Muschel in der Hand.
Der Abend kam mit zarter Abschiedsrose.
Dein Zimmer wurde mit der Ewigkeit bekannt
Und die Musik begann in einer alten Dose.

Der Leuchter brannte in dem Abendschein;
Du branntest von der fernen Segnung.
Die Eiche seufzte aus dem Ahnenschrein
Und das Vergangne feierte Begegnung.

DIE TÄNZERIN [D. H.]

Deine Füße wußten wenig von der Erde,
Sie wanderten auf einer Sarabande
Bis zum Rande –
Denn Sehnsucht war deine Gebärde.

Wo du schliefst, da schlief ein Schmetterling
Der Verwandlung sichtbarstes Zeichen,
Wie bald solltest du ihn erreichen –
Raupe und Puppe und schon ein Ding

In Gottes Hand.
Licht wird aus Sand.

DER NARR [H. F.]

Fast hättest du Sterne in deinen Kranz gewunden
Aber der Erdrauch ließ sich leichter runden.

Die Kröte mit dem Mondenstein
Sah zur Mitternacht in dein Fenster hinein.

Da hättest du die Musik der Welten gehört –
Aber du schliefst weiter, nur wenig gestört.

Auf der Dämmerungsbrücke beim Hahnenschrei
Hattest du vom Fischfang der Nacht keine Beute dabei.

Wahrsager, der Träume und Karten mischt
Und dem ein Wind sein Licht verlischt.

DIE SCHWACHSINNIGE [B. H.]

Du stiegst auf einen Berg aus Sand
Hilfloses Wandern zu Ihm!
Und glittest hinab; dein Zeichen verschwand.
Für dich stritten die Cherubim.

DER RUHELOSE [K. F.]

Alle Landstraßen wurden enger und enger.
Wer war dein Bedränger?

Du kamst nie zum Ziel!
Wie im Ziehharmonikaspiel

Wurden sie wieder auseinandergerissen –
Denn auch im Auge ist kein Wissen.

In die blaue Ferne gehn
Berge und Sterne und Apfelbaumalleen.

Windmühlen schlagen wie Stundenuhren
Die Zeit; bis sie verlöscht die Spuren.

DER MARIONETTENSPIELER [K. G.]

Die weite Welt war zu dir eingegangen
Mit Sand im Schuh und Ferne an den Wangen.

Am Sonnenfaden zogst du sie herein
Da ruhte sie auf deinem Meilenstein.

Die Schwalbe baute in Elias Haaren
Ihr Nest; bis er in Sehnsucht aufgefahren.

Der Totengräber nach dem Rätsel grabend
Fand eine Jungfrau in dem Rosenabend.

Das Zwillingspaar aus Lächeln und aus Weinen
Versuchte sich in Liebe zu vereinen.

So tanzte Erde rund mit ihrer Sternmusik
Auf deiner Hand; bis sie verlassen schwieg.

DIE MALERIN [M. Z.]

So gingst du, eine Bettlerin, und öffnetest die Tür:
Tod, Tod wo bist du –
Unterm Fuß du –
Zum Schlafmeer mich führ –
Ich wollte die Liebsten malen
Sie fangen schon an zu fahlen
Wie ich den Finger rühr.

Der Sand in meinem löchrigen Schuh
Das warst du – du – du –
Male ich Sand der einmal Fleisch war –
Oder Goldhaar – oder Schwarzhaar –
Oder die Küsse und deine schmeichelnde Hand
Sand male ich, Sand – Sand – Sand –

DIE ABENTEURERIN [A. N.]

Wohl spieltest du mit nichts als Wasserbällen
Die lautlos an der Luft zerschellen.

Aber das siebenfarbige Licht
Gab jeder sein Gesicht.

Einen Herzschlag nur
Wie Engelflur.

Doch dein letztes Abenteuer –
Still; eine Seele ging aus dem Feuer.

DER STEINSAMMLER [E.C.]

Du hast der Erdenzeiten Stille
Gesammelt in den Steinen.
Wieviel Morgenröten im Berylle
Wieviel Fernen im Kristalle scheinen

Mit der Biene, die auf einer Wicke
Abertausendjährgen Honig braute,
Doch Opal mit seinem Seherblicke
Längst dein Sterben dir schon anvertraute.

Du, aus Menschennächten losgebrochen
Sprichst die Lichtersprache aus den Rissen –
Die man spricht, wenn das Gehäus durchstochen
Und von der wir nur die Funken wissen.

DIE ERTRUNKENE [A.N.]

Immer suchtest du die Perle, am Tage deiner Geburt verloren.
Das Beseßne suchtest du, Musik der Nacht in den Ohren.

Meerumspülte Seele, Taucherin du, bis zum Grunde.
Fische, die Engel der Tiefe, leuchten im Licht deiner Wunde.

DIE ALLES VERGESSENDE [A.R.]

Aber im Alter ist alles ein großes Verschwimmen.
Die kleinen Dinge fliegen fort wie die Immen.

Alle Worte vergaßt du und auch den Gegenstand;
Und reichtest deinem Feind über Rosen und Nesseln die Hand.

CHÖRE NACH DER MITTERNACHT

CHOR DER VERLASSENEN DINGE

Krug im Schutt
War ich der Krug, daraus der Abend floß wie Wein
Und manchmal ein gefangner Mond zum Rosenstock?
Die Sterbenacht der Greisin fing ich ein
Als schon ihr Atem keuchte wie die Geiß am Pflock.
O Krüge, Krüge! in ein Abschiedsmaß gezwängt
Ist was wir halten; rinnende Natur.
Wir sind wie Herzen, draus es weiter drängt
Und stille steht wie Zeit in einer Uhr.

Ein halbverbranntes Licht
O Schattenspiegel mein! ich sah in dir, ich sah –
Die Hand aus Grabesstaub, die sich an einem Stern verging.
Die Zeit in ihrer Sterbewiege schrie – ich sah
Israels Mund in Qual, gebogen wie ein Ring.

Ein Schuh
Verlornes Menschenmaß; ich bin die Einsamkeit
Die ihr Geschwister sucht auf dieser Welt –
O Israel, von deiner Füße Leid
Bin ich ein Echo, das zum Himmel gellt.

Chor
Wir aber sind, seitdem wir Erde waren
Getrieben schon von euch durch soviel Tod –
Bist du ein Band, gepflückt aus Totenhaaren
Geh ein zum Wunder, werde Brot.
Hier ist ein Buch, darin die Welten kreisen

Und das Geheimnis flüstert hinter einem Spalt –
Wirf es ins Feuer, Licht wird nicht verwaisen
Und Asche schläft sich neu zur Sterngestalt.
Und tragen wir der Menschenhände Siegel
Und ihre Augen-Blicke eingesenkt wie Raub –
So lest uns wie verkehrte Schrift im Spiegel
Erst totes Ding und dann den Menschenstaub.

CHOR DER GERETTETEN

Wir Geretteten,
Aus deren hohlem Gebein der Tod schon seine Flöten schnitt,
An deren Sehnen der Tod schon seinen Bogen strich –
Unsere Leiber klagen noch nach
Mit ihrer verstümmelten Musik.
Wir Geretteten,
Immer noch hängen die Schlingen für unsere Hälse gedreht
Vor uns in der blauen Luft –
Immer noch füllen sich die Stundenuhren mit unserem
                                        tropfenden Blut.
Wir Geretteten,
Immer noch essen an uns die Würmer der Angst.
Unser Gestirn ist vergraben im Staub.
Wir Geretteten
Bitten euch:
Zeigt uns langsam eure Sonne.
Führt uns von Stern zu Stern im Schritt.
Laßt uns das Leben leise wieder lernen.
Es könnte sonst eines Vogels Lied,
Das Füllen des Eimers am Brunnen
Unseren schlecht versiegelten Schmerz aufbrechen lassen
Und uns wegschäumen –
Wir bitten euch:
Zeigt uns noch nicht einen beißenden Hund –
Es könnte sein, es könnte sein

Daß wir zu Staub zerfallen –
Vor euren Augen zerfallen in Staub.
Was hält denn unsere Webe zusammen?
Wir odemlos gewordene,
Deren Seele zu Ihm floh aus der Mitternacht
Lange bevor man unseren Leib rettete
In die Arche des Augenblicks.
Wir Geretteten,
Wir drücken eure Hand,
Wir erkennen euer Auge –
Aber zusammen hält uns nur noch der Abschied,
Der Abschied im Staub
Hält uns mit euch zusammen.

CHOR DER WANDERNDEN

Wir Wandernde,
Unsere Wege ziehen wir als Gepäck hinter uns her –
Mit einem Fetzen des Landes darin wir Rast hielten
Sind wir bekleidet –
Aus dem Kochtopf der Sprache, die wir unter Tränen erlernten,
Ernähren wir uns.

Wir Wandernde,
An jeder Wegkreuzung erwartet uns eine Tür
Dahinter das Reh, der waisenäugige Israel der Tiere
In seine rauschenden Wälder verschwindet
Und die Lerche über den goldenen Äckern jauchzt.
Ein Meer von Einsamkeit steht mit uns still
Wo wir anklopfen.
O ihr Hüter mit flammenden Schwertern ausgerüstet,
Die Staubkörner unter unseren Wanderfüßen
Beginnen schon das Blut in unseren Enkeln zu treiben –
O wir Wandernde vor den Türen der Erde,
Vom Grüßen in die Ferne

Haben unsere Hüte schon Sterne angesteckt.
Wie Zollstöcke liegen unsere Leiber auf der Erde
Und messen den Horizont aus –
O wir Wandernde,
Kriechende Würmer für kommende Schuhe,
Unser Tod wird wie eine Schwelle liegen
Vor euren verschlossenen Türen!

CHOR DER WAISEN

Wir Waisen
Wir klagen der Welt:
Herabgehauen hat man unseren Ast
Und ins Feuer geworfen –
Brennholz hat man aus unseren Beschützern gemacht –
Wir Waisen liegen auf den Feldern der Einsamkeit.
Wir Waisen
Wir klagen der Welt:
In der Nacht spielen unsere Eltern Verstecken mit uns –
Hinter den schwarzen Falten der Nacht
Schauen uns ihre Gesichter an,
Sprechen ihre Münder:
Dürrholz waren wir in eines Holzhauers Hand –
Aber unsere Augen sind Engelaugen geworden
Und sehen euch an,
Durch die schwarzen Falten der Nacht
Blicken sie hindurch –
Wir Waisen
Wir klagen der Welt:
Steine sind unser Spielzeug geworden,
Steine haben Gesichter, Vater- und Muttergesichter
Sie verwelken nicht wie Blumen, sie beißen nicht wie Tiere –
Und sie brennen nicht wie Dürrholz, wenn man sie in den Ofen wirft –
Wir Waisen wir klagen der Welt:
Welt warum hast du uns die weichen Mütter genommen

Und die Väter, die sagen: Mein Kind du gleichst mir!
Wir Waisen gleichen niemand mehr auf der Welt!
O Welt
Wir klagen dich an!

CHOR DER TOTEN

Wir von der schwarzen Sonne der Angst
Wie Siebe Zerstochenen –
Abgeronnene sind wir vom Schweiß der Todesminute.
Abgewelkt an unserem Leibe sind die uns angetanen Tode
Wie Feldblumen abgewelkt an einem Hügel Sand.
O ihr, die ihr noch den Staub grüßt als einen Freund
Die ihr, redender Sand zum Sande sprecht:
Ich liebe dich.

Wir sagen euch:
Zerrissen sind die Mäntel der Staubgeheimnisse
Die Lüfte, die man in uns erstickte,
Die Feuer, darin man uns brannte,
Die Erde, darin man unseren Abhub warf.
Das Wasser, das mit unserem Angstschweiß dahinperlte
Ist mit uns aufgebrochen und beginnt zu glänzen.
Wir Toten Israels sagen euch:
Wir reichen schon einen Stern weiter
In unseren verborgenen Gott hinein.

CHOR DER SCHATTEN

Wir Schatten, o wir Schatten!
Schatten von Henkern
Geheftet am Staube eurer Untaten –
Schatten von Opfern

Zeichnend das Drama eures Blutes an eine Wand.
O wir hilflosen Trauerfalter
Eingefangen auf einem Stern, der ruhig weiterbrennt
Wenn wir in Höllen tanzen müssen.
Unsere Marionettenspieler wissen nur noch den Tod.

Goldene Amme, die du uns nährst
Zu solcher Verzweiflung,
Wende ab o Sonne dein Angesicht
Auf daß auch wir versinken –
Oder laß uns spiegeln eines Kindes jauchzend
Erhobene Finger
Und einer Libelle leichtes Glück
Über dem Brunnenrand.

CHOR DER STEINE

Wir Steine
Wenn einer uns hebt
Hebt er Urzeiten empor –
Wenn einer uns hebt
Hebt er den Garten Eden empor –
Wenn einer uns hebt
Hebt er Adam und Evas Erkenntnis empor
Und der Schlange staubessende Verführung.

Wenn einer uns hebt
Hebt er Billionen Erinnerungen in seiner Hand
Die sich nicht auflösen im Blute
Wie der Abend.
Denn Gedenksteine sind wir
Alles Sterben umfassend.

Ein Ranzen voll gelebten Lebens sind wir.
Wer uns hebt, hebt die hartgewordenen Gräber der Erde.

Ihr Jakobshäupter,
Die Wurzeln der Träume halten wir versteckt für euch,
Lassen die luftigen Engelsleitern
Wie Ranken eines Windenbeetes sprießen.

Wenn einer uns anrührt
Rührt er eine Klagemauer an.
Wie der Diamant zerschneidet eure Klage unsere Härte
Bis sie zerfällt und weiches Herz wird –
Während ihr versteint.
Wenn einer uns anrührt
Rührt er die Wegscheiden der Mitternacht an
Klingend von Geburt und Tod.

Wenn einer uns wirft –
Wirft er den Garten Eden –
Den Wein der Sterne –
Die Augen der Liebenden und allen Verrat –

Wenn einer uns wirft im Zorne
So wirft er Äonen gebrochener Herzen
Und seidener Schmetterlinge.

Hütet euch, hütet euch
Zu werfen im Zorne mit einem Stein –
Unser Gemisch ist ein vom Odem Durchblasenes.
Es erstarrte im Geheimnis
Aber kann erwachen an einem Kuß.

CHOR DER STERNE

Wir Sterne, wir Sterne
Wir wandernder, glänzender, singender Staub –
Unsere Schwester die Erde ist die Blinde geworden
Unter den Leuchtbildern des Himmels –

Ein Schrei ist sie geworden
Unter den Singenden –
Sie, die Sehnsuchtsvollste
Die im Staube begann ihr Werk: Engel zu bilden –
Sie, die die Seligkeit in ihrem Geheimnis trägt
Wie goldführendes Gewässer –
Ausgeschüttet in der Nacht liegt sie
Wie Wein auf den Gassen –
Des Bösen gelbe Schwefellichter hüpfen auf ihrem Leib.

O Erde, Erde
Stern aller Sterne
Durchzogen von den Spuren des Heimwehs
Die Gott selbst begann –
Ist niemand auf dir, der sich erinnert an deine Jugend?
Niemand, der sich hingibt als Schwimmer
Den Meeren von Tod?
Ist niemandes Sehnsucht reif geworden
Daß sie sich erhebt wie der engelhaft fliegende Samen
Der Löwenzahnblüte?

Erde, Erde, bist du eine Blinde geworden
Vor den Schwesternaugen der Plejaden
Oder der Waage prüfendem Blick?

Mörderhände gaben Israel einen Spiegel
Darin es sterbend sein Sterben erblickte –

Erde, o Erde
Stern aller Sterne
Einmal wird ein Sternbild Spiegel heißen.
Dann o Blinde wirst du wieder sehn!

CHOR DER UNSICHTBAREN DINGE

Klagemauer Nacht!
Eingegraben in dir sind die Psalmen des Schweigens,
Die Fußspuren, die sich füllten mit Tod
Wie reifende Äpfel
Haben bei dir nach Hause gefunden.
Die Tränen, die dein schwarzes Moos feuchten
Werden schon eingesammelt.

Denn der Engel mit den Körben
Für die unsichtbaren Dinge ist gekommen.
O die Blicke der auseinandergerissenen Liebenden
Die Himmelschaffenden, die Weltengebärenden
Wie werden sie sanft für die Ewigkeit gepflückt
Und gedeckt mit dem Schlaf des gemordeten Kindes,
In dessen warmem Dunkel
Die Sehnsüchte neuer Herrlichkeiten keimen.

Im Geheimnis eines Seufzers
Kann das ungesungene Lied des Friedens keimen.

Klagemauer Nacht,
Von dem Blitze eines Gebetes kannst du zertrümmert werden
Und alle, die Gott verschlafen haben
Wachen hinter deinen stürzenden Mauern
Zu ihm auf.

CHOR DER WOLKEN

Wir sind voller Seufzer, voller Blicke
Wir sind voller Lachen
Und zuweilen tragen wir eure Gesichter.
Wir sind euch nicht fern.

Wer weiß, wieviel von eurem Blute aufstieg
Und uns färbte?
Wer weiß, wieviel Tränen ihr durch unser Weinen
Vergossen habt? Wieviel Sehnsucht uns formte?
Sterbespieler sind wir
Gewöhnen euch sanft an den Tod.
Ihr Ungeübten, die in den Nächten nichts lernen.
Viele Engel sind euch gegeben
Aber ihr seht sie nicht.

CHOR DER BÄUME

O ihr Gejagten alle auf der Welt!
Unsere Sprache ist gemischt aus Quellen und Sternen
Wie die eure.
Eure Buchstaben sind aus unserem Fleisch.
Wir sind die steigend Wandernden
Wir erkennen euch –
O ihr Gejagten auf der Welt!
Heute hing die Hindin Mensch an unseren Zweigen
Gestern färbte das Reh die Weide mit Rosen um unseren Stamm.
Eurer Fußspuren letzte Angst löscht aus in unserem Frieden
Wir sind der große Schattenzeiger
Den Vogelsang umspielt –
O ihr Gejagten alle auf der Welt!
Wir zeigen in ein Geheimnis
Das mit der Nacht beginnt.

CHOR DER TRÖSTER

Gärtner sind wir, blumenlos gewordene
Kein Heilkraut läßt sich pflanzen
Von Gestern nach Morgen.

Der Salbei hat abgeblüht in den Wiegen –
Rosmarin seinen Duft im Angesicht der neuen Toten verloren –
Selbst der Wermut war bitter nur für gestern.
Die Blüten des Trostes sind zu kurz entsprossen
Reichen nicht für die Qual einer Kinderträne.

Neuer Same wird vielleicht
Im Herzen eines nächtlichen Sängers gezogen.
Wer von uns darf trösten?
In der Tiefe des Hohlwegs
Zwischen Gestern und Morgen
Steht der Cherub
Mahlt mit seinen Flügeln die Blitze der Trauer
Seine Hände aber halten die Felsen auseinander
Von Gestern und Morgen
Wie die Ränder einer Wunde
Die offenbleiben soll
Die noch nicht heilen darf.

Nicht einschlafen lassen die Blitze der Trauer
Das Feld des Vergessens.

Wer von uns darf trösten?

Gärtner sind wir, blumenlos gewordene
Und stehn auf einem Stern, der strahlt
Und weinen.

CHOR DER UNGEBORENEN

Wir Ungeborenen
Schon beginnt die Sehnsucht an uns zu schaffen
Die Ufer des Blutes weiten sich zu unserem Empfang
Wie Tau sinken wir in die Liebe hinein.
Noch liegen die Schatten der Zeit wie Fragen
Über unserem Geheimnis.

Ihr Liebenden,
Ihr Sehnsüchtigen,
Hört, ihr Abschiedskranken:
Wir sind es, die in euren Blicken zu leben beginnen,
In euren Händen, die suchende sind in der blauen Luft –
Wir sind es, die nach Morgen Duftenden.
Schon zieht uns euer Atem ein,
Nimmt uns hinab in euren Schlaf
In die Träume, die unser Erdreich sind
Wo unsere schwarze Amme, die Nacht
Uns wachsen läßt,
Bis wir uns spiegeln in euren Augen
Bis wir sprechen in euer Ohr.

Schmetterlingsgleich
Werden wir von den Häschern eurer Sehnsucht gefangen –
Wie Vogelstimmen an die Erde verkauft –
Wir Morgenduftenden,
Wir kommenden Lichter für eure Traurigkeit.

STIMME DES HEILIGEN LANDES

O meine Kinder,
Der Tod ist durch eure Herzen gefahren
Wie durch einen Weinberg –
Malte *Israel* rot an alle Wände der Erde.

Wo soll die kleine Heiligkeit hin
Die noch in meinem Sande wohnt?
Durch die Röhren der Abgeschiedenheit
Sprechen die Stimmen der Toten:

Leget auf den Acker die Waffen der Rache
Damit sie leise werden –
Denn auch Eisen und Korn sind Geschwister
Im Schoße der Erde –

Wo soll denn die kleine Heiligkeit hin
Die noch in meinem Sande wohnt?

Das Kind im Schlafe gemordet
Steht auf; biegt den Baum der Jahrtausende hinab
Und heftet den weißen, atmenden Stern
Der einmal Israel hieß
An seine Krone.
Schnelle zurück, spricht es
Dorthin, wo Tränen Ewigkeit bedeuten.

STERNVERDUNKELUNG
(1949)

Dem Andenken meines Vaters

UND REISSEND IST DIE ZEIT

WENN WIE RAUCH der Schlaf einzieht in den Leib,
und wie ein erloschenes Gestirn, das anderswo entzündet wird,
der Mensch zu Grunde fährt,
steht der Streit still,
abgetriebene Mähre, die den Alpdruck ihres Reiters
abgeworfen hat.
Aus ihrem heimlichen Takt entlassen
sind die Schritte,
die wie Brunnenschwengel an das Rätsel der Erde klopften.
Alle künstlichen Tode sind in ihre blutverwirrten Nester heimgekehrt.

Wenn wie Rauch der Schlaf einzieht in den Leib,
atmet das Kind gestillt, mit der Mondtrompete im Arm.
Die Träne verschläft ihre Sehnsucht zu fließen,
aber die Liebe ist alle Umwege zu Ende gegangen
und ruht in ihrem Beginn.
Jetzt ist die Zeit für das Kalb seine neue Zunge
am Leib der Mutter zu proben,
der falsche Schlüssel schließt nicht
und das Messer rostet hinein
bis in die blasse Heide der Morgendämmerung
die aus der Vergessenheit erblüht im furchtbaren Frührot.

Wenn wie Rauch der Schlaf auszieht aus dem Leib,
und der Mensch geheimnisgesättigt
die abgetriebene Mähre des Streites
aus dem Stalle treibt,
beginnt die feuerschnaubende Verbindung aufs neue
und der Tod erwacht in jeder Maienknospe
und das Kind küßt einen Stein
in der Sternverdunkelung.

ENGEL DER BITTENDEN,
nun, wo das Feuer wie ein reißendes Abendrot
alles Bewohnte verbrannte zu Nacht –
Mauern und Geräte, den Herd und die Wiege,
die alle abgefallenes Stückgut der Sehnsucht sind –
Sehnsucht, die fliegt im blauen Segel der Luft!

Engel der Bittenden,
auf des Todes weißem Boden, der nichts mehr trägt,
wächst der in Verzweiflung gepflanzte Wald.
Wald aus Armen mit der Hände Gezweig,
eingekrallt in die Feste der Nacht, in den Sternenmantel.
Oder den Tod pflügend, ihn, der das Leben bewahrt.

Engel der Bittenden,
im Wald, der nicht rauscht,
wo die Schatten Totenmaler sind
und die durchsichtigen Tränen der Liebenden
das Samenkorn.
Wie vom Sturm ergriffen, reißen
die mondverhafteten Mütter ihre Wurzeln aus
und mit Knistern der Greise Dürrholz verfällt.
Aber immer noch spielen die Kinder im Sande,
formen übend ein Neues aus der Nacht heraus
denn warm sind sie noch von der Verwandlung.

Engel der Bittenden,
segne den Sand,
laß ihn die Sprache der Sehnsucht verstehn,
daraus ein Neues wachsen will aus Kinderhand,
immer ein Neues!

NACHT, NACHT,
daß du nicht in Scherben zerspringst,
nun wo die Zeit mit den reißenden Sonnen

des Martyriums
in deiner meergedeckten Tiefe untergeht –
die Monde des Todes
das stürzende Erdendach
in deines Schweigens geronnenes Blut ziehn –

Nacht, Nacht,
einmal warst du der Geheimnisse Braut
schattenliliengeschmückt –
In deinem dunklen Glase glitzerte
die Fata Morgana der Sehnsüchtigen
und die Liebe hatte ihre Morgenrose
dir zum Erblühen hingestellt –
Einmal warst du der Traummalereien
jenseitiger Spiegel und orakelnder Mund –

Nacht, Nacht,
jetzt bist du der Friedhof
für eines Sternes schrecklichen Schiffbruch geworden –
sprachlos taucht die Zeit in dir unter
mit ihrem Zeichen:
Der stürzende Stein
und die Fahne aus Rauch!

Auf dass die Verfolgten nicht Verfolger werden

Schritte –
In welchen Grotten der Echos
seid ihr bewahrt,
die ihr den Ohren einst weissagtet
kommenden Tod?

Schritte –
Nicht Vogelflug, noch Schau der Eingeweide,

noch der blutschwitzende Mars
gab des Orakels Todesauskunft mehr –
nur Schritte –

Schritte –
Urzeitspiel von Henker und Opfer,
Verfolger und Verfolgten,
Jäger und Gejagt –

Schritte
die die Zeit reißend machen
die Stunde mit Wölfen behängen,
dem Flüchtling die Flucht auslöschen
im Blute.

Schritte
die Zeit zählend mit Schreien, Seufzern,
Austritt des Blutes bis es gerinnt,
Todesschweiß zu Stunden häufend –

Schritte der Henker
über Schritten der Opfer,
Sekundenzeiger im Gang der Erde,
von welchem Schwarzmond schrecklich gezogen?

In der Musik der Sphären
wo schrillt euer Ton?

O DU WEINENDES Herz der Welt!
Zwiespältig Samenkorn
aus Leben und Tod.
Von dir wollte Gott gefunden werden
Keimblatt der Liebe.

Bist du verborgen in einer Waise,
die am Geländer des Lebens
schwer sich stützend weitergeht?
Wohnst du bei ihr, dort
wo der Stern sein sicherstes Versteck hat?

O du weinendes Herz der Welt!
Auch du wirst auffahren
wenn die Zeit erfüllt ist.
Denn nicht häuslich darf die Sehnsucht bleiben
die brückenbauende
von Stern zu Stern!

ERDE,
alle Saiten deines Todes haben sie angezogen,
zu Ende haben sie deinen Sand geküßt;
der ist schwarz geworden
von soviel Abschied und soviel Tod bereiten.

Oder fühlen sie, daß du sterben mußt?
Die Sonne ihr Lieblingskind verlieren wird
und deine Ozeane,
deine schäumenden, lichtentzündeten Wasserpferde
an den Mond geseilt werden,
der in azurgefärbter Nacht
ein neues Becken für die Sehnsucht weiß?

Erde,
viele Wunden schlagen sie in deine Rinde
deine Sternenschrift zu lesen
die in Nächte gehüllt ist bis zu Seinem Thron hinauf.

Aber wie Pilze wachsen die kleinen Tode
an ihren Händen,
damit löschen sie deine Leuchten,

schließen die Wächteraugen der Cherubim
und die Engel, die Tränenverspäteten, die Goldgräber
in den Schmerzgebirgen,
die Blumen aus dem Blätterwerk Mensch,
haben sie wieder tief unter den Grabsteinen
der Tiergötter vergraben.

Erde,
wenn auch ihre Liebe ausgewandert ist,
ihre Brände ausgebrannt,
und es leise geworden ist auf dir und leer –

vielleicht augenlose Stelle am Himmel,
darin andere Gestirne zu leuchten beginnen
bienenhaft vom Dufte des Gewesenen angezogen –

so wird dein namenloser Staub, den sie benannt,
dem sie soviele Wandernamen gaben
durch sie ins Gold der Ewigkeit gemünzt
doch seine selige Heimat haben.

O IHR TIERE!

Euer Schicksal dreht sich wie der Sekundenzeiger
mit kleinen Schritten
in der Menschheit unerlösten Stunde.

Und nur der Hahnenschrei,
mondaufgezogen,
weiß vielleicht
eure uralte Zeit!

Wie mit Steinen zugedeckt ist uns
eure reißende Sehnsucht
und wissen nicht was brüllt

im abschiedrauchenden Stall,
wenn das Kalb von der Mutter
gerissen wird.

Was schweigt im Element des Leidens
der Fisch zappelnd zwischen Wasser und Land?

Wieviel kriechender und geflügelter Staub
an unseren Schuhsohlen,
die stehn wie offene Gräber am Abend?

O der kriegszerrissene Leib des Pferdes
an dem fraglos die Fliegen stechen
und die Ackerblume durch die leere Augenhöhle wächst!

Nicht der sterndeutende Bileam
wußte von eurem Geheimnis,
als seine Eselin
den Engel im Auge behielt!

GOLEM TOD!
Ein Gerüst ist gestellt
und die Zimmerleute gekommen
und wie die Meute der Hunde
lechzend,
laufen sie deiner Schattenspirale nach.

Golem Tod!
Nabel der Welt,
dein Skelett breitet die Arme
mit falschem Segen!
Deine Rippen legen sich auf die Breitengrade der Erde
richtig zugemessen!

Golem Tod!
Am Bette des Waisenkindes
stehen die vier Cherubim
mit vorgeschlagenen Flügeln,
angesichtsverhüllt –
während auf den Feldern
das Kraut der Entzweiung gepflanzt wird
und verfallene Gärtner
am Mond die Äpfel reifen lassen!

Am Sternenhimmel aber wiegt
der Greis mit der Waage
das weinende Ende
von der Wolke zum Wurm!

Golem Tod!
Niemand aber vermag dich zu heben
aus der Zeit hinaus –
denn geborgt ist dein Rauschblut
und dein eisenumschütteter Leib
zerfällt mit allem Kehricht
wieder in den Beginn!

In den Ruinen aber wohnt doppelte Sehnsucht!
Der Stein umschläft grün mit Moos sich
und Sternblumen im Gras
und goldene Sonnen auf Stengeln entstehn.

Und in den Wüsten
sieht man Schönes in der Ferne,
und wer die Braut verlor
umarmt die Luft,
denn nicht kann Geschaffenes ganz zugrunde gehn –

Und alle entgleisten Sterne
finden mit ihrem tiefsten Fall
immer zurück in das ewige Haus.

GESCHIRMT SIND DIE Liebenden
unter dem zugemauerten Himmel.
Ein geheimes Element schafft ihnen Atem
und sie tragen die Steine in die Segnung
und alles was wächst
hat nur noch eine Heimat bei ihnen.

Geschirmt sind die Liebenden
und nur für sie schlagen noch die Nachtigallen
und sind nicht ausgestorben in der Taubheit
und des Waldes leise Legenden, die Rehe,
leiden in Sanftmut für sie.

Geschirmt sind die Liebenden
sie finden den versteckten Schmerz der Abendsonne
auf einem Weidenzweig blutend –
und üben in den Nächten lächelnd das Sterben,
den leisen Tod
mit allen Quellen, die in Sehnsucht rinnen.

DIE MUSCHEL SAUST

ABRAHAM

O du
aus dem mondversiegelten Ur,
der du im Sande der abtropfenden Sintfluthügel
die sausende Muschel
des Gottesgeheimnisses fandst –

O du
der du aus dem weinenden Sternbild Babylons
den Äon des lebenden Lebens hobst –
das Samenkorn des himmlischen Landmannes warfst
bis in den feurigen Abend des Heute darin die Ähre brennt.

O du
der aus Widderhörnern die neuen Jahrtausende geblasen
bis die Weltenecken sich bogen im Heimwehlaut –

O du
der die Sehnsucht an den Horizont der unsichtbaren Himmel heftete
die Engel in die Länder der Nacht berief –
die Beete der Träume bereitete
für die Schar der sich übersteigenden Propheten –

O du
aus dessen ahnendem Blut
sich das Schmetterlingswort *Seele* entpuppte,
der auffliegende Wegweiser ins Ungesicherte hin –

O du
aus Chaldäas Sterndeuterhafen
unruhige Welle, die in unseren Adern
noch immer sucht voll Tränen ihr Meer.

O Abraham,
die Uhren aller Zeiten,
die sonnen- und monddurchleuchteten
hast du auf Ewigkeit gestellt –

O dein wunderbrennender Äon,
den wir mit unseren Leibern ans Ende bringen müssen –
dort, wo alle Reife hinfällt!

JAKOB

O Israel,
Erstling im Morgengrauenkampf
wo alle Geburt mit Blut
auf der Dämmerung geschrieben steht.
O das spitze Messer des Hahnenschreis
der Menschheit ins Herz gestochen,
o die Wunde zwischen Nacht und Tag
die unser Wohnort ist!

Vorkämpfer,
im kreißenden Fleisch der Gestirne
in der Nachtwachentrauer
daraus ein Vogellied weint.

O Israel,
du einmal zur Seligkeit endlich Entbundener –
des Morgentaus tröpfelnde Gnade
auf deinem Haupt –

Seliger für uns,
die in Vergessenheit Verkauften,
ächzend im Treibeis
von Tod und Auferstehung
und vom schweren Engel über uns
zu Gott verrenkt
wie du!

WENN DIE PROPHETEN einbrächen
durch Türen der Nacht,
den Tierkreis der Dämonengötter
wie einen schauerlichen Blumenkranz
ums Haupt gewunden –
die Geheimnisse der stürzenden und sich hebenden
Himmel mit den Schultern wiegend –

für die längst vom Schauer Fortgezogenen –

Wenn die Propheten einbrächen
durch Türen der Nacht,
die Sternenstraßen gezogen in ihren Handflächen
golden aufleuchten lassend –

für die längst im Schlaf Versunkenen –

Wenn die Propheten einbrächen
durch Türen der Nacht
mit ihren Worten Wunden reißend
in die Felder der Gewohnheit,
ein weit Entlegenes hereinholend
für den Tagelöhner

der längst nicht mehr wartet am Abend –

Wenn die Propheten einbrächen
durch Türen der Nacht
und ein Ohr wie eine Heimat suchten –

Ohr der Menschheit
du nesselverwachsenes,
würdest du hören?

Wenn die Stimme der Propheten
auf dem Flötengebein der ermordeten Kinder
blasen würde,
die vom Märtyrerschrei verbrannten Lüfte
ausatmete –
wenn sie eine Brücke aus verendeten Greisenseufzern
baute –

Ohr der Menschheit
du mit dem kleinen Lauschen beschäftigtes,
würdest du hören?

Wenn die Propheten
mit den Sturmschwingen der Ewigkeit hineinführen
wenn sie aufbrächen deinen Gehörgang mit den Worten:
Wer von euch will Krieg führen gegen ein Geheimnis
wer will den Sterntod erfinden?

Wenn die Propheten aufständen
in der Nacht der Menschheit
wie Liebende, die das Herz des Geliebten suchen,
Nacht der Menschheit
würdest du ein Herz zu vergeben haben?

HIOB

O du Windrose der Qualen!
Von Urzeitstürmen
in immer andere Richtungen der Unwetter gerissen;
noch dein Süden heißt Einsamkeit.
Wo du stehst, ist der Nabel der Schmerzen.

Deine Augen sind tief in deinen Schädel gesunken
wie Höhlentauben in der Nacht
die der Jäger blind herausholt.
Deine Stimme ist stumm geworden,
denn sie hat zuviel *Warum* gefragt.

Zu den Würmern und Fischen ist deine Stimme eingegangen.
Hiob, du hast alle Nachtwachen durchweint
aber einmal wird das Sternbild deines Blutes
alle aufgehenden Sonnen erbleichen lassen.

DANIEL, DANIEL –
die Orte ihres Sterbens
sind in meinem Schlaf erwacht –
dort, wo ihre Qual mit dem Welken der Haut verging
haben die Steine die Wunde
ihrer abgebrochenen Zeit gewiesen –
haben sich die Bäume ausgerissen
die mit ihren Wurzeln
die Verwandlung des Staubes
zwischen Heute und Morgen fassen.

Sind die Verliese mit ihren erstickten Schreien
aufgebrochen,
die mit ihrer stummen Gewalt
den neuen Stern gebären helfen –
ist der Weg mit den Hieroglyphen ihrer Fußspuren
in meine Ohren gerieselt
wie in Stundenuhren,
die der Tod erst wendet.

O die gräberlosen Seufzer in der Luft,
die sich in unseren Atem schleichen –
Daniel, Daniel,
wo bist du schreckliches Traumlicht?
Der ungedeuteten Zeichen sind zu viele geworden –

O wir Quellenlose,
die wir keine Mündung mehr verstehn,
wenn sich das Samenkorn im Tode
des Lebens erinnert –

Daniel, Daniel,
vielleicht stehst du zwischen Leben und Tod
in der Küche, wo in deinem Schein
auf dem Tische liegt
der Fisch mit den ausgerissenen Purpurkiemen,
ein König des Schmerzes?

ABER DEINE BRUNNEN
sind deine Tagebücher
o Israel!

Wieviel Münder hast du geöffnet
im vertrockneten Sand,
die Scheibe des Todes abgeschnitten
vom lebenden Leben.

Wieviel leuchtende Wurzeln der Sehnsucht
hast du aus der Tiefe gehoben
wieviel Gestirnen hast du Spiegel aufgetan,
ihr Geschmeide in den dunkel
weinenden Schlaf gelegt.

Denn deine Brunnen
sind deine Tagebücher
o Israel!

Als Abraham grub in Ber Seba
heftete er mit sieben Schwüren
den Namen seines Herrn
in die Heimat des Wassers.

Ihr, durch das Fleisch der Erde Dürstenden,
viele Begegnungen sind euch aufbewahrt
im fließenden Gebetschrein der Brunnen.
Gesicht des Engels
über Hagars Schulter geneigt
wie eine Nebelhaut
ihren Tod fortblasend.

Redender Fels mit der bitteren
Wasserzunge zu Mara,
die mit verlorenem Geheimnis getaucht
zur Süße sich wandelte –

Deine Tagebücher
sind in die leuchtenden Augen
der Wüsten geschrieben
o Israel!

Schlagrutenhaft
dein Herz zuckt
wo die Schalen der Nacht
eine Brunnentiefe halten,
darunter die Landschaften Gottes
zu blühen beginnen,
die du, Erinnernder unter den Völkern,
hinaufhebst
mit dem Krug deines Herzens –
hinaufhebst
in die brunnenlosen Räume
der Vergessenheit!

WARUM DIE SCHWARZE Antwort des
Hasses auf dein Dasein, Israel?

Fremdling du,
einen Stern von weiterher
als die anderen.
Verkauft an diese Erde
damit Einsamkeit fort sich erbe.

Deine Herkunft verwachsen mit Unkraut –
deine Sterne vertauscht
gegen alles was Motten und Würmern gehört,
und doch von den Traumsandufern der Zeit
wie Mondwasser fortgeholt in die Ferne.

Im Chore der anderen
hast du gesungen
einen Ton höher
oder einen Ton tiefer –

der Abendsonne hast du dich ins Blut geworfen
wie ein Schmerz den anderen sucht.
Lang ist dein Schatten
und es ist späte Zeit für dich geworden
Israel!

Wie weit dein Weg von der Segnung
den Äon der Tränen entlang
bis zu der Wegbiegung
da du in Asche gefallen,

dein Feind mit dem Rauch
deines verbrannten Leibes
deine Todverlassenheit
an die Stirn des Himmels schrieb!

O solcher Tod!
Wo alle helfenden Engel
mit blutenden Schwingen
zerrissen im Stacheldraht
der Zeit hingen!

Warum die schwarze Antwort des Hasses
auf dein Dasein
Israel?

SINAI

Du Truhe des Sternschlafs
aufgebrochen in der Nacht,
wo alle deine Schätze,
die versteinten Augen der Liebenden,
ihre Münder, Ohren, ihr verwestes Glück
in die Herrlichkeit gerieten.
Rauchend vor Erinnerung schlugst du aus
da die Hand der Ewigkeit deine Sanduhr wendete –
die Libelle im Bluteisenstein
ihre Schöpferstunde wußte –

Sinai
von deinem Gipfel
Moses trug,
schrittweise abkühlend
den geöffneten Himmel
an seiner Stirn herab,
bis die im Schatten Harrenden
das unter dem schützenden Tuche Brodelnde
schauernd ertrugen –

Wo ist noch ein Abkömmling
aus der Erschauerten Nachfolge?

O so leuchte er auf
im Haufen der Erinnerungslosen,
Versteinten!

DAVID

Samuel sah
hinter der Blindenbinde des Horizontes –
Samuel sah –
im Entscheidungsbereich
wo die Gestirne entbrennen, versinken,
David den Hirten
durcheilt von Sphärenmusik.
Wie Bienen näherten sich ihm die Sterne
Honig ahnend –

Als die Männer ihn suchten
tanzte er, umraucht
von der Lämmer Schlummerwolle,
bis er stand
und sein Schatten auf einen Widder fiel –

Da hatte die Königszeit begonnen –
Aber im Mannesjahr
maß er, ein Vater der Dichter,
in Verzweiflung
die Entfernung zu Gott aus,
und baute der Psalmen Nachtherbergen
für die Wegwunden.

Sterbend hatte er mehr Verworfenes
dem Würmertod zu geben
als die Schar seiner Väter –
Denn von Gestalt zu Gestalt
weint sich der Engel im Menschen
tiefer in das Licht!

SAUL

Saul, der Herrscher, abgeschnitten vom Geiste
wie eine Brennschnur erloschen –

Einen Fächer von Fragen tragend in der Hand –
das Wahrsageweib mit der Antwort, auf Nachtgaloschen

beunruhigt den Sand.
Und Samuels, des Propheten Stimme,

gerissen aus dem Lichterkreis
spricht wie verwelkte Erinnerung in die Luft –

und das Licht wie eine verzückte Imme
sein Ausgefahrnes in die Ewigkeit ruft.

Über Saul, dem Herrscher, steht eine Krone aus Sterben –
und das Weib liegt wie vom Lichte verbrannt –

und die Macht wird ein armer Luftzug erben
und legt sie zu einem Haupteshaar in den Sand.

ISRAEL,
namenloser einst,
noch von des Todes Efeu umsponnen,
arbeitete geheim die Ewigkeit in dir, traumtief
bestiegst du
der Mondtürme magische Spirale,
die mit Tiermasken verhüllten Gestirne
umkreisend –
in der Fische Mirakelstummheit
oder mit des Widders anstürmender Härte.

Bis der versiegelte Himmel aufbrach
und du,
Waghalsigster unter den Nachtwandlern,
getroffen von der Gotteswunde
in den Abgrund aus Licht fielst –

Israel,
Zenit der Sehnsucht,
gehäuft über deinem Haupte
ist das Wunder wie Gewitter,
entlädt sich im Schmerzgebirge deiner Zeit.

Israel,
erst zart, wie das Lied der Vögel
und leidender Kinder Gespräche
rinnt des lebendigen Gottes Quelle
heimatlich aus deinem Blut –

ÜBERLEBENDE

GEHEIME GRABSCHRIFT

O welche Rune schreibt der Erdenschoß
mit einer Eiche qualverbogenem Geäst
in diese Luft, die Zeit mit Schreckenmuster malt.

Greis mit dem Kaftan –
Mantel aus der großen Einsamkeit geschnitten,
von vielen Tod- und Weihekerzen angeraucht –
Greis in der heimatlosesten der Sprachen seufzend –

Der eiserne Soldat ließ dich in Wellen
an dem Baume leiden,
nachschaffend eine windverrenkte Erdenflucht.

Zenit des Schmerzes!
Harfend Tränenholz
und Krähen die den Sterbebissen kauen
den Grausamkeit noch übrig ließ –

Vielleicht ist hier die Stelle
wo dieser Stern, die schwarzversiegelte
Geheimnisfülle sprengt
und furchtbar überkocht
in unfaßbare Ewigkeit hinein!

ZAHLEN

Als eure Formen zu Asche versanken
in die Nachtmeere,
wo Ewigkeit in die Gezeiten
Leben und Tod spült –

erhoben sich Zahlen –
(gebrannt einmal in eure Arme
damit niemand der Qual entginge)

erhoben sich Meteore aus Zahlen,
gerufen in die Räume
darin Lichterjahre wie Pfeile sich strecken
und die Planeten
aus den magischen Stoffen
des Schmerzes geboren werden –

Zahlen – mit ihren Wurzeln
aus Mördergehirnen gezogen
und schon eingerechnet
in des himmlischen Kreislaufs
blaugeäderter Bahn.

GREISE

Da,
in den Falten dieses Sterns,
zugedeckt mit einem Fetzen Nacht,
stehen sie, und warten Gott ab.
Ihr Mund hat ein Dorn verschlossen,
ihre Sprache ist an ihre Augen verlorengegangen,
die reden wie Brunnen
darin ein Leichnam ertrunken ist.

O die Alten,
die ihre verbrannte Nachfolge in den Augen tragen
als einzigen Besitz.

VERWELKT IST DER Abschied auf Erden.
Schon die Wurzel setzt die Sterbeblüte an.

Wo blieb Stiel, Stamm, der Weg, der Fluß
von der Quelle zum Meer?

Erde, der Sterbeschein der Neugeborenen
ist deine Glorie.

Niemand weiß mehr das leise Fallen der Blumenblätter
seit der schwererdachte Tod aus der Luft fällt –

Der lange Abschied den Elia nahm von Elisa
der siebenfarbige Bogen der Traurigkeit, gespannt

von Gilgal zu Beth-El –
gespannt, von Jericho zum Jordan –

das Vergehn des Herzens auf der geheimnisvollen
Landstraße zu Gott.

Abschied, der die Berge erfüllt mit seinem Echo
und die Wolken mit der Tränen Naß.

Abschied, der die Sonne auf Nachtwache ziehen läßt
mitten am Tage –

Abschied, Tau der Erdennacht
auf der Lippe eines Verklärten –

Der Verlassene aber,
wirft seine Sehnsucht in die Leere

Samen für eine neue Welt!

WELT, FRAGE NICHT die Todentrissenen
wohin sie gehen,
sie gehen immer ihrem Grabe zu.
Das Pflaster der fremden Stadt
war nicht für die Musik von Flüchtlingsschritten gelegt worden –
Die Fenster der Häuser, die eine Erdenzeit spiegeln
mit den wandernden Gabentischen der Bilderbuchhimmel –
wurden nicht für Augen geschliffen
die den Schrecken an seiner Quelle tranken.
Welt, die Falte ihres Lächelns hat ihnen ein starkes Eisen ausgebrannt;
sie möchten so gerne zu dir kommen
um deiner Schönheit wegen,
aber wer heimatlos ist, dem welken alle Wege
wie Schnittblumen hin –

Aber, es ist uns in der Fremde
eine Freundin geworden: die Abendsonne.
Eingesegnet von ihrem Marterlicht
sind wir geladen zu ihr zu kommen mit unserer Trauer,
die neben uns geht:
Ein Psalm der Nacht.

WIR SIND SO wund,
daß wir zu sterben glauben
wenn die Gasse uns ein böses Wort nachwirft.
Die Gasse weiß es nicht,
aber sie erträgt nicht eine solche Belastung;
nicht gewöhnt ist sie einen Vesuv der Schmerzen

auf ihr ausbrechen zu sehn.
Die Erinnerungen an Urzeiten sind ausgetilgt bei ihr,
seitdem das Licht künstlich wurde
und die Engel nur noch mit Vögeln und Blumen spielen
oder im Traume eines Kindes lächeln.

AUF DEN LANDSTRASSEN der Erde
liegen die Kinder
mit den Wurzeln
aus der Muttererde gerissen.
Das Licht der erloschenen Liebe
ist ihrer Hand entfallen
deren Leere sich mit Wind füllt.

Wenn der Vater aller Waisen,
der Abend, mit ihnen
aus allen Wunden blutet
und ihre zitternden Schatten
die herzzerreißende Angst
ihrer Leiber abmalen –
fallen sie plötzlich hinab in die Nacht
wie in den Tod.

Aber im Schmerzgebirge der Morgendämmerung
sterben ihnen Vater und Mutter
wieder und immer wieder.

O DIE HEIMATLOSEN Farben des Abendhimmels!
O die Blüten des Sterbens in den Wolken
wie der Neugeborenen Verbleichen!

O der Schwalben Rätselfragen
an das Geheimnis –

der Möwen entmenschter Schrei
aus der Schöpfungszeit –

Woher wir Übriggebliebenen aus Sternverdunkelung?
Woher wir mit dem Licht über dem Haupte
dessen Schatten Tod uns anmalt?

Die Zeit rauscht von unserem Heimweh
wie eine Muschel

und das Feuer in der Tiefe der Erde
weiß schon um unseren Zerfall. –

WIR MÜTTER,
Sehnsuchtsamen aus Meeresnacht
holen wir heim,
Heimholerinnen sind wir
von verstreutem Gut.

Wir Mütter,
träumerisch
mit den Gestirnen wandelnd,
lassen uns die Fluten
von Gestern und Morgen,
mit unserer Geburt
wie mit einer Insel
allein.

Wir Mütter
die wir zum Tode sagen:
Blühe auf in unserem Blut.
Die wir Sand zum Lieben bringen
und den Sternen eine spiegelnde Welt –

Wir Mütter,
die wir in den Wiegen
die dämmernden Erinnerungen
des Schöpfertages wiegen –
des Atemzuges Auf und Ab
ist unseres Liebessanges Melodie.

Wir Mütter
wiegen in das Herz der Welt
die Friedensmelodie.

IMMER
dort wo Kinder sterben
werden die leisesten Dinge heimatlos.
Der Schmerzensmantel der Abendröte
darin die dunkle Seele der Amsel
die Nacht heranklagt –
kleine Winde über zitternde Gräser hinwehend
die Trümmer des Lichtes verlöschend
und Sterben säend –

Immer
dort wo Kinder sterben
verbrennen die Feuergesichter
der Nacht, einsam in ihrem Geheimnis –
Und wer weiß von den Wegweisern
die der Tod ausschickt:
Geruch des Lebensbaumes,
Hahnenschrei der den Tag verkürzt
Zauberuhr vom Grauen des Herbstes
in die Kinderstuben hinein verwunschen –
Spülen der Wasser an die Ufer des Dunkels
rauschender, ziehender Schlaf der Zeit –

Immer
dort wo Kinder sterben
verhängen sich die Spiegel der Puppenhäuser
mit einem Hauch,
sehen nicht mehr den Tanz der Fingerliliputaner
in Kinderblutatlas gekleidet;
Tanz der stille steht
wie eine im Fernglas
mondentrückte Welt.

Immer
dort wo Kinder sterben
werden Stein und Stern
und so viele Träume
heimatlos.

TRAUERNDE MUTTER

Nach der Wüste des Tages,
in der Oase des Abends,
über die Brücke welche
die Liebe sich über zwei Welten weinte,
kam dein toter Knabe.
Alle deine versunkenen Luftschlösser
die Scherben deiner flammenversehrten Paläste,
Gesänge und Segnungen
untergegangen in deiner Trauer,
umfunkeln ihn wie eine Feste,
die der Tod nicht eingenommen hat.

Sein milchbetauter Mund,
seine Hand, die deine überholt hat,
sein Schatten an der Zimmerwand
ein Flügel der Nacht,
mit der gelöschten Lampe heimwärtssinkend –

am Strande zu Gott
hingestreut wie Vogelbrocken in ein Meer
des Kindesgebetes Echolaut
und übern Rand des Schlafs gefallener Kuß –
O Mutter, Erinnernde,
nichts ist mehr dein
und alles –
denn die stürzenden Sterne suchen
durch die Mohnfelder der Vergessenheit
auf ihrem Heimweg dein Herz,
denn alle deine Empfängnis
ist hilfloses Leid.

ABSCHIED –
aus zwei Wunden blutendes Wort.
Gestern noch Meereswort
mit dem sinkenden Schiff
als Schwert in der Mitte –
Gestern noch von Sternschnuppensterben
durchstochenes Wort –
Mitternachtgeküßte Kehle
der Nachtigallen –

Heute – zwei hängende Fetzen
und Menschenhaar in einer Krallenhand
die riß –

Und wir Nachblutenden –
Verblutende an dir –
halten deine Quelle in unseren Händen.
Wir Heerscharen der Abschiednehmenden
die an deiner Dunkelheit bauen –
bis der Tod sagt: schweige du –
doch hier ist: weiterbluten!

LAND ISRAEL

LAND ISRAEL,
deine Weite, ausgemessen einst
von deinen, den Horizont übersteigenden Heiligen.
Deine Morgenluft besprochen von den Erstlingen Gottes,
deine Berge, deine Büsche
aufgegangen im Flammenatem
des furchtbar nahegerückten Geheimnisses.

Land Israel,
erwählte Sternenstätte
für den himmlischen Kuß!

Land Israel,
nun wo dein vom Sterben angebranntes Volk
einzieht in deine Täler
und alle Echos den Erzvätersegen rufen
für die Rückkehrer,
ihnen kündend, wo im schattenlosen Licht
Elia mit dem Landmanne ging zusammen am Pfluge,
der Ysop im Garten wuchs
und schon an der Mauer des Paradieses —
wo die schmale Gasse gelaufen zwischen Hier und Dort
da, wo Er gab und nahm als Nachbar
und der Tod keines Erntewagens bedurfte.

Land Israel,
nun wo dein Volk
aus den Weltenecken verweint heimkommt
um die Psalmen Davids neu zu schreiben in deinen Sand
und das Feierabendwort *Vollbracht*
am Abend seiner Ernte singt —

steht vielleicht schon eine neue Ruth
in Armut ihre Lese haltend
am Scheidewege ihrer Wanderschaft.

NUN HAT ABRAHAM die Wurzel der Winde gefaßt
denn heimkehren wird Israel aus der Zerstreuung.

Eingesammelt hat es Wunden und Martern
auf den Höfen der Welt,
abgeweint alle verschlossenen Türen.

Seine Alten, den Erdenkleidern fast entwachsen
und wie Meerpflanzen die Glieder streckend,

einbalsamiert im Salze der Verzweiflung
und die Klagemauer Nacht im Arm –
werden noch einen kleinen Schlaf tun –

Aber die Jungen haben die Sehnsuchtsfahne entfaltet,
denn ein Acker will von ihnen geliebt werden
und eine Wüste getränkt

und nach der Sonnenseite Gott
sollen die Häuser gebaut werden

und der Abend hat wieder das veilchenscheue Wort,
das nur in der Heimat so blau bereitet wird:
Gute Nacht!

AUS DEM WÜSTENSAND holst du deine Wohnstatt wieder heim.
Aus den Jahrtausenden, die liegen in Goldsand verwandelt.

Aus dem Wüstensand treibst du deine Bäume wieder hoch
die nehmen die Quellen hin zu den Sternen –

Aus dem Wüstensand in den soviel Schlaf einging
vom Volke Israel

ziehst du der Schafe Schlummerwolle an den Tag.
Mit der Erinnerung als Rutengänger

gräbst du die versteckten Blitze der Gottesgewitter aus,
wälzt die Steine zum Bethaus

Steine, die fester Schlaf um die magische Nacht
von Beth-El sind,

und gefrorene Zeit um der Heimwehleitern Gesproß.
Am Abend aber, wenn die Erde ihre letzte Melodie

am Horizont spielt und die Brunnen dunkle Rahelaugen sind,
öffnet Abraham den blauen Himmelsschrein

darin die funkelnde Tiara des Tierkreises ruht,
Israels ewige Siegertrophäe

an die schlafenden Völker der Welt.

FRAUEN UND MÄDCHEN Israels,
das mit dem Schlafstrauch besäte Land
ist aufgebrochen an euren Träumen –

In der Küche backt ihr Kuchen der Sara
denn immer wartet ein anderes draußen! –
Wiegt, was die Gründe vorgewogen haben

mischt, was von Gestirnen gemischt wurde
und was der Landmann ans Ende brachte.
Die Sehnsucht der Erde greift nach euch

mit dem Duft des geöffneten Gewürzschreines.
Die Dudaimbeere im Weizenfelde, die, seit Ruben
sie fand, ins Unsichtbare gewachsen war,

rötet sich wieder an eurer Liebe.

Aber die Wüste, die große Wegwende zur Ewigkeit hin,
die mit ihrem Sande schon die Stundenuhr
der Mondzeit zu füllen begonnen hatte,

atmet über den verschütteten Fußspuren
der Gottgänger, und ihre verdorrten Quelladern
füllen sich mit Fruchtbarkeit –

denn euer Schatten, Frauen und Mädchen Israels,
strich über ihr brennendes Goldtopasgesicht
mit dem Frauensegen –

ÜBER DEN WIEGENDEN Häuptern der Mütter
öffnen sich zur Nachtzeit wieder
der Hirtengestirne Blütenzweige
singen in der Kinder warmen Schlaf
die ewigen Verwandlungen zu Gott hinein.
Die heimatlosen Jahrtausende
die seit dem Brande des Tempels umherirrten
ungeliebt in der Stundenuhr des Staubes
schlagen aus in neuer Herrlichkeit
in den Betten der Kinder
frische Äste überwinterter Bäume.

DIE IHR IN den Wüsten
verhüllte Quelladern sucht –
mit gebeugten Rücken

im Hochzeitslicht der Sonne lauscht –
Kinder einer neuen Einsamkeit mit Ihm –

Eure Fußspuren
treten die Sehnsucht hinaus
in die Meere aus Schlaf –
während euer Leib
des Schattens dunkles Blumenblatt auswirft
und auf neugeweihtem Land
das zeitmessende Zwiegespräch
zwischen Stern und Stern beginnt.

IM GEHEIMNIS

O MEINE MUTTER,
wir, die auf einem Waisenstern wohnen –
zu Ende seufzen den Seufzer derer
die in den Tod gestoßen wurden –
wie oft weicht unter deinen Schritten der Sand
und läßt dich allein –

In meinen Armen liegend
kostest du das Geheimnis
das Elia bereiste –
wo Schweigen redet
Geburt und Sterben geschieht
und die Elemente anders gemischt werden –

Meine Arme halten dich
wie ein hölzerner Wagen die Himmelfahrenden –
weinendes Holz, ausgebrochen
aus seinen vielen Verwandlungen –

O meine Rückkehrerin,
das Geheimnis verwachsen mit Vergessenheit –
höre ich doch ein Neues
in deiner zunehmenden Liebe!

DU SITZT AM Fenster
und es schneit –
dein Haar ist weiß
und deine Hände –

aber in den beiden Spiegeln
deines weißen Gesichts
hat sich der Sommer erhalten:
Land, für die ins Unsichtbare erhobenen Wiesen –
Tränke, für Schattenrehe zur Nacht.

Aber klagend sinke ich in deine Weiße,
deinen Schnee –
aus dem sich das Leben so leise entfernt
wie nach einem zu Ende gesprochenen Gebet –

O einzuschlafen in deinem Schnee
mit allem Leid im Feueratem der Welt.

Während die zarten Linien deines Hauptes
schon fortsinken in Meeresnacht
zu neuer Geburt.

Wenn der Tag leer wird
in der Dämmerung,
wenn die bilderlose Zeit beginnt,
die einsamen Stimmen sich verbinden –
die Tiere nichts als Jagende sind
oder gejagt –
die Blumen nur noch Duft –
wenn alles namenlos wird wie am Anfang –
gehst du unter die Katakomben der Zeit,
die sich auf tun denen, die nahe am Ende sind –
dort wo die Herzkeime wachsen –
in die dunkle Innerlichkeit hinab
sinkst du –
schon am Tode vorbei
der nur ein windiger Durchgang ist –
und schlägst frierend vom Ausgang
deine Augen auf

in denen schon ein neuer Stern
seinen Abglanz gelassen hat –

AM ABEND WEITET sich dein Blick
sieht über Mitternacht hinaus –
doppelt bin ich vor dir –
grüne Knospe, die aus vertrocknetem Kelchblatt steigt,
in dem Zimmer darin wir zwei Welten angehören.
Du reichst auch schon weit über die Toten,
die hiesigen.
Weißt um das Aufgeblühte
aus der rätselumrindeten Erde.

Wie im Mutterleib das Ungeborene
mit dem Urlicht auf dem Haupte
randlos sieht
von Stern zu Stern –
So fließt Ende zum Anfang
wie ein Schwanenschrei.
Wir sind in einem Krankenzimmer.
Aber die Nacht gehört den Engeln!

ABER IN DER Nacht,
wenn die Träume mit einem Luftzug
Wände und Zimmerdecken fortziehn,
beginnt die Wanderung zu den Toten.
Unter dem Sternstaub suchst du sie –

Deine Sehnsucht baut an der Schwester –
aus den Elementen, die sie verborgen halten,
holst du sie herein
bis sie aufatmet in deinem Bett –
der Bruder aber ist um die Ecke gegangen

und der Gatte zu hoch schon eingekehrt
da läßt die Demut dich verstummen –

Aber dann – wer hat die Reise unterbrochen –
beginnt die Rückkehr –
Wie der kleinen Kinder Wehklagen
erschrocken an der Erde
bist du –
der Tod der Toten ist mit der Zimmerdecke
herabgesunken –
schützend liegt mein Kopf auf deinem Herzen
die Liebe – zwischen dir und dem Tod –

So kommt die Dämmerung
mit dem roten Sonnensamen hingestreut
und die Nacht hat sich ausgeweint
in den Tag –

WOHIN O WOHIN
du Weltall der Sehnsucht
das in der Raupe schon dunkel verzaubert
die Flügel spannt,
mit den Flossen der Fische
immer den Anfang beschreibt
in Wassertiefen, die
ein einziges Herz
ausmessen kann mit dem Senkblei
der Trauer.
Wohin o wohin
du Weltall der Sehnsucht
mit der Träume verlorenen Erdreichen
und der gesprengten Blutbahn des Leibes;
während die Seele zusammengefaltet wartet
auf ihre Neugeburt
unter dem Eis der Todesmaske.

Es heißt: die Gebote der Thora entsprechen der Zahl der
Knochen des Menschen, ihre Verbote der Zahl der Adern.
So deckt das ganze Gesetz den ganzen Menschenleib.

CHASSIDISCHE SCHRIFTEN

Alles ist Heil im Geheimnis
und das Wort lief aus
das atemverteilende Weltall,

schützt wie Masken mit seiner abgewandten Seite
die sternegebärende Nacht.

Alles ist Heil im Geheimnis
und lebendig aus der Quelle
wuchs die Sehnsucht

durch die Geschöpfe.
Namen bildeten sich
wie Teiche im Sand.

Alles ist Heil im Geheimnis
und die Knochen leben die magische Zahl der Gebote
und die Adern bluten sich zu Ende

wie Sonnenuntergang,
einmal übertretend die Gesetze im Schmerz.

Alles ist Heil im Geheimnis
und lebt aus der Erinnerung
und aus Vergessenheit graut der Tod.

Und die Bundeslade zog ihre Träger
über den Jordan, denn die Elemente trieben
geschwisterhaft die Segnung der Schrift!

Und das Herz der Steine,
flugsandangefüllt,
ist der Mitternächte Aufbewahrungsort
und der begrabenen Blitze Wohnstatt

Und Israel, der Horizontenkämpfer
schläft mit dem Sternensamen
und den schweren Träumen zu Gott!

ZUWEILEN WIE FLAMMEN
jagt es durch unseren Leib –
als wäre er verwoben noch mit der Gestirne
Anbeginn.

Wie langsam leuchten wir in Klarheit auf –

O nach wieviel Lichterjahren haben sich unsere
Hände gefaltet zur Bitte –
unsere Knie sich gesenkt –
und aufgetan sich unsere Seele
zum Dank?

WIE NEBELWESEN
gehen wir durch Träume und Träume
Mauern von siebenfarbigem Licht
durchsinken wir –

Aber endlich farblos, wortlos
des Todes Element
im Kristallbecken der Ewigkeit
abgestreift aller Geheimnisse Nachtflügel ...

ENGEL AUF DEN Urgefilden
die ihr den Anfang losbindet,
die Weissagungen in die Elemente sät
bis die Fruchtknoten der Gestirne
sich ründen
und wieder die Monde des Todes
die abnehmende Tonleiter singen –

Und in staubiger Nachtwache
der Mensch die Arme wild
zum Himmel wirft
und *Gott* sagt
und die Dunkelheit
in einer Veilchenträne duftet –

Engel auf den Urgefilden
wieviel Martermeilen
muß die Sehnsucht, zurück
zu eurem Segensraum durcheilen!

WER WEISS, WELCHE magischen Handlungen
sich in den unsichtbaren Räumen vollziehn?

Wieviel glühende Rosen der Beschwörung
auf den Gewehrmündungen der Krieger blühn?

Welche Netze die Liebe knüpft
über einem bleichen Krankengesicht?

Manch einer hörte seinen Namen rufen
am Scheideweg

und kämpfte handlos in der Heiligen Scharen.
O die Brunnen, gebohrt in die Luft

daraus Prophetenwort trinkt,
und ein Staubvergrabener plötzlich seinen Durst löscht.

Welche Saaten an den Gestirnen des Blutes erwachsen
welche Mißernten des Kummers.

Und der Heiligen Lese aus Licht.
Ringmauern für die schwärzesten Taten.

Friedhöfe für die Martern
der bis auf den Gottgrund zerrissenen Opfer.

O die unsichtbaren Städte
darin die Schlafenden ihre Ausflüge machen –

Wälder der Traumgesichte –
was werdet ihr sein in Wahrheit nach unserem Tod?

SCHMETTERLING

Welch schönes Jenseits
ist in deinen Staub gemalt.
Durch den Flammenkern der Erde,
durch ihre steinerne Schale
wurdest du gereicht,
Abschiedswebe in der Vergänglichkeiten Maß.

Schmetterling
aller Wesen gute Nacht!
Die Gewichte von Leben und Tod
senken sich mit deinen Flügeln
auf die Rose nieder
die mit dem heimwärts reifenden Licht welkt.

Welch schönes Jenseits
ist in deinen Staub gemalt.
Welch Königszeichen
im Geheimnis der Luft.

MUSIK IN DEN Ohren der Sterbenden –
Wenn die Wirbeltrommel der Erde
leise nachgewitternd auszieht –
wenn die singende Sehnsucht der fliegenden Sonnen,
die Geheimnisse deutungsloser Planeten
und die Wanderstimme des Mondes nach dem Tod
in die Ohren der Sterbenden fließen,
Melodienkrüge füllend im abgezehrten Staub.

Staub, der offen steht zur seligen Begegnung,
Staub, der sein Wesen auffahren läßt,
Wesen, das sich einmischt in die Rede
der Engel und Liebenden –
und vielleicht schon eine dunkle Sonne
neu entzünden hilft –
denn alles stirbt sich gleich:
Stern und Apfelbaum
und nach Mitternacht
reden nur Geschwister –

ZUR »STERNVERDUNKELUNG« GEHÖRIG

IM LANDE ISRAEL

Nicht Kampfgesänge will ich euch singen
Geschwister, Ausgesetzte vor den Türen der Welt.
Erben der Lichterlöser, die aus dem Sande
aufrissen die vergrabenen Strahlen
der Ewigkeit.
Die in ihren Händen hielten
funkelnde Gestirne als Siegestrophäen.

Nicht Kampflieder
will ich euch singen
Geliebte,
nur das Blut stillen
und die Tränen, die in Totenkammern gefrorenen,
auftauen.

Und die verlorenen Erinnerungen suchen
die durch die Erde weissagend duften
und auf dem Stein schlafen
darin die Beete der Träume wurzeln
und die Heimwehleiter
die den Tod übersteigt.

VÖLKER DER ERDE

ihr, die ihr euch mit der Kraft der unbekannten
Gestirne umwickelt wie Garnrollen,
die ihr näht und wieder auftrennt das Genähte,

die ihr in die Sprachverwirrung steigt
wie in Bienenkörbe,
um im Süßen zu stechen
und gestochen zu werden –

Völker der Erde,
zerstöret nicht das Weltall der Worte,
zerschneidet nicht mit den Messern des Hasses
den Laut, der mit dem Atem zugleich geboren wurde.

Völker der Erde,
O daß nicht Einer Tod meine, wenn er Leben sagt –
und nicht Einer Blut, wenn er Wiege spricht –

Völker der Erde,
lasset die Worte an ihrer Quelle,
denn sie sind es, die die Horizonte
in die wahren Himmel rücken können
und mit ihrer abgewandten Seite
wie eine Maske dahinter die Nacht gähnt
die Sterne gebären helfen –

WENN IM VORSOMMER der Mond geheime Zeichen aussendet,
die Kelche der Lilien Dufthimmel verströmen,
öffnet sich manches Ohr unter Grillengezirp
dem Kreisen der Erde und der Sprache
der entschränkten Geister zu lauschen.

In den Träumen aber fliegen die Fische in der Luft
und ein Wald wurzelt sich im Zimmerfußboden fest.

Aber mitten in der Verzauberung spricht eine Stimme klar und
verwundert:
Welt, wie kannst du deine Spiele weiter spielen
und die Zeit betrügen –

Welt, man hat die kleinen Kinder wie Schmetterlinge,
flügelschlagend in die Flamme geworfen –

und deine Erde ist nicht wie ein fauler Apfel
in den schreckaufgejagten Abgrund geworfen worden –

Und Sonne und Mond sind weiter spazierengegangen –
zwei schieläugige Zeugen, die nichts gesehen haben.

WIR ÜBEN HEUTE schon den Tod von morgen
wo noch das alte Sterben in uns welkt –
O Angst der Menschheit nicht zu überstehn –

O Todgewöhnung bis hinein in Träume
wo Nachtgerüst in schwarze Scherben fällt
und beinern Mond in den Ruinen leuchtet –

O Angst der Menschheit nicht zu überstehn –

Wo sind die sanften Rutengänger
Ruhe-Engel, die den verborgnen Quell
uns angerührt, der von der Müdigkeit
zum Sterben rinnt?

UNVERÖFFENTLICHTE GEDICHTE
1940-1950

SCHWEDISCHE ELEGIEN
(1940)

1

Von einem Wipfel zum Andern,
Der Wind singt und singt –
Die Fichte will wandern
Der Himmel erklingt.

Sie bebt in den Zweigen
Und hebt sie zum Tanz –
Ich winde mit Schweigen
Den Waldblumenkranz.

Hier Glocke und Raute,
Der Halm, der im Bach
Sich tiefer beschaute
Den Grille besprach –
Nachtschatten an Steinen
Und am schlafenden Moos –
Drin die Zeit ging weinen –
Die Hageros.
Die eilet wie Bräute
In süßen Tod,
Liebe, verstreute,
Rosenrot. –

O Träne, was dunkelst du im Aug?
Ein Tropfen nur vom Bienensaug?
O Träne, die das Licht verschlief
Bis ein Engel sie zum Leuchten rief –

O Engel, ist die Nacht vorbei?
Am Himmel ruft Wildvogelschrei.
Mein Hüter, singt im Lerchenlied
Der Friede, der wie ein Abend schied –
Nachtwache auf Erden –
Mit Einem Stern –
Die weidenden Herden
Sie wandern zum Herrn!

2

Quelle, Lied der Felsenflöte
Bläserin ist Nacht
Tiefer als die Morgenröte
Hast du dein Licht vollbracht.

O Mund der noch im Schlafe singt
Von einer andern Au
Wie Echo das unhörbar klingt
Wird Ferne nah im Blau –

Das sich im Heimwehspiegel trifft
Mit Wolkenflug und Baum
Der Abschied mit der Schwalbe schifft
Im Flügel schon den Traum.

Neigt sich das Reh zum frühen Trunk
Der Stern zu einem Kuß –
O wandernde Erinnerung
Die sich ergießen muß.

Blieb nichts in deinem Schattenland
Nicht Tod noch grüne Zier
Die Träne ist dir anverwandt
Das Lächeln nicht von hier.

3

Aber das Meer ...
Zählt die ewige Zeit vor sich her.
Rausche, rausche, rausche Meer
Erde weint zur Wiederkehr.

Doch der Strand, er liebt dich nicht
Felsen blüht verlassen Heide
Möwe hat nur dich zur Weide
Und du dunkelst schon im Licht.

Aber einmal wird ein Fuß
Wandeln auf dir wie geschah
Denn, o Meer, die Zeit ist nah
Da die Stille kommen muß.

MINIATUREN UM SCHLOSS GRIPSHOLM
(1940)

FAHRT AUF DEM MÄLARSEE

I. DER ALTE HERRENHOF

Grasen in dem Mittagsglanze
Mit gebognem Hals die Pferde,
Suchen grünes Glück der Erde
Hebt die Möwe sich zum Tanze

Um des alten Hauses Frieden.
Schilf säumt Abschied um die Ufer
Wenn die Wasser, Heimwehrufer
Spiegeln Ewigkeit hinieden,

Mit den traumgemischten Farben.
Pochen Herzen dort im Schlosse
Die auch in dem Spiel der Rosse
Sein Spiel sehn? und in den Garben

Aufgehäuft von Schnitters Hand –
Halm, den Sichel leicht getötet
Und vom Mohne angerötet –
Speise, ewig ausgesandt?

ANKUNFT

2. SONNENUHR IM WIRTSHAUSGARTEN

Ein Stein ruht hier; darüber Efeuranken.
Ein Apfelbaum, drin Früchte leicht erröten.
Es summt die Biene; und durch leise Flöten
Spielt Mittag tiefer in die Schlafgedanken.

Im Luftgefängnis aus gebognen Stäben
Wohnt hier die Zeit; sie wird gemessen
Von einem Schatten; wer hat ihn vergessen
Der Tod? O Reifen in das ew'ge Leben!

3. SCHAFE IM SCHLOSSPARK

Ein Riese baute wohl den Turm,
Jetzt mäen hier die Schafe –
Die Mauer weiß so viel vom Sturm
Doch nichts vom Kinderschlafe.

O Schlummerwolle, weich wie Schnee –
Die Mutter tränkt das Kleine –
Die alte Burg im Zeitenweh
Sie lächelt wohl im Steine!

4. BRUNNEN IM SCHLOSSHOF

Nacht liegt gefangen vom bemoosten Stein,
Darüber sich ein Gitter kränzend webt –
Und auch das Wasser in der Tiefe lebt
Und spiegelt noch des Tages Glorienschein.

Doch hängt kein Eimer mehr das Naß zu heben.
Nur eine Spinne zieht an ihrem Faden –
Ein sterblich Netz verhüllt der Nacht Gnaden
Weckt Moos, den grünen Schlaf mit Beben.

5. IM AHNENSAAL

Ein Bild; es stellt den Königsknaben dar
Auf einem Schaukelpferd; er grüßt die Ferne
Mit dem Barett; und seine Augensterne
Sie leuchten; und es weht sein Haar.

Noch hat das Schicksal nicht gerufen
Die süße Kindheit über ihre Schwelle.
Der Wald, der nie zu Ende geht, die Quelle
Der Nymphen, rauschen um des Thrones Stufen.

6. DIE PUPPENWIEGE

Turmschwalbe fliegt; der Blick durchs Fenster schweift:
Schön glitzt der See; des Sommers grüne Wand
Der Wald, rauscht Zaubersprüche, sternbekannt.
Da ist ein Duft, der wie Erinn'rung greift

Aus Buchs gemischt, und aus des Hauses Stille.
Ich wende mich zurück im runden Raum:
Seh' ausgestopften Löwen, seid'ne Fahnen, Traum –
Die Puppenwiege; zirpt die Grille

Vergangenheit; seh' ich mit inn'rem Aug?
Prinzessinzartes Kinderangesicht –
Mund, kleiner Mutter, der in Liebe spricht:
So Süßes, wie nur fließt aus Bienensaug!

7. KINDERREIGEN IM DORF

Die Kinder schlingen ihren Reigen
Und ziehen unter goldne Brücken –
Und Eines steht im tiefen Schweigen
Um einen großen Traum zu pflücken.

Dann knien sie, und winden Kränze
Aus Thymian, Stern und Nachtviolen
Und schlingen wieder ihre Tänze
Und Ferne blüht an ihren Sohlen.

8. BAUERNGARTEN

Ich sehe zwei Schwalben üben
Den Abschied, und sehe den Baum
An einem Mäuerchen trüben
Die Sonne mit nächtlichem Traum.

Die Ringelblume steht offen,
Die Lilie duftet von weit ...
Ein Engel pflanzte das Hoffen
In die Beete der Einsamkeit.

9. QUELLE IM WALDE

Lieblich spricht der Quellenmund
Und die Wälder rauschen –
Frühstes Wort, geheimnisbunt,
Tiefstes Küssetauschen!

Spricht er wohl: »Es war einmal«
Dort im Paradiese?
Wohlbekannt scheint mir das Tal
Wasser, Wald und Wiese!

Öffnen sich schon in der Luft
Türen in die Helle?
Sehnsucht weint, und Echo ruft
Knie ich auf der Schwelle?

Duften aus dem Thymiankraut
Sternerinnerungen –
Lieb, der Liebe angetraut –
Wie ein Ros' entsprungen?

Doch schon schwindet das Gesicht!
Fisch, der Angel schwindend –
Quelle in den Mittag spricht
Tag und Nacht verbindend.

RÜCKFAHRT

10. DIE LERCHENINSEL

Dies ist ein Knospenspringen in der Luft!
Aus Lerchenkehlen blüht der Liederstrauß!
Befreite Seele, die zum Himmel ruft
Springquell der Sehnsucht, Reisende nach Haus.

Das Schiff legt an; im Glockenblumenkranze singt
Ein Kind am Ufer; und blüht Wald!
Die Tür aus Nacht ist aufgeklinkt
O Himmel, öffnest du dich bald?

11. DIE MÖWE, DIE DAS SCHIFF BEGLEITETE

Flügel auf, und Flügel nieder
Lautlos Melodie –
Möwe mit dem Mondgefieder
Wie im Traume schrie.

Und am Himmel Schwermutblüte –
Dort ist unsre Ruh –
Was im Wasser leise glühte
Ist die Sehnsucht – du!

Möwe, fliegst du bis ans Ende
Hin zu meinem Ziel?
Kleine Möwe, an der Wende
Deine Antwort fiel!

12. DIE WASSERMÜHLE

Still ist das Rad am heutigen Tage.
Wie die Ahne schweigt, bevor sie die Sage
Von Neuem den lauschenden Kindern erzählt.

Schlaf zieht so dunkel durch die Fluten
Der Weiden tief geneigte Ruten
Sie schwanken und schatten den Abschied beseelt.

Wie lang ist's her? du spieltest mit der Ferne –
Mit einer Rose und mit einem Sterne –
Die Ewigkeit ging lieblich durch dein Rad.

Nun flüstert leise noch das Schilfgefieder
Und über allem schwebt das Lied der Lieder
Die Nacht, und öffnet der Gebete Pfad.

DIE ENGEL SIND STARK IN DEN SCHWACHEN
(1942)

ICH MALE DIE GANZE NACHT ...

Ich male die ganze Nacht,
Und habe keine Farben.
Da habe ich die Farbe der Sehnsucht erdacht
Und male wie sie darben.

Ich male die ganze Nacht,
Und habe keine Farben.
Da habe ich die Farbe der Liebe erdacht
Und male die Wunden als Narben.

Ich male die ganze Nacht,
Und habe keine Farben.
Da habe ich die Farbe Tod erdacht
Und male wie sie starben.

LEISE, TODUMDUFTET ZIEHN DIE SCHAREN ...

Leise, todumduftet ziehn die Scharen
Mit dem Engel aus der Mitternacht,
Wo sie einst vor vielen tausend Jahren
Mit den Wandersternen sind erwacht.

Und ihr Herd stand immer an dem Rande,
Und ihr Acker lag im Abendrot,
Und die Heimwehspuren in dem Sande
Füllten sich wie Früchte mit dem Tod.

Waren sie am Tage auch verschlossen,
Wenn Erinnrung wie ein Falter streicht –
Doch in Nächten kam ihr Blut geflossen –
Eine Quelle, die den Gott erreicht.

ICH SEH EINE ALTE STADT ...

Ich seh eine alte Stadt,
Die ist gepflastert mit Steinen,
Die haben Münder und weinen
Darüber geht ein Rad.
Das Rad, das will ich halten,
Es will mein Liebstes spalten –
Allein ich bin zu matt.

Ich seh eine alte Stadt,
Das Bäckerschild ist die Brezel,
Daran strahlt golden ein Rätsel –
Ein Kinderblick aß sich dort satt.

Ich seh eine alte Stadt,
Auf den Steinen liegt ein Stummes,
Es hält in der Hand ein Krummes,
Ein Spielzeug, silbern und glatt.

Es sagt in der alten Stadt
Eine helle Stimme gelinde:
»Das Stumme, das blieb von dem Kinde,
Das starb in der sterbenden Stadt.«

Ich seh eine alte Stadt,
Ein Stummes hat Stummes vernommen,
Ein Fischlein kam angeschwommen
Zum Kind, so silbern und glatt.
O Seele! was fragst du warum!

Dein Volk, es war doch stumm;
Als Alles sprach herum!

ZWEI VÖGEL TRINKEN AM BRUNNEN ...

Zwei Vögel trinken am Brunnen.
Der Brunnen hat viele Röhren,
Man kann ihn singen hören,
Die Vögel, sie lauschen am Brunnen:

»Ihr Vögel, trinkend am Brunnen,
Es wollte ein Kindermund trinken,
Der Tod nahm den Knaben zur Linken
Ihr Vögel, ihr Vögel am Brunnen!

Es wollte die Mutter trinken,
Da nahm der Tod sie zur Rechten,
Ihr Vögel, ihr seid die Gerechten,
Ihr Vögel, ihr Vögel am Brunnen.

Es beugt sich der Vater zum Trinken,
Da sieht er ein Spiegelbild scheinen,
Der Tod, er malte die Seinen,
Sie winken, und winken und winken ...

Ihr Vögel, ihr Vögel am Brunnen,
So fliegt nun, und singt zu der Erde:
›Du Tränenkrug, tot ist die Herde‹ –
Verdurstet, verdurstet am Brunnen.«

O gib, daß man ihrer gedenke,
Wo immer ein Mund geht zur Tränke –
Ihr Vögel, ihr Vögel am Brunnen.

VIELE, VIELE WAISEN ...

Viele, viele Waisen
Sind nun auf der Welt,
Haben zu den leisen
Dingen sich gesellt.

Müssen immer fragen –
Wer in Sehnsucht brennt
Hört die Stunden schlagen
Hoch am Firmament.

Eines fragt die Blüte:
War die Mutter so
Lächelnd in der Güte,
Als wir einmal froh?

Andres fragt die Quelle:
Füllte sie den Krug,
Hier an dieser Stelle,
Als der Schatten schlug?

Jüngstes kann nicht fragen
Aus dem Einsamsein –
Nur die Augen klagen
Zu dem Meilenstein.

Hier an diesem Zeichen
Ließ man es zurück.
Gott nur kann begleichen
Sein geraubtes Glück.

EIN MÄDCHEN SINGT DIE STERBENDEN
IN DEN SCHLAF ...

Das heilige Bild, das einst offen –
Verwuchs in dem nächtlichen Moos –
Am Abend vom Blutstrahl getroffen,
Wir weinten oft grenzenlos.

Als Kind auf den grünenden Wiesen,
Da wichen Jahrtausende fort,
Wir spielten in Paradiesen
In unserm Erinnerungsort.

Ich spüre den Kreis sich jetzt schließen –
Ich atme vom Ysop den Duft –
Ein Winken aus Traumverließen,
In Muscheln das Echo ruft.

Ihr Alle, die ihr an den Grenzen
Geschlafen; der Wächter hieß Nacht –
Ihr meintet den Staub zu bekränzen –
Und hattet den Gott schon vollbracht.

LIED DER BETTLERIN

Es geht eine Bettlerin und öffnet eine Tür:
Tod, Tod wo bist du?
Ohne Ruh du,
Zum Himmel mich führ!

Mein Kopf ist zu schwach um zu malen
Vor Augen die Kinder mir,
Sie fangen schon an zu fahlen
Wie diese Erde hier.

Der Sand in meinem löchrigen Schuh:
Das warst du ...
Das warst du, du ...
Tod, wo bist du,
Ohne Ruh du?

Stimmen:
Jetzt im Licht hier ...
In der Ruh ... du
Laß den Schuh ... du
Komm zu mir ...

DER HÄNDLERGREIS

Ich sehe ein altes Haus,
Zum Keller geht es hinab –
Ich seh einen Blumenstrauß
Am Boden, wie auf dem Grab.

Ich seh eine welkende Hand,
Ich seh einen Händlergreis –
Zerrissene Sachen im Pfand –
Einen Rock, der vom Sterben weiß.

Ich seh viel staubige Schuh –
Die Erde floh mit in den Tod –
In der alten Uhr ging zur Ruh
Die Zeit mit dem Abendrot –

Wie eine Lilie im Licht –
Ein Kinderhemd lächelt weiß –
Im Auge der Engel Gericht,
Stirbt selig der Händlergreis.

LIED EINER WAHNSINNIGEN MUTTER

Meine rechte Hand falte ich zum Krug –
Mit meiner Linken greife ich etwas wie Vogelflug –
Ist es ein Haar
Das auf dem Haupte eines Kindes war?

Meine rechte Hand falte ich zum Krug,
Mit meiner Linken greife ich etwas wie Vogelflug –
Halte ich ein brennendes Licht
Das aus zwei Augen spricht?

Meine rechte Hand falte ich zum Krug –
Mit meiner Linken greife ich etwas wie Vogelflug –
Zittert es nicht, als ob Wasser fließt?
Meine Hand ein klopfendes Herz umschließt?

ES GEHEN VIELE STUFEN ...

Es gehen viele Stufen
Im Finstern bis zum Keller,
Ich hör den Engel rufen:
»Die nächste wird schon heller!«

Da unten weint die Seele,
Der Tod blüht ihr im Haare –
Ein Wasser tropft, als zähle
Die Zeit sich fort im Jahre.

Mond wechselt in dem Schimmel
Der Wolken malt auf Wänden;
Dahinter blaut der Himmel
Sie greift ihn schon mit Händen.

Sie hört Musik von Geigen
Und schon den Engel proben –
Dicht an dem Grabesschweigen
Will er sich ihr verloben.

Doch Schwärze muß noch sinken.
Sie soll – ein Senkblei – messen
Die Nächte, und ertrinken
Bis sie den Tod vergessen.

DIE KALTEN FINGER . . .

Dort hinter dem Feuerschein,
Steht der Engel ganz allein
Und wartet mein.

Durch das Feuer muß ich eilen
Sieben Meilen,
Der Engel wird meine Finger heilen.

Ich kann sie nicht falten
Die Kalten.
Er muß sie halten

In seinen Warmen
Hat Erbarmen
Mit den Armen.

NICHT ALLE ABER KAMEN . . .

Nicht Alle aber kamen
Dorthin wo Weinen naht –
Die Nacht, sie war ihr Rahmen
Den nur der Tod betrat.

Im Feuer sie dort starben,
In Wasser, Luft und Schnee.
Der Tod fand andre Garben
Der Engel andres Weh.

Was wissen wir von Worten,
Die nicht mehr hier zu Haus –
Was wissen wir von Pforten
Die nächtlich münden aus?

Was wissen wir von Tränen
Die ohne Feuchte sind –
Was wissen wir von Denen
Die starben und noch sind?

ICH HÖRE, HÖRE SCHRITTE ...

Ich höre, höre Schritte,
Ich höre große, schwere
Und so, als ob sich mehre
Die Last, daß Jemand litte –

Ich höre, höre Schritte,
Wie eine Wildbachquelle:
»Bald bin ich dort zur Stelle –«
Als ob ein Stern entglitte –

Ich höre, höre Schritte,
Gewaltige und starke,
Erschütternde im Marke:
»Ich bin und bin die Mitte!«

Ich höre, höre Schritte,
Sehr kleine, gläsern helle
Wie eines Lammes Schelle:
»Ich komm mit einer Bitte!«

Es wandern weit die Schritte,
Ein Spiel auf Erdensaiten
Wer hörte ein Begleiten –
Als wenn ein Engel stritte?

ES FLOSSEN VIELE QUELLEN . . .

Es flossen viele Quellen
Hinein in die alte Stadt,
Doch unterhalb der Hellen
Die Gott zum Ausgang hat.

Man hörte viele Sprachen,
Sie wohnten dort und dort –
Als alle Dämme brachen
Gab es nur einen Ort –

Von Engeln nun sie lernen
Der letzten Sprache Sinn,
Mit Blumen nicht, – mit Sternen
Gehn sie bekränzt dahin.

WIEGENLIED EINER MUTTER AUF DER FLUCHT . . .

Mein Fuß in Not
Zertritt Blumen und Käfer –
Wird schwer vom Tod
Ich trage den Schläfer,
Ich trage den Knaben, den Knaben nach Haus.

Das Meer wiegt Staub
Wir wiegen zusammen.
Zeit fällt wie Laub –

Es wiegen zwei Ammen –
Ich trage den Knaben, den Knaben nach Haus.

O Atemzug
Den »Er« uns verlassen –
Die Glocke »Genug«
Zerschlug schon das Hassen –
Wer trägt den Knaben, den Knaben nach Haus?

Kind, strahlst du Sein Licht?
Die Nacht ist zu Ende!
Von deinem Gesicht
»Er« nimmt meine Hände
Und trägt den Knaben, den Knaben nach Haus!

DIE LIEBENDE SINGT:

Geliebter, streich ich über deine Hände,
Fühl ich mein Land, als ging ich unbeschuht –
Vom Anfang dieser Erde bis ans Ende
Und immer in der Liebe ausgeruht.

Dein Name hingeflüstert in die Nächte,
Klingt dann wie eine Glocke in der Luft –
Mein Engel naht, und mit ihm das gerechte
Gebet der Liebe, die nach Liebe ruft.

Kein Haus, kein Herd, nichts was die Frau sonst schmückte
Und warum oft der Mensch den Menschen schlug –
O fühlte er den Blick der sie beglückte
Bis in den Himmel, wo Gott sagt »Genug«.

Knie ich, und meine Liebe zieht die Grenze
Vor dir, der schläft und deinem nahen Tod –
Und kommt der dann: so tauschen wir die Kränze –
Und deine Braut grüßt dich als Morgenrot.

DIE SUCHENDE BRAUT

Ihn, suchend auf allen Wegen,
Fand ich verstreutes Gut,
Einen Schuh, einen Brief, einen Degen,
Ein Licht und einen Hut.

Wer hat den Schuh wohl getragen
Nur Einen! Wo ist da der Sinn?
Der Brief weiß nichts mehr zu sagen
Ein Wasser nahm seinen Beginn.

Der Degen lag unter den Weiden
Schönminze umblühte den Knauf –
Daß Herz am Herzen muß leiden
Verriet mir sein Lebenslauf.

O Licht, wo ist nur dein Schatten –
Von Wehmut einst lang gemacht –
Und wo sind die Hände, die hatten
Im Amen gelöscht dich zur Nacht.

Was soll ich noch Bilder malen
Von einem verlorenen Hut –
In dem einst die Sonnenstrahlen
Verblühten; mit welchem Blut?

DIE SUCHENDE BRAUT 2

Immer, immer muß ich lauschen
Eine Muschel ist die Welt,
Innen voller Heimwehrauschen
Außen, wie wenn Dunkel fällt.

Mein Geliebter, wo am Rande
Hörst du dieses »Nah« und »Fern«
Geht mein Fuß auch nur im Sande
Tritt er doch auf einen Stern.

Legt mein Arm sich um die Lüfte
Küßt mein Mund nur einen Hauch –
Lieb ich dich – doch ohne Grüfte –
Und ich weiß, du liebst mich auch.

DAS TEURE LÄCHELN

Ich sehe ein altes Gesicht –
Das lächelt, und lächelnd es spricht:
Der Bruder deines Vaters geht zum Licht.

O Bruder meines Vaters, du lächelst so hold?
Ich wiege das Lächeln, das ist unser Gold –
Ein Lächeln, ein Lächeln wird hoch verzollt.

Ihr Leute, ihr Leute bringt ein Lächeln zu mir,
Ein Lächeln, mehr wert als Diamantenzier,
Und schöner als Stern und Mond und Porphyr.

Das Lächeln ist hier.

Es blühte eine Blume zwischen den Steinen,
Da hörten die Steine auf zu weinen –
Und lächelten. Wie Lichter sie scheinen.

Das Lächeln ist hier.

Es kam eine Taube zum hungernden Kinde,
Die ließ eine Erbse fallen geschwinde,
Da lächelte es; ein Lächeln im Winde.

Das Lächeln ist hier.

Ein Lamm kam von den grünen Weiden,
Und wärmte die Alten, die froren im Leiden
Und sie lächelten noch nach dem Verscheiden.

Das Lächeln ist hier.

Mein Volk, du hast das Lächeln verloren!
Es wird dir neu nach dem Tode geboren.
Nimm es; du bist dazu erkoren!

ICH SEHE EINEN HUND ...

Ich sehe einen Hund,
Das eine Aug' ist blind,
Das andre weint im Wind
Mit einem Stern im Grund.

Da ist kein Wasserkrug,
Kein Menschenauge mehr
Zu spiegeln Wiederkehr
Und doch ist Raum genug

Und alles gottbereit
In einem offnen Rund
Im wildverwaisten Hund
Zu fangen Ewigkeit.

DER TOTENGRÄBER SINGT ...

Ich schaufle so auf und so ab,
Der Mond, er hält mir das Licht.
Ein Stern fiel mit in das Grab
Die Stille sitzt zu Gericht –

Mein Volk, ich schaufle dir Ruh –
Die Angst zum Staube nun geht.
Vertreten sind deine Schuh –
Gesprochen dein Heimwehgebet.

Ich schaufle so auf und so ab,
Der Engel steht an der Gruft.
Die Tür, die geht in das Grab –
Die geht auch hinauf in die Luft.

Mein Spaten, der grub in der Nacht,
Mein Spaten grub Morgenrot –
Wenn Eines von euch ist erwacht –
Blüht schon die Rose im Tod.

DIE ELEGIEN VON DEN SPUREN IM SANDE
(1943)

Meinen jüdischen Brüdern und Schwestern

Und wenn diese, meine Haut zerschlagen sein wird,
so werde ich ohne mein Fleisch Gott schauen.

Hiob

ERSTER TEIL

1

Nun wo es spät wird,
Und die Zeit sich hinunterbiegt
Wie eine Hand
Die den verlorenen Stern wieder
An den Himmel heften will –
Sehe ich deine Frühe, mein Volk.

Als du über die Schwelle
Tratest,
Mit der Herde
Auf die Weide, die noch
Nach Engeln duftende,
Und die Biene summte
In der Stille
Wie in einem See,
Dem stummen Echo des Himmels.

Du aber, die rauschende Muschel
Warst; der Melodienkrug,
Der die meerhafte Heimat singt;
Und deine Sage erzähltest der Herde
Der schlummerentrückten,
Die mit dir sprang und tanzte
Und wanderte in das Abendrot,
Wo das Heimweh übermächtig wird,
Und die zirpende Stimme der Grille
Zu betteln scheint
An der unsichtbaren Pforte des Paradieses.

Aber in der Nacht,
Wenn die Träume wandern,
Weinend Gewölk vor dem Klaren,
Und das Sterben geübt wird –
Da waren die Sterne deine Uhren
Wie allen Hirten
Bis die Sonne aufgeht.

Denn nun wo es spät wird
Und die Zeit sich hinunterbiegt,
Und die Nachtigall,
Die sich schweigend am Tage
Gefüllt hat mit Tränen
Zu singen beginnt –
Sehe ich deine Frühe
Mein Volk!

2

Viele sind gewandert!
Aber du bist vor Allen gewandert.
Viele haben den Sand in ihren Schuhen
Zum Licht getragen,

Aber du hast, vielleicht,
Mehr getragen als sie.

Schlafenden Sand, Ruhesand.
Sand, der die Liebe barg,
Flügel der Schmetterlinge,
Kehlen der Nachtigallen
Und alles,
Was Staub wurde
Von der Weisheit Salomos.
Auch das duftende Kräutlein Wermut
Das immer feuchte,
Von der Träne eines Kindes,
Vielleicht,
Oder unter den Knien einer Mutter
Hervorgeblüht.

Wie bei allen Liebenden, die,
Ob sie sich auch tiefer erinnern
An den Ausgang,
War dein Wandern voller Umwege.

Aber wer weiß:
Ob der Engel
Nicht grade da stand,
Dicht, neben dir
Lächelnd,
Wie eine Sonnenblume am Gartenzaun
Als du den Weg zur Linken wähltest
Da der Weiser zur Rechten wies?

Denn wer sieht die Türen
Unsichtbar aufgehend
In der blauen Luft –
Auf und zu,
Auf und zu.
Und wer weiß

Wenn er Abschied nimmt
Ob er nicht schon
An der Schwelle seiner Heimat steht?

3

Welch ein Abend ist heute!
Der Tränenregenbogen der Zeit
Wölbt sich darüber.
Wo dein Herd stand
Blüht ein Stern.
Wo dein Brunnen dich tränkte
Dunkelt die Schwermut.
Die Wiege deines Kindes
Ist der Liebe Gewölk
Im Mutterarm.
Lächeln und Weinen
Entfielen dir
Wie Rose und Lilie
Aus Kinderspiel.
Aber als du die Schwelle
Deines Hauses überschritten hattest,
Wurden die Täler zu Höhen
Und die Höhen zu Wolken,
Und das Meer
Ein Wandergefild.
Denn wo die Ränder verblassen
Beginnt des Randlosen Reich.

4

Engel, du sammelst der Füße Spuren
Die im Sande maßen die Qual wie Uhren,

Des langen Sterbens Schrift?
Hob hier ein Greis sich aus den Schritten,
Hat er die Tiefe so gelitten,
Daß sie des Todes Waage übertrifft?

Und fielen dort die Sterne nieder?
Es schwebt ein Duft von weißem Flieder
O Engel! eine Mutter sang:
»Wein nicht mein Kind, o sei nur stille
Der Vogel hilft, es hilft die Grille
Dir sterben; ach so sei nicht bang!«

Hier hieß die Liebenden man scheiden.
Siehe, die Füße sangen das Leiden,
Sangen wie Nachtigallen tun.
O Engel, wissen es die Sterne
Daß auf diesem Erdenkerne
Herzen weit von Herzen ruhn?

5

Die Nacht wird kürzer um einen Hahnenschrei!
Der Dämmrung Moos gilbt gegen Morgen –
Lang weint der Mensch, schnell eilt das Tier vorbei –
Wer will dem Töpfer Lehm zum Kruge borgen?
Daß er die Nacht schon fange ein,
Sie zehrt an unsrer Augen Schein!

6

Es war damals,
Als manch Eines
Aus der liebenden Schar
Ging mit »Ihm«.

Und kannte nicht Ferne
Und Heimweh.
Und hatte den Tod noch nicht
Herangeweint.
Denn wozu auch den Erntewagen
Zwischen zwei Nachbarn.

Wenn eines starb
Starb es zu »Ihm«.

Und es ging
Und durfte bitten:
»Um des einen Gerechten,
Verschone, o Herr!«

Und verbrannte nicht
Während es neben der Ewigkeit schritt.
Und zog keine Spuren im Sande,
Denn es schwebte, ein wenig nur,
Über der Erde
Damals.

Und pflanzte den Ysop
Der da wächset an der Wand
Des Paradieses
In seinen Hausgarten.

Aber heute!

Meine Brüder und Schwestern!
Ist niemand unter euch
Der sich diesen Meeren
Von Heimweh
Hingibt als Schwimmer –
Den Meeren von Tod?

Ist Niemandes Sehnsucht
Reif geworden
Daß sie sich erhebt
Wie der engelhaft fliegende Samen
Der Löwenzahnblüte?

Hat sich Niemand
Hinweggeliebt aus dem
Dunklen,
In die goldenen Überraschungen
Des Herrn?

Auf daß er wieder bitten dürfte:
»Um des einen Gerechten willen,
Verschone, o Herr, verschone!«

7

Zuweilen aber, gehst du
Mein Volk,
Durch das Dorf
Verkleidet als Krämer,
Als Scherenschleifer
Oder Gaukler.

Die Fenster sind geschlossen
Und die Türen.
Der Hahn kräht, und der Hund
Schilt dich aus.

Es kommt Warmes von den Kühen
Zu dir, und von den Äckern.
Du stehst in der Mittagshitze
In dem goldenen Schlaf,
Und preist deine Bänder an

Deine Gewürze, und dein Zeug
Mit einer Innigkeit
Als hättest du alles vergessen
Bis auf das Eine.

Und es öffnet sich ein Fenster
Oder eine Tür, und es ruft
Jemand, wie man einen Schiffer ruft
Weit draußen auf dem Meer.

Und dann schließen sich die Pforten
Wieder.
Als hätten sich alle Hände zusammengetan
Zur Kette, wie im Reigenspiel,
Und du stehst draußen
Mit deinem Schatten
Der zeigt »Spät«
Auf der Sonnenuhr.

Am Abend dann,
Wenn der Geheimnisse Schrein
Offen steht,
Nimmst du dein Saitenspiel,
Das noch von David her tönende.

Und es hört der Nußbaum
Wie sich dein Lied mit der Luft
Verlobt.
Und der Brunnen, darinnen
Die Schwalbenzüge ihren Abschied
Malen, schluchzt auf.
Und wie am Rande der Welt droben,
Ein altes Gesicht blickt hinaus
Und nickt.
Wie es die Alten tun, wenn sie
Einverstanden sind mit der Welt.

Und die Magd am Spinnrocken
Hat einen Faden Sternengold ergriffen
Und versponnen. Denn sie hat Hier und Dort verwechselt
So hingesunken ist sie an dein Spiel
Und weil alles so nahe beieinander liegt
Die ewigen Küsse aus: Hier und Dort.

8

Oft ist ein Duft:
Vielleicht der des Thymians
Oder Rosmarins
Der auf den Weg der Erinnerung
Zurückführt,
Dorthin,
Wo ein tieferer Duft heilte.

Oder es ist ein Wasser
Das in den Wiesen ruht,
Opalen,
Wie ein Wahrsager des Himmels.

Die Fußspuren sind es oft,
Auf dem Ackerpfad,
Die mit dem großen Wanderlicht
Geeilt sind,
Goldentführt.

Und das Lamm blökt unruhig
Sein »Wohin«?
Und das Kalb wird von der
Mutter genommen
In der Scheidestunde da draußen.

Und der Esel,
Die Distel kauend,
Will nicht mehr in den Stall zurück.

Die Hindin aber,
Hat Augen mit einem Regenbogen innen.
Wie von fortgezogenen Gottgewittern.
Es sind die Augen meines Volkes!
Und der große Abschied
Dunkelt
Dahinter.

9

Einer der Geliebten
Starb heute in der Nacht.
Ein Wehen kam
Als würde ein Vorhang emporgehoben
Und die Luft küßte sanft hinein,
Die sternenhafte.

Denn, wenn Eines verstoßen ist
Und einsam sterben muß,
Erbarmen sich die Mächte,
Die Tiere, und die jetzt
Leblosen Dinge.
Denn es soll Keines
Ungeliebt gehen
Von dieser Erde.

Es kündigt der Uhu,
Der goldaugige
Die Botschaft. Und
Das Pferd scharrt im Stall
Und der Hahn kräht die Nacht aus.

Aber auch der Stein,
Der unter dem Haupte
Des Sterbenden ruhte
Wird von einem Herzen bewohnt
Das pocht.
Und im Bretterverschlag seufzt es
Vor Erinnerung
Und duftet nach Wald,
Und Harz fließt
Die braune Träne.

Ist ein Linnentuch
Am Leibe des Dahingehenden,
Beschattet es sich bläulich,
Denn es weiß wieder
Seine blühende Kindheit
Fächelnd und kühlend.

Aber die Lüfte,
Die musizierenden Boten
Der Sternenräume,
Sie schreiben die Briefe
Die Glitzernden,
An die schwarze Mauer der Nacht.

Und ich weiß,
Es starb heute ein Geliebtes mir,
Ein sehr Geliebtes.

10

O Engel,
Es ist eine Hand,
Die ergriff die kleinen Kinder
Und tat sie in ein Sterbezimmer.

Die Münder, von den Brunnen der Mütter
Schied sie,
Den sanften Schmetterling
Löste sie von seiner Blume,
Die schwankte unter der Beraubung.

Es ist nicht Dies,
Und es ist nicht Das –
Aber Vogelstimmen an die Erde verkaufen,
Und das Echo vom Munde.

Nicht die Axt ist es
Die den Stamm verkrüppelt,
Nicht Schläge und Wunden
Sind es –

Auch nicht die Hindin,
Die Verblutende,
In deren Augen, da sie weltlos wurden
Gott einzog –

Nicht dies ist es
O Engel!
Es sind die kleinen Kinder
In dem Sterbezimmer.

Da ist die Nacht!
Es sauset in der Luft.
Ein dunkles Gewand
Verstellt den Schlaf.

Wo ist sie,
Die Schattenzweige des Mondes
Zu Lauten biegt,
Und die kleinen stöhnenden Tode
Im Gebälk
Zu Vogelnestern
Darin der Schlummer singt?

Es ist nicht Dies und nicht Das!
Es sind die Kleinen,
In dem Sterbezimmer,
Die Kinder, o Engel!

11

Ist deine Liebe ein wanderndes Licht?
Wer wußte das?
Die an der Sehnsucht weinend zerbricht
Wie ein Stundenglas,
Das sich leise füllt bis zum Rand
Wie ein Auge sich trübt
Und die Welt, der rinnende Sand
Hat das Sterben geübt.

Entwuchsest du, Volk, deinem Krug
Dem die Erde schwand?
Hat deine Wurzel genug
Nun den Tod erkannt?
Du Erstlingskuß, einst, auf ein Frühlingsbeet
Wohin, hinauf, ward dein Weinen gesät?

12

O Sand, du bist die Brücke
Zwischen Licht und Licht!
Die Blume, die ich pflücke
Vor Sehnsucht mir zerbricht.

Nachtwache, darauf die Füße
Siegeln Liebe und Tod;
Die beiden Heimwehgrüße
Aus unsrer Wandernot.

13

Zwischen
Gestern und Morgen
Geht ein Hohlweg.
Sie haben ihn gegraben,
Ihn ausgefüllt
Mit ihrer Zeit. Mit dem Blut der Toten,
Den ausgewanderten Schreien der Wahnsinnigen,
Den hilflosen Blicken
Der Greise und Kinder.
Jetzt, wo der Abend einfällt,
Versuche keine staubgebildete Hand
Eine Brücke zu schlagen
Zwischen Gestern und Morgen!
Oder
Ein Heilkraut zu pflanzen
Von Gestern nach Morgen.
Der Salbei
Hat abgeblüht. Rosmarin
Seinen Duft verloren –
Und selbst der Wermut
War bitter nur für gestern.
Die Blüten des Trostes sind zu kurz
Entsprossen,
Reichen nicht an die Qual
Einer Abschiedsträne. Neuer
Same wird vielleicht
Bei einem göttlichen Gärtner gezogen –
Du sollst auch nicht singen
Wie du gesungen hast –
Ein Feuer brach aus nach der
Musik von Gestern –
O der Wolkengambe Urnachtton –
Die zerrissenen Saiten der Blitze –
Die Flöte des Totengebeins –

Und des Regens Grabgesang.
Still, still
Hier hat der Engel das Wort!
Vielleicht, das dein kleines Amen
Aufgenommen wird zu Gnaden
Wenn du Sand bist in den Schuhen
Kommender!
   In
Der Tiefe des Hohlwegs
   Zwischen
Gestern und Morgen
Steht der Cherub, mahlt mit seinen Flügeln
Goldene Blitze –
Seine Hände aber halten die Felsen auseinander
Von Gestern und Morgen –
Wie die Ränder einer Wunde, die
Offen bleiben soll, die
Noch nicht heilen darf . . .

ZWEITER TEIL

14

Und die Stimme sprach:
   Siehe, auf den Täter!
Und ich sinne;
Aber dies muß weit hinter meiner
Geburt zurückliegen!
Vielleicht auch
Sind alle Gestirne reif geworden.
Fallen wie die Äpfel, duftend vor Abschied?
   Oder
Eine Hand warf etwas wie Steine
Nach ihnen?

Wer aber weiß denn was geschah
Als ihr zum Sterben aufstehen mußtet?
Immer ist die Erde schwarz vor Abschied,
Aber da –
Der Engel vielleicht mit gefalteten Flügeln
Hinter einem Meilenstein
Stand?
Der Vogel sein Nest verängstet
Umflog, das Neugeborene schützend –
Das Wasser bergabstürzte die
Fallenden Gestirne einzuholen?

Der Täter
Angesprochen wurde vom Tod
Den ihr überstanden hattet –
Gewaltig entstieg, D e r,
Seiner Hülle, der Abschied aller Abschiede!

Der Täter
Aber angerührt wurde, am Fuß,
Der am nächsten verwandt ist
Der Erde,
Und verfiel –
Dann hinauf – am Leib –
Wurde Abschied – Staub – schwarz –
Die Hand –
Hielt sich am Dornenstrauch, blutete,
Schwarz, verfiel –
Das Haupt – die Augen – Löcher –
Erdrauch –

Der Täter
Starb euch nach –
Aber anderswo
Begann schon das, was
Euer Licht war
Zu leuchten –

15

Niemand weiß
Um die schwarze Antwort des Hasses
Auf euer Dasein.

Wenn die Kinder im Reigen tanzen
Und singen,
Und Eines singt falsch –
Oder
Auch nur anders –
Oder
Das Licht der Sonne steht hinter ihm
Und zeigt auf Sterben –
So kommt vielleicht
Eines der Singenden
Und sagt:
Es ist etwas mit dir im Hinterhalt.
Geh fort!
Und sie lösen die Hände von dem
Gerichteten –
Und niemand weiß die
Schwarze Antwort des Hasses
Auf euer Dasein!
Es hieße einem vergessenen Traum
Nachsinnen; da gibt es keinen
Deuter; ein Fisch, der von der
Angel floh, ein Stern, der
In Nacht fiel –
Manch Einer tat Böses, man sah es nicht. Dann
Sang er falsch oder auch nur anders
Oder träumte –
Und man ließ ihn für seine
Träume leiden –

16

Euch
Denen das Leid
Noch eine Spanne Atemzüge ließ
Um den nächsten Stern
Zu sehn –
Vergeßt nicht die Schritte
Die gegangen sind
Und mit ihren Spuren neu geschrieben
Haben die Psalmen
Davids.

Euer Gedächtnis sei bewegt,
Wie ein Sandelbaum im Winde,
Der auch dann noch, wenn er
Verwandelt ward, in das
Holz des Schreins, des Stabes,
Oder der Wanderschuhe –
Duftend erinnert
An seine lebende Gestalt.

Vergeßt sie nicht die Schritte, nicht
Die Schatten hinter ihnen,
Sie, die für euch gingen und
Die Psalmen Davids
Noch einmal schrieben
In den Sand.

17

Alles Leben
Ist ein weinender Engel geworden
Seit den Tagen des Paradieses!

Wie traurig singt die Amsel,
Und in den Augen der Rehe und Hirsche
Wieviel Heimweh!
Das ruft in den Muscheln, und in
Den Flüssen, dem ziehenden Schlaf
Der Zeit, darin die
Träume sich spiegeln.

Wie schmeckte wohl der Apfel
Als ihn Eva versuchte?
Aus der Erde entsprossen ohne
Tod? Wie Licht?
Seitdem wieviel Blut darin, verwundete
Herzen, zersprungene
Kehlen, sehnsüchtig Gebein –

Wohl schmeckt der Apfel, dieses
Kleine Gestirn am hängenden
Zweig, noch nach Leben, aber
Weinend, der Abendduftende –

Seit Eva ihn probte, bis
Hinunter zu uns,
Welch ein Weg!

18

Tod
Ist es nicht, was
Ihr sinnt und austeilt –
Dieses verborgene einer Falte eures
Hasses!
Oder in dem Muskel einer Sklavenhand
Zuckende –
Oder

Dem künstlichen Leben einer Maschine
Vorgesagte.
Das reißt nur die Flöte vom Munde,
Mit dem warmen, noch ungespielten Hauch
Darin, und wirft sie zu den Steinen.
O wenn ihr wüßtet in welchen Traum
Ihr greift; in welch Geheimnis!
Nichts wißt ihr vom
»Reifen lassen«!
Denn auch ein Neugeborenes, das stirbt,
Ist reif für eine andere Welt –
Wenn E r erscheint,
Der wahre Tod!
Er, der Geburtenumschauderte!
    Aber
Euer Unrecht reicht nur
Bis zum Abend!
Denn dort wo ein Toter liegt,
Hat die Nacht ihren schwarzen Meilenstein
Errichtet,
Und es beginnt die Flur
Vom ewigen
Reich.

⟨18⟩

Bruder,
    Schwester,
Warum würfelt ihr noch um ein Ding?
Ihr Angerührte vom Geheimnis!
Verstellt es nicht durch Worte
Oder eine Zornesfalte auf
Eurer Stirn!
Nicht nur der einäugige Hund
Der das Witterungsvermögen verlor

Wartet auf euren Anruf –
Alles wartet!
Staub wartet um sich zu erheben, und
Neuer Traum um die Liebe zu werden.
Staub, nicht nur von Rosen,
Auch von Schlangen.
Mütter warten
Um einen Sternenstrahl in die Milch
Ihrer Kinder zu mischen –
Bruder,
Schwester,
Laßt ab zu würfeln um ein Ding!
Nun wo alle Nächte sind wie ein
Feuriger Sinai!

19

O, daß ihr eure Abende
Verloren hattet!
Wenn der Hirt die Herde heimtreibt
Vor dem Wolfe –
Und die Quelle so deutlich
Die Heimat erzählt,
Und der Mund sie kostet wie
Ein lebendes Wort.

Dies ist die Stunde der Engel;
Da sie heimsuchten in Mamre
Den Abraham –
Wenn die Sonne am tiefsten spricht
Und anrührt euer Gedächtnis
In Schwermut.
Versäumt, o versäumt
Nicht mehr
Die Stunde der Engel!

Auf daß ihr nicht ausgeliefert seid
Dem Wildtier
Und dem gefährlich wispernden
Dunkel.

20

ES SPRACH EINE STIMME:

Auch deinen Geliebten
Darfst du nicht mehr rufen über
Die Fluren der Sehnsucht
Hinweg.
Der Braut geziemt Schweigen
Wenn der Bräutigam erhöht
Ward zu solchem Glanz.
Schweige deine Liebe!
Vielleicht das dies
Die Sprache der Engel ist.
Und knie,
Und neige dich!
Denn wenn auch die Höhe Hochzeit macht
Mit seiner Seele –
Auch die Tiefe hat
Anteil an ihm, dem
Geliebten!
Und im Sand liegt seine Rede
Und macht glänzend diesen
Erdenstern, und ist zu
Hören und zu lesen aufs Neue
In den kommenden Frühlingen
Der Zeit!

21

ES KAM EIN TOTES KIND UND SPRACH:

Es ist nicht, daß man mich tötete,
Es ist darum, daß man mich
Zurückhielt –

Am Meer,
Als die Mutter in die blutende Sonne
Hinausfuhr –
Oder
War es auf einer Straße, die
Nie zu Ende ging –
Und der Abschied weiter und weiter
Zwischen uns wuchs, und sich dehnte –
Als wären wir wieder am Werk
Eine Lage Garn auf und ab zu
Wickeln –
Und Jedes tritt vor und dann zurück
Bis es zu Ende ist –

In ihren Augen aber nahm sie mit
Das »Gute Nacht«
Von soviel Abenden,
Das Lied von soviel Schlaf –
Soviele Blumenkränze um die Angst
Geschlungen –

Darum ist es nicht, daß
Man mich tötete –
Nur daß man mich zurückhielt . . .

22

Rauschen, rauschen in der Nacht –
Wieder füllt Rahel die Eimer
Und Krüge aus dem Brunnen,
Dem tiefen Brunnen ihres Geschlechtes.
Trägt
Das schwankende Naß
Durch die Morgenröte. Darin
Nippen die Vögel und spiegeln sich,
Im kleinen Aufenthalt ihrer Reise.
Stäuben Sehnsucht von ihrem
Gefieder.

Die Sonne liegt, erst eine Knospe
Darin, und öffnet sich weiter –
Der Frühling, in der grünenden Weide
Begonnen, beugt sich hinab
Mit den vielen Blätterküssen;
Und das Lamm trinkt mit der Wolke –

So trägt Rahel, die Mutter,
Das Wasser nach Hause.
Und es trinken die Kinder
Ihres Geschlechtes
Noch einmal den Frühling
Mit der Ahnung
Der Reife –

23

O Nacht –
Einziger Name
Für alles Namenlose.

Es flattert an meiner Schulter:
Welcher Vogel?
Es duftet:
Welche Blume?
Es spricht:
Welche Stimme?
Nacht,
Du übst das Leiserwerden,
Das Unsichtbarwerden
Du übst das Sterben mit uns!
Wann aber werde ich
Bei meinem Geliebten sein
O Nacht?

Wenn alle Sterne
Verlöschen.

24

Heute in der Nacht
Hörte ich die Steine reden.
Sie sagten:
»Wer denn soll reden für
Die Stummen als wir!«

Wir, die wir einmal
Atem hatten vom Lebendigen;
Die wir erstarrten an den Erdenzeiten. –
Wir reden,
Denn das stumme Volk
Schritt über uns in seine Gräber
Hinein.
Weckte uns auf
Mit der Musik seiner Stummheit –
Dem Schmerz seiner Stummheit –

Dem Gebet seiner Stummheit –
Sein Fuß vor dem Tode weckte uns,
Und wir sprechen!
Wir sind die Stimme der Sterbenden
Geworden,
Ihr letzter Gesang.
Sie liegen unter uns
Begraben –
Und wir beten.
Sie gingen über uns zu Gott –
Und wir schweigen wieder.

25

   Ihr Kommenden,
Bald sind wir nur
Noch ein Gemisch für eure
Träume –
Graberde euren Schuhen –
Schon spüren wir
Den kühlen Wind,
Der allem Ungeborenen
Vorausgeht –
Unruhe grünt,
Und zuweilen hören wir,
Wie durch eine noch angelehnte
Tür, die übenden Klänge
Die uns einmal
Bei unserem Ausgang begleiten
Werden.

O, daß wir aus unserer Mitternacht
Euch das Kraut pflücken
Dürften, daß,
An eure Eingangsschwelle gelegt, feite

Das Haus und den Herd –
Feite euch
Junge und Alte
Und eure Spuren im Sande –
Bis sie vergehn
In das unsterbliche Licht!

⟨25⟩

Ihr
Die ihr ertrankt zu Ihm –
Durch der Wogen weinende, lachende, wahnsinnige
Spiegelgesichter einbracht zum letzten
Gesicht –
Leicht sei euch die Reise,
Trage die Woge euch gut!
O Meer, Stoff du zu
Korallen und Perlen,
Triften voll ungesätem, engelhaftem Wachstum –
Weit fort, und doch in der Sternenzeit –
Wogen, weinende, lachende –
Von dem zerpflückten Sternenzweig Jakobs,
Dem hirtenweisenhaft Entsprossenen,
Wieviel Blüten fielen auf euren Grund
Der den Wüsten ähnelt?
Fortgenommen aus der kleinen Wiege,
Hinein in die große, schaumgebettete geworfen,
Küßte ein kleiner roter Mund
Das Entsetzliche,
Und der Greis, mit der noch warmen Hand
Von des letzten Feiertags Lichtes Entzündung
Sank in den Rückweg hinein, den
Blinden, wegweiserlosen, erinnerungsduftenden –
Einer aber,
Der Bitteres gesprochen hatte vor dem Abendrot

Wurde vom Salze belehrt –
Und du, meine Freundin, wie von Muscheln
Behängt warst du, lange schon den Gesang
Der Nacht in den Ohren –
Schlafe –
Schlafet, weilet, wachet
An der großen Woge auf, der fernelosen –
Leicht sei euch die Reise,
Woge trage sie gut!

⟨27⟩

Ein Licht
Im Traum
Führte mich über die Grenze.
Ich sah den Toten!
Noch war er nicht entkleidet zu Gott.
Noch waren Schatten und
Wunden an ihm. Aber
Das Licht begann unter seiner
Haut zu leuchten.
Da hob er seine Arme:
»Ich bin auf dem Wege«
Sagte er.
Und seine Wunde begann zu strahlen.
Eine untergehende Sonne,
Blutend rot.
Furchtbar,
Eine strahlende Wunde. –
Die Nacht legte sich
Über meine Augen.
O mein Volk –

⟨28⟩

Schließet die Augen,
Denn *Er* wird euch nahn!
Hebet die Hände, leget
Daumen und Zeigefinger aneinander
Auf daß in den Zwischenräumen der Finger
Die schweigende Begegnung geschehe!
Ausgelieferte, Entzündete, Verbrannte,
Wird ein Funken übergehn
Zu dem Holzstoß der da wartet in Dürre.
Seht
Der Worte sind viele gewesen.
Schwer von Erinnerung sind sie,
Zerbrochen wie die goldenen Abendkrüge –
Geflossen in Nacht.
Keine Krüge mehr,
Kein Schlauch,
Kein Faß –
O meine Brüder, was tun?
Zum Weinberg wandern!
Holt euch die Trauben des neuen Weins!
Hebet die Hände!
Faltet sie zum Krug!
Und trinkt!
Ein Vogelnest Seiner suchenden Vögel
Seien eure Hände,
Weich und bereit zum Empfang.
Streckt euch aus!
Eure Seele zittre in euren Fingerspitzen!
Laßt euch entzünden,
Laßt euch verbrennen;
Denn es ist lange her, daß ihr gelegen habt
An der Quelle,
Und daß euer Gebet
Funken sprühte!

⟨30⟩

Du,
Der du aufsteigst in den Nächten –
Wolken teilst wie ein Schwimmer –
Du,
An dessen Ohr die Engel flüstern
Als gössen sie geweihten Wein
In geweihten Krug –
Hefte an deine Stirn unserer
Aller Frage,
Die einige Erlöserfrage:
»Wann?«
Du,
Der aus nichts, als aus der Sehnsucht
Fliegen kann –
Unserer Sehnsucht!
Stoße dich ab
Von unseren harrenden Leibern
Dem Sprungbrett der Erwartung:
»Wann?«
Du,
Flamme auf dem Wege
Sich wandelnd zum Licht –
Der schweigenden Rede Mächtiger –
Löser des Heimwehs vor Ihm –
Unseres Heimwehs –
Wehe die Antwort uns zu
Auf die staubgeborene Frage:
»Wann?«
Heiliger,
Sternenbesteckter Gesandter
Blume aus unserem Tod,
Blüh!

VERSTREUTE GEDICHTE
1940-1943

DEM ANDENKEN MEINES VATERS

Auf der Abendspur des Jahres gleiten
Müde Tage, die vor Abschied brennen.
Ferne Seele, deinen Namen nennen
Alle Stunden, die den Tod bereiten.

Schwer November; leise ist das Ende.
Eine Melodie geht weiter in die Nacht
Deine Stimme, ferne Seele, deine Hände –
Und dein Blick, der tief den Gott vollbracht –

Ruhe sanft in deinem weißen Frieden,
Tod, die linde Wiederkehr –
Wer die Nacht ahnt, dem wird Abend schwer,
Weil die Liebe tief in ihr verschieden.

MEINEM LIEBSTEN AUF DER WELT!

Hab ich oft an Deinem Herzen
Meine Seele ausgeruht –
Nahmst du meine Kinderschmerzen
Wie man Blumen Kühlung tut –

Schöpften wir am gleichen Brunnen
Uns'res Lebens tiefstes Leid
Stehn die Lichterinnerungen
Uns im gleichen Krug bereit.

Du bist Heimat mir und Abend
Süße Ruh und tiefes Neigen
Und mein Mund, die Märchen sagend
Weiß die Liebe nur im Schweigen.

Und so fleh ich zu dem Einen
Der in Gottes Frieden weilt
Daß wir tiefer uns vereinen
In der Liebe, die uns heilt.

Stockholm d. 9 Juni 1941.

VERWANDLUNG

Vor meinem Fenster der Baum
Kehrt ein in die Nacht, in den Traum –
Wächst fort in die Ewigkeit
Mit anderem Grün mit anderem Kleid?
Nur die Nacht um die Liebe weiß –
Aber wenn es dämmert leis
Ein Stern blieb noch an den Zweigen hängen –
Hebt sich das Dunkel in stummen Gesängen
Und wird eine Kiefer im Licht –
Wandernde zu seinem Angesicht
Sind wir in der Nacht, da die Liebe spricht!

GRABSCHRIFTEN IN DIE LUFT GESCHRIEBEN
(1943)

Meinen toten Brüdern und Schwestern

DIE MUTTER

Hier gingen alle Worte schlafen.
Alle Leiden fanden hier ihren Hafen.
Die Tränen wußten kein neues Meer.
Hier ruht kein Staub; alles ist Wiederkehr.

SIE, DIE IHREM KINDE DAS GRAB GRUB [M. A.]

Mit deinen Händen hast du gegraben deinem Kinde das Grab,
Da löste sich dein Verstand und floß in die Finger hinab.

Die sangen ein Lied, das war wie der dunkelste Schlaf
Einer sah deinen Tod, der dich wie ein Weckruf traf.

DAS KIND

Vielleicht wäre in dir zu Ende gewesen,
»Der Augenblick« den *Er* uns verlassen?
An *einem* Stern kann eine Nacht genesen;
Und *ein* Geheimnis heilt das Hassen.

DIE LIEBENDEN

Wo du wohl ruhst, der meine Seele rief?
Wo du wohl ruhst, um die ich Welt verschlief?

O Morgenfrage, die im Paradies begann;
Und zu der sel'gen Antwort fragt hinan.

DIE WAHNSINNIGE [M.M.]

Du gingst im Kreise
Wie die Erde geht.

Sangst auf der Reise
Bald laut, bald leise

Dein Nachtgebet.
Wer dir gab den Schlaf

Den treffe keine Straf'.
»Wer fand, der steht.«

DIE WAHNSINNIGE MUTTER SANG [M.L.]

Meine rechte Hand faltet sich zum Krug –
Mit meiner Linken greife ich etwas wie Vogelflug –
Ist es ein Haar
Das auf dem Haupte eines Kindes war?

Meine rechte Hand faltet sich zum Krug,
Mit meiner Linken greife ich etwas wie Vogelflug –
Halte ich ein brennendes Licht
Das aus zwei Augen spricht?

Meine rechte Hand faltet sich zum Krug –
Mit meiner Linken greife ich etwas wie Vogelflug –
Zittert es nicht als ob Wasser fließt?
Meine Hand ein klopfendes Herz umschließt?

DER LUMPENHÄNDLER [J.C.]

Sah man dich umgeben von den Resten
Aus schon anderswo begonnenem Spiel,
Hier ein Stoff, darauf das Licht von Festen
Mit Musik in Rosenwebe fiel.

Dort ein Rock, der wußte mehr vom Sterben
Als der Totengräber sich enthüllt –
Und am Abendkrug der ging in Scherben
Glänzte Feuchte noch wie monderfüllt.

Du o Greis, mit deinen welken Händen
Schüttest Sand aus einem Kinderschuh –
Dann, als ob sie zu den Sternen fänden
Griffst du hoch und fielst in deine Ruh.

DIE SCHAUSPIELERIN [E.L.]

Du sprachst: Und Rehe gingen über eine Weide,
Und eine Wassermühle sang Klipp Klapp –
Der Engel sprach zu einer Seele: »Leide!«
Und wieder: »Hebe dich aus deinem Grab!«

Es klopft: du gingst zu öffnen an die Jenseitstüren
Und decktest Kinder mit dem Winde zu.
Es wird dich eine Spur zum Rande führen.
Wo Sesam wächst, da wächst auch deine Ruh.

DER JUNGE PREDIGER [H.M.]

Du hast schon in Särgen geschlafen
Als die Welt dir bot keinen anderen Hafen.
Wo ruhst du nun?
Pforten werden sich auftun!
Andres Grün wird deine Augen weiden
Bekannt aus Kinderträumen, Sehnsucht, Leiden.
Andrer Duft wird dort dich segnen
Wie Erinn'rung dir begegnen.
Die Chassidim, die ihren Gott in Nacht entzündet
Sie haben deine Heimat längst verkündet.
Es wurde spät; und die Zeit
Ist dunkel von der Ewigkeit.

DER VIELLEICHT NICHT GUTE [J.L.]

Wer kann das hinieden unterscheiden.
Böse sein ist das tiefste Leiden.

Kein Fenster hinaus in die Ewigkeit
Doch oben wiegt ein Engel die Zeit.

Mit der Sternenwaage im ewigen Blau;
Und eine Träne, macht es genau.

DIE BLUTENDE [H.H.]

Der Hahn, er kräht; dies ist die Stunde –
Der Mensch, er blutet aus der Wunde.

Und hört, das Ohr noch hier am Sande
Ein Flüstern von dem andern Lande.

So hast du Großes dir verborgen
Und wußtest vor dem Tod, vom »Morgen«.

DER BESIEGTE [W. B.]

O deiner Augen Tränenschleier,
Besiegter du von Anbeginn.
Bogst, wie der Zweig sich biegt zur Leyer
Dich sternenloser Welt zum Schlage hin.

Am Tausendjahresende standst du, Einer,
Der trug des Volkes mitternächtge Last
Und wurdest wie ein Morgenschatten kleiner –
Und dann vom Tod wie ein Juwel gefaßt.

SCHLICHTES HERZ [B. J.]

Deine Landstraße schloß sich wie ein Ring.
Jemand gab dir einen Wink;

Und du begannst zu eilen
Als müßtest du eine Wunde heilen.

Keine Umwege; die waren
Für die, die eine Gnade bewahren.

In den kleinen Bögen wie Wiegen
Hattest du Geschwister, dann Kinder liegen.

In der Mitte aber stand der Herd.
Und du liebtest, wie man Gott verehrt.

DER LÄCHELNDE [A.S.]

Ein Lächeln; kleine Melodie trug dein Angesicht.
Die Engel spielten oben mit deinem Licht.

Hier deckte dich Gottes Schatten zu.
Nun schlaf in Ruh.

Nicht weit gingst du aus deinem Kindertraum.
»Er« schien in deinem Lächeln in den Raum.

Es zirpt die Grille noch der Engel Lied
Aus der Erinn'rung. Jemand schied

Im neunundsiebenzigsten Jahr
Und hatte Glorie um sein Haar.

DER PILGER [L.H.]

Du kamst einmal mit der Sonne vom Morgen.
Der Abend konnte dir nur seinen Schatten borgen.

In deinen Augen leuchtete Feuersäule und Wüstensand,
Und dahinter im Heimweh das ewig gelobte Land.

Wer sandte dich aus, dich aus den biblischen Zeiten
Um den Rückweg mit Nichts als Sehnsucht zu bereiten.

Aus Träumen und Wolken ist Sterben gemacht.
Aber dahinter steht Zion, hinter dem Abend und hinter der Nacht.

Die Hellsichtige [G. C.]

Du sahst die Gedanken kreisend gehn
Wie Bilder um ein Haupt.
Der Luft hast du geglaubt
Darin die Sterne auferstehn.

Und hattest nicht den Blindenstar
Der altgewordnen Zeit.
Wo für uns noch der Abend war
Sahst du schon Ewigkeit.

Der Gärtner [E. B.]

Alle Wissenschaft sagte zu dir: »Nein!«
Das Handwerk schlief weiter in seinem goldnen Schrein!

Was aber ist verwandt
Schlafendem Haupt und schlafender Hand?

Der braune Apfelkern
Der reisen will zu seinem Herrn?

Und die Stille,
Daran das Licht ritzt wie die Grille:
»Komm öffne mir
Die Eingangstür!«

So wardst du ein Gärtner der öffnet die Türen
Die alle in selige Ausblicke führen.

DER BLINDE [R. A.]

Welche Hand trieb dich aus dem Bewohnten
Wo du die Zeit nach Sternen hast gezählt?
Kein Senkblei mißt die Schwärze der Entthronten
Wo deine kleine Nacht sekundenlang gefehlt.

Wo bist du Hand, die dich vor Morgenröten
Durch Türen stieß, die nur ein Engel weiß –
Schließ dich mein Wort, wie darfst du zweimal töten
O Wort, geboren aus dem Menschenkreis.

DIE AN DER SEHNSUCHT STARB [U. K.]

Niemand krümmte dir ein Haar.
Lautlos eine Saite sprang.
Aber sie, die dich gebar
Hörte fernen Sterbeklang.

Denn du starbst an einem Raum
Zwischen ihr und dir gestellt –
Leiser Tod von Traum zu Traum
Ein Geheimnis für die Welt.

DIE BRAUT [A. H.]

Als der Geliebte von deiner Seite schwand
Warst du nicht länger mehr dem Menschen verwandt.
Das Herz fortgegeben, den Schlaf und das Augenlicht
In den Tränen verregnet das ganze Gesicht.
Jeden Tag ging ein Stück deines Lebens nach Haus
Ein Rest Sehnsucht hielt noch bis zu deinem Tode aus.

⟨CHÖRE⟩
(1946)

CHOR DER ARBEITENDEN

Sind wir Arbeitenden
zwischen zwei Hahnenrufen,
die nun eingegangen sind in einen Weckerruf
auch an eine Maschine gestellt
oder an ein Gerät
ihnen zu dienen mit unserem Blutkreislauf
unsere Sehnsucht in einen Käfig zu tun
daß sie flattert wie ein Zimmervogel –
so wollen wir doch nicht vergessen
daß wir den Käfig öffnen können am Abend.
Haben wir dem Staub gedient am Tage
so wollen wir doch unserer Sehnsucht folgen am Abend.
Am Abend wenn die Quellen Münder haben und singen,
Am Abend wenn die Wolken das Blut allen Abschieds trinken,
Am Abend wenn ein Leises ruft: komm o komm zu mir.

O wir Arbeitenden, zwischen zwei Hahnenrufen
lasset uns den Segen spüren am Abend!

CHOR DER LEBENDEN

Wir haben gehört!
Wir haben empfangen!
Wohin wir gehen sind wir Angerührte.
Er fließt aus uns leicht wie eine Ernte.

Die Gestirne, die aus Sehnsucht entsprungenen
sind uns nicht ferner als der Apfel den wir pflanzten
und nun ernten von einem Zweig.
Wir Lebenden
wir ernten
wir ernten die nun heimatlosen Welten
die aus der Toten Augen fielen.
Ihre Überflüsse fallen in unsere Hand
wir ernten, wir ernten
aus dem Samenkorn Gott
die Ähre Erinnerung zu *Ihm*!

CHOR DER KAUFLEUTE

Wenn es auch eitel ist
und Haschen nach Wind
und kein Gewinn unter der Sonne –
und wenn auch die Toten schmucklos liegen
und wenn auch dieser Stern eine Handvoll Staub ist
in Gottes Hand
so wollen wir doch guten Mutes sein
eine kleine Weile
denn wozu steigt sonst der Schmetterling aus der Raupe
und der Morgen aus der Nacht?

Der Steinhändler:
Hier sind Diamanten,
kleine Echos des Strahls und Aquamarine weil der Himmel auch
             das Wasser färbt
es sind Rosenberylle weil die Ahnung der Morgenröte
auch in den finstersten Verließen
gefunden wird und hier ist ein Kristall der eine Honigwicke
einschließt, vielleicht im Garten Eden gewachsen?
So machen wir den Staub durchsichtig
und legen kleine Sterne an
und glänzen; denn geliehen ist Alles!

Der Stoffhändler:
liebe Frau, die du aus Salomo's Loblied daherkommst
feine Leinewand und Purpur ist dein Kleid
und auch das Beblümte sei dir nicht verwehrt
Kraft und Schönheit sei dein Gewand
lache des kommenden Tages!
Wenn ich auch Ware verkaufe die mit Maßen gemessen
wird, wenn ich auch die Münze in meiner Hand wiege
nicht schlafen will ich mit ihr
und nicht den Morgen mit ihr beginnen
denn ich will daran denken, daß ich auf Gräberstaub
stehe und selbst ein Gewand bin das zerfällt.

Chor der Waffenschmiede:
Wir zerschneiden das Herz der Welt
sagt ihr, wir machen die Gewitter an denen die Welt zerschellt
sagt ihr,
wir stechen dem Mann und der Witwe
die kleinen künstlichen Tode ins Gebein
sagt ihr
Wir sind Pfeffer für die Waisentränen
sagt ihr –
wir flüstern es allen Klugen ins Ohr, allen Guten
ins Ohr:
Sinnt auf Rat und ein Fingerhut schluckt unser Gewerbe.

CHOR DER WINDE

Ihr Heimatlosen alle, ihr Heimatlosen!
O ihr mit dem feinen Gehör begabten.
Wir hauchen euch ein, jeden Seufzer der Natur.
Geschwister sind wir mit euch.
Der Grille Ton hat sein Nest in eurem Ohr
Und ihr seid es die diesen Stern sich drehen hören
In den Nächten.

Wir Winde, wir Winde, wir Winde
Wir drehen die Mühlen der Armut
Am Wege der Heimatlosen
Wir treiben das große Meer in eine Muschel hinein –
Lauscht an der Ewigkeit Schlüsselloch, ihr Heimatlosen –
Wir Winde, wir Winde, wir Winde
Ein zu Hause haben wir in der Muschel,
Im Schofar, in der Flöte –
Gute Nacht.

CHOR DER MARKTLEUTE

Wir bringen Euch Speise
Eßt in der Weihe
Wenn der Gaumen schmeckt
löst er die Funken
bringt er den Königsohn ins Vaterhaus.

Fruchthändler:
Eßt in der Weihe
Was die Sonne gekocht.
In eurem Blut
wird die Kraft
zu neuen Planeten geboren.

Fisch- und Geflügelhändler:
Ermarktet den Fisch, den meertränenumkleideten
sein kleiner Tod gehe in euren Riesentod ein.
Ermarktet die Taube die mit ihren Füßen schrieb
Spuren im Sande
Briefe für Engel schrieb sie in den Sand.
Eßt in der Weihe
Löset die Funken vergraben im Fleische.

CHOR DER KINDER

Eins, wer weiß es?
Eins, ich weiß es!
Er ist es; ist es, ist es!
Er, der uns Abend und Morgen sagt in der Sonne
Er ist es.
Sag du, sag du, sag du
Sterne möcht ich binden in der Nacht
und sie dem Waisenkind schenken
sag du, sag du, sag du
das Sonnentuch will ich
nehmen, das auf dem Thymian liegt
und ihr die Tränen trocknen, die Tränen trocknen damit.
Und ich will einen Vogel küssen
Und ich will einem Schmetterling Honig hinlegen.
Eins, wer weiß es
Eins, ich weiß es
Er ist es, ist es, ist es!

CHOR DER WAFFENSCHMIEDE

Wir zerschneiden das Herz der Welt
Sagt ihr,
Wir machen die Gewitter an denen die Welt zerschellt,
Sagt ihr,
Wir stechen dem Mann und der Witwe
Die kleinen künstlichen Tode ins Gebein
Sagt ihr
Wir sind Pfeffer für die Waisentränen
Sagt ihr
Wir flüstern es allen Klugen ins Ohr, allen Guten
Ins Ohr:
Sinnt auf Rache und ein Fingerhut schluckt unser Gewerbe

An die Sänger Israels

Die Toten, die schweigenden Herolde rufen Euch!
Sänger Israels, was zögert Ihr?
Längst ist der Strick zerrissen
der Eimer im Brunnen ertrunken –
die güldene Schale zerbrochen.
Töpfer, bildet Krüge aus neuem Ton
O ihr Sänger der Erde,
Fischer auf der Brücke zwischen Nacht und Dämmerung,
Wo ist Israel mit seinem Fang aus Tränenmeer?
Davids liebliche Geschwister,
die Vögel Israels schweigen.
Leer ist eine Stelle, musiklos
in der blauen Luft
im Gesang der Völker fehlt euer sanftes Dunkel!
Durch der Jahrtausende Echoberge
schluchzt Davids Saitenspiel
einsam.
Ihr Sänger Israels
Verwest am Leide war eure Stimme
Wie das Samenkorn verwest
zur neuen Geburt.
Sänger Israels, sausende Muschel
des Sphärengesangs
Schlafende Seele
Singe!

Erntelied

Es ist was aus der Sehnsucht entstanden
Wir bringen die Garbe nach Haus!

Es ist was aus der Sehnsucht entstanden
Wir pflücken den Apfel vom Baum!

Es ist was aus der Sehnsucht entstanden
Gott gab uns das Leben im Traum!

WERDENDE MUTTER

Sterne gebären
Und Kinder gebären
Und eine Blume die Frucht trägt
Alles ist Staub der die Sehnsucht trägt!

WASSERSCHÖPFERIN

Ich schöpfe Wasser aus einer Quelle
Bin zurück zu der Kindheit meines Volkes gelaufen
Bin ganz warm geworden
Durch den Wüstensand der Jahrtausende gelaufen
um bei meinem Volk zu trinken.
Rahels Spiegelbild schöpfe ich mit den Händen und küsse es
Jetzt legt mir Gott einen Stern hinein
Ganz nahe bin ich zu Gott gelaufen
Auch wenn ich Leitungswasser trinken muß
werde ich das Geheimnis der Quelle meines Volkes schmecken.

EINE TRAUERNDE BRAUT

Der Welt die aus deinen Augen fiel
will ich eine Heimat geben
die Luft die dich bis zu Gott hin bediente
will ich einziehn –
Seufzer und Lächeln
Wie Rose und Lilie verloren im Kinderspiel

will ich in mein Herz pflanzen und keimen lassen
Aber das Fensterbrett
darauf deine Hand sich stützte
wenn du in liebender Erwartung standst –
wo magst du faulen, reiches Holz
mit seiner Liebe Inschrift?

ZEITRAUM »IN DEN WOHNUNGEN DES TODES«
(1943-1946)

DAS KIND
aus den Liebesguirlanden
der Mutterarme gerissen
verwundet bis
in den Anbeginn der Schöpfung

die Sonne aus dem Hafen
der Augen gezogen
in den schwarzen Abfall geworfen

der grünbewachsene Spielball
mit dem Oceanensalz
in seine eigene Sintflut geronnen
aus Kinderfingern
vereisten

aller Mitternächte Traumgeschwader
segelten schwarz geflaggt
in die Grabmünder –

Eine Mühle am Wasser
mit ihrem Klipp Klapp-Herzen
war Waise geworden.

Zu denken, dass vielleicht die Nachtigall sang
Während du starbst –
Zu denken, daß vielleicht eine Knospe sprang
Da du verdarbst.

Zu denken, einen Morgen im Rosenlicht,
Nur du, in deiner Qual –
O Gott – und wie deine Seele durchbricht
Die Hülle – wie ein Strahl. –

Meinem Liebsten auf der Welt!

Und wieder heut, zum unzählbarsten Male
Geb ich Dir, Liebling, dieses Wort zum Pfand:
Du hast aus mir, der schon zerbrochnen Schale
Den Lebenswein geliebt in Deine Hand.

Und Alles was ich aus den Nächten singe,
Ist aus des Vaters und der Mutter Quell –
Du aber pflanzt die märchenhaften Dinge
In dunklen Augenblick und machst ihn hell.

O mach ihn weiter hell; wenn Tauben picken
Auf unsrer Fensterbank, so laß sie sehn
Die Sehnsucht stille stehn in unsren Blicken –
Und Schweigen wächst und wächst und wird »Verstehn«.

Zum 9 Juni 1946

ABENDLIED

Ach schon welkten Deine Rosen,
Und ich schließe meine Lider,
Und das Licht der Heimatlosen
Duftet schon: der Sternenflieder.

Und es weht an meine Schläfen
Ferne von dem schönen Lande –
Schwebend in die Abendhäfen
Bin ich Schiff zu Deinem Strande.

ZEITRAUM »STERNVERDUNKELUNG«
(1947-1949)

Rahel steigt aus ihrem Grab und weint um ihre Kinder...
Jeremia

RAHEL,
Mutter der Mütter!
Die schwere Decke deines Schlafes,
Die Jahrtausenddecke deines Schlafes
Hat eine schreckliche Sonne durchstochen.
Fortgewaschen von einem Meer von Tränen
Wurde ihr Zierat.
Fortgespülte Flammenworte der Propheten,
Die vom ewigen Leben eingewebten Träume
Der Könige –
O Wasser die keine Arche mehr trug!

Welcher Tempel atmet Brandgeruch, seit der Eine fiel?
Rahel,
Mutter der Mütter!
Blut fließt wie Meere,
Fleisch fällt, statt Steine,
Augen verlöschen statt des Leuchterpaares,
Betende Hände verbrennen statt des Baldachins!
Rahel,
Mutter der Mütter!
Der Tempel deines Fleisches brennt!

Ausfahren die Geheimnisse des Herrn
im springenden Blute,
Die Torarollen des lebendigen Fleisches
Krümmen sich, ehe sie das Gotteswort lassen –

Rahel,
Mutter der Mütter!
Du, die du das Zittern einer Kinderlippe
Noch feucht von der Mutterbrust,
Aus dem Scheiterhaufen ergriffst
Wie einen Schmetterling,
Weinende Mutter,
Sei der entflohenen Seufzer Mutter,
Der vergossenen Tränen Mutter,
Der sterbenden Blicke Mutter,
Der toten Hindin Israel!

MEINE ARME WERDEN kein Maßkrug sein
Der sich leise füllt mit Kinderschlaf –
Kein weißes und kein schwarzes Schaf
Tritt in mein Wiegenlied hinein.

Der Tod, er bog mir fort die Hand –
Ich fasse nur in einen Traum –
Mein Fleisch und Blut im leeren Raum –
Dann wimmert es – und fällt wie Sand.

O meiner Heimat ewges Licht!
Schläft bei dir unsrer Sehnsucht Kind,
Wie Gras gewiegt im Abendwind,
Wenn hier der Mutter Herz zerbricht?

KLAGECHOR DER WARTENDEN
VOR PALÄSTINAS TOREN

Wären wir Bäume, Bäume, Bäume
Hätten wir eine Stimme,
Denn Rauschen ist eine Stimme.

Wären wir Winde, Winde, Winde
Hätten wir eine Stimme
Denn Wehen ist eine Stimme.

Wären wir Meere, Meere, Meere
Hätten wir eine Stimme
Denn Brausen ist eine Stimme.

Wir aber sind Israels Kinder, Kinder, Kinder
Wo haben wir unsere Stimme?
Seufzen und Tränen sind unsere Stimme
O! O! O! O!

Wären wir Bäume, Bäume, Bäume
Hätten wir eine Heimat,
Denn Erde ist eine Heimat.

Wären wir Winde, Winde, Winde
Hätten wir eine Heimat
Denn im Schofar ist eine Heimat.

Wären wir Meere, Meere, Meere
Hätten wir eine Heimat
Denn in der Muschel ist eine Heimat.

Wir aber sind Israels Kinder, Kinder, Kinder
Wo haben wir unsere Heimat?
Wegweiser Mitternacht zeigt in unsere Heimat
O! O! O! O!

Wären wir Bäume, Bäume, Bäume
Wären wir Winde, Winde, Winde
Wären wir Meere, Meere, Meere
So könnten wir leben, leben, leben.

Wir aber sind Israels Kinder, Kinder, Kinder
Wie sollen wir leben, leben, leben?
In unserer Sehnsucht werden wir leben, leben, leben

Im Herrn unserer Sehnsucht werden wir leben, leben, leben.
O! O! O! O!

WELT, HIER RUFT die Neige aus dem Becher Israel!
Wie Lava bin ich ausgebrochen –
aus dem Vesuv der Marter bin ich hochgefahren –
die Unterwelt hat meinen Schrei behalten,
meine kranke Perle in der Muschel Nacht.
Hier liege ich unter der Sonne
und bin Asche.

Welt, hier ruft die Neige aus dem Becher Israel!
Wind fahre meine Asche nach Haus;
klopfe an die Türen der Welt und sprich:
»Hier weht Israel;
aus den Schornsteinen der Feueröfen
fahre ich seine Asche nach Haus!«

Welt, hier ruft die Neige aus dem Becher Israel!
Mit dem weißen Stachel des Todes umgürtet,
in den Ohren der Sterbenden Geseufz
wie die Uhr der Zeiten pochend,
umströme ich, o Menschheit, mit den Meeren
meiner stranddürstenden Augen
deine trostlos verrammelten Archen!

Welt, hier ruft die Neige aus dem Becher Israel!
Mein Kind, du, im Polzirkel des Todes geboren,
in der blau vereisten Wiege des Schreckens versargt
Speihende Zungen aus allen vier Weltecken
haben den Stacheldraht deines Lagers
mit Feuerrosen berankt.

Welt, hier ruft der letzte Blutstropfen aus dem Becher Israel!
Welt, ich sterbe durch deine geschlossenen Türen hindurch

Reiße die Sternenwage aus der Bläue der Nacht herab,
auf daß sie wiege, in ihren Schalen aus Glanz,
wiege deine Türen aus Luft ...
und Israels Mitternachtsschrei an die Erde:
»Nach Haus!«

ELEGIEN AUF DEN TOD MEINER MUTTER
(1950)

1

Was stieg aus deines Leibes weißen Blättern?
Die ich vor deinem letzten Atemzug noch Mutter nannte?
Was liegt auf dem Laken für Sehnsucht-Verlassenes?

Der Kranz deiner warmen Umarmung –
dein geflüstertes Segenswort
das meine Armut schon weit fort krönte –
deine Finger, die eine Lebenssekunde noch in der Luft
Elohim zeichneten –

Auf welchen Spuren soll ich suchen?
Wo deine Seligkeit anfragen?
Wie unter meinen Füßen
die Anziehung der Erde fortwischen
um die Todestreppe empor zu stürmen?

Funkelt es nicht da unten
am Nachthimmel schon
von einem zunehmenden Licht?

Wie oft waren wir gemeinsam
zu überzeitlichen Empfängen geladen –
versteinerte Rinden, Meere und Feuer
wie Vorhänge zurückschlagend –

Aber nun?

Wie dürfte ich wagen
und sei es auch nur in Träumen,
die Fußspitzen über Verschüttetes zu setzen –
in Ahnungen rühren zu wollen
an dein Befreites,
das gesichtslos – sprachlos –
aus Tod wurde –

O kein Schmetterlingsnetz
zum Erhaschen deines weißen Lächelns –
Abgewandt, tief im Herzen versteckt
das sterngeschliffene Messer der Sehnsucht,
schleiche ich Staubbegrabene vorbei
deiner Erlösung.

Aber vielleicht
ist dein aufgegangenes Gestirn
schon mit der Musik
meiner noch in Nachtgestein verwunschenen Seligkeit
verbunden?

Vielleicht, ach vielleicht
wächst dieses, das Verpuppte
nur von einem Zeichen leicht unterbrochene
zu dir!

Ungesucht und schon gefunden,
ein Geschenk aus deinem Frieden:

Die Erlösung, die kein Tod aus Sternenlichterjahren ist.

2

O könnte ich deine Blicke heimholen!
Heimholen dein Weltall der Blicke.

Wolken mit den Sterbespielbildern
ihr nahmt so viele.

Und der große heimlich geübte Abschied
den deine dunklen Augensterne
in das Untergangsmysterium der Sonne pflanzten.

Heilendes, frühlingszartes Verweilen
auf Kindergesichtern, Knospen und Vögeln.

Und dann – der Letzte –
schon in der Erlösung erblühte –
den meine Tränen empfingen,
nur meine Tränen –

Dein lächelnder Tod
der meinen weinenden küßte.

3

Uhr meiner Zeit!
Verstellt ist dein Kreisen
brennt langsam, langsam
Sekunden zu Lichtjahren.

Jeder Zettel von deiner Hand beschrieben
leuchtet groß!
Leises Wort, Seufzer, Lächeln
alles war schon Übergang –
aber jetzt erst empfangen
kostbar schmerzgefaßt.

Mein Blut so unruhig,
heimwärts übende Vögel
noch unter einem Firmament gefangen
das unsichere Auskunft gibt.

Wer weiß ob das, war wir hier mit »Frieden« meinen
und ein Oasenbild ist
dahinter grünt?

Aber nicht mehr Dieses:

Nicht mehr aus den Augen
nicht mehr aus dem Herzen
nicht mehr aus dem Blute
nicht mehr aus den Eingeweiden
jedes verwesenden Staubkornes Qual
in die Brunnentiefe tragen –

Nicht mehr Blei der Planeten an den Füßen –
nicht mehr geheime Mondverhaftung,
Schreckenstürze, Schreie, Wehetun, Würmerwälzen,
Sauerstoffqual, bis der letzte Atemzug
die Zeit in den Himmel stößt –

Nicht mehr dies, nicht mehr dies
nur aus des Daseins geschlossenen Augen
errettet –

4

Mein letzter Atemzug
O Glück für das ich Lächeln wieder lerne
Du Liebeswegweiser!

Mutter, Mutter wartend an der Tür
wie einst, da wir mit Schritten noch
die Schwellen übertraten –

Seele, meiner Seele
aus fortverlorenem Rosenblut

bildet sich unsere sternenerlöste Umarmung –
bildet sich unser tränenerlöster Kuß.

5

Mein Herz, Kompaß auf den seligen Magnetberg gerichtet –
Alle Gedanken im letzten Schwanenschrei
meine Liebe verkauft an dein Reich
der Rest blutig geschlagen auf dem Jahrmarkt der Waisen.

Einst werde ich suchen
auf den unsichtbaren Sternenstraßen
bei den Wegbiegungen,
wo der Engel Blindenweiser über die Grenzorte zeigen –

Seele, meiner Mutter Seele
ich versuche, versuche auf Fußspitzen stehend
mit nach den Weltenecken geöffneten Armen
Lugend unter ertrunkenen Augen
das Aufbrechen vom gesicherten Land –

6

*Schaue auf das Urbild, das dir auf dem Berge gezeigt worden
ist und führe es aus.*
                                                Moses Kapitel 25.5.40.

Alles ist vorgezeichnet.
Sein Feuer brennt in jeder Erinnerung.
Aber die Umwege führen bis in die blutigen Kiemen der Fische.

Fehle auf Fehle sind gehäuft –
Granitgebirge
darin die Engel, die Goldgräber arbeiten.

Wahnsinn ist steilster Rückweg.

Ich weiß, daß dein Finger im Sterben
Menohrah, den Sinai-Feuer-Leuchter
zeichnete in der Luft –

Geführt war dein Tasten ins klare Bild.

7

Nicht mehr in dieser Form
die lichten Spiele aus Mutter und Kind
Nicht mehr in dieser Form
der Koseworte Vogelgezwitscher
nicht mehr in dieser Form.

In der Nachtwache aus Staub
zwischen Geburt- und Todeslicht
auf der silbergeschienten Planetenbahn
mit dem Spiegelbild aus Sterben im Rücken –
nicht mehr in dieser Form
die lichten Spiele aus Mutter und Kind

nicht mehr in dieser Form
der Koseworte Vogelgezwitscher.

8

Ach daß man so wenig begreift
die Staubbinde vor den Augen
Fenster und Türen öffnen sich
vor der Kraft des Aufbruchbereiten.

Seele, an welche neuen Herde der Unruhe
führte ich dich damals zurück –

Verzeih,
aber die Heiligkeit »vor dem Fest«
ist dem uneingeweihten Fleisch entgangen.

Wer sieht der Befreiungen erste Flügelschläge
festgenagelt an der Qual?

Nur in den Qualen glichen wir uns noch
dann stieg dein Engel aus der Hülle –

9

Zwischen Licht und Licht
zwischen Morgen und Abendquell
sind wir am offenen Grabe der Gast,
deutend und deutelnd
was die Biene will
wenn sie aus Blumen den Honig sammelt –

Niemand weiß seinen Sternenplatz
und der unergründlichen Schmerzen Ort –

Ach Gnade, Gnade für die, die Amen sagen wollen,
die Folgeleute,
die an todenthobenen Türen lauschen,
die auf und zu in feierlichen Atemzügen gehn

die abgewandt und grabgebeugt
doch schon den Weg vor ihrer Schwelle
mit Sehnsuchtsmeteoren dunkel glühend pflastern
und die schon stehn
wo alle Liebe steht

die staubberieselt
Abschied gibt und nimmt.

10

Nachdem Ewiges aufbrach
und kein Wort weiter begleiten kann
alles Schweigen ist –

blieb im Grabe zurück
einer Nachtwache Wandlung –
hält sich nicht
schon ohne Ränder –

aber doch Kuß in die Anfänge.

Niemand weiß
woraus die Nachtigall schluchzt,
aus welcher Erinnerung Thymian duftet –
auch in den Quellen ist manche Sehnsucht verblieben
in den Träumen, im Luftzug
sind vielleicht schon die Maße zu Neuem gemessen –

Mond zieht Schlaf
und alles Geliebte
ist auf Dämmerungswegen –

11

Wenn alle Zäune gefallen sind
nur noch Leben lebt,
Musik nicht mehr durch Orgelpfeifen wandert
oder an einer Saite haftet –

wenn Häute und Blumenblätter
und Augen und Horizonte
wieder zeichenlos geworden sind –
Hände und Füße
gestirnentfallene Formen –
wenn des Sandelbaumes Duft holzlos schwebt
und der Atem entschränkt
nichts mehr forttrinkt –

Dann o dann o meerhafte Ewigkeit
die du durch so viele
mühsam gebaute
Erdenröhren tropftest –
dann o dann o meerhafte Ewigkeit
steigt die Liebe aus ihren angerührten Gräbern
besiegend Stern und Stern und Stern
bis sie das selig Aufgetanene erfüllt.

Liebe die aufgerufene Kraft
aus Staub und Meteoren.

12

Tod wir schweigen nun zueinander
im Geheimnis.
Du bröckelst leise an meinem Leib
und machst mir Aussichtspunkte
aber ich sehe nichts
denn mein drittes Auge ist noch geschlossen. .

Aber hinter jedem Wort
wächst Ewiges an –
aus jedem Schritt steigt
etwas treppenlos hoch.
Echo vom Klopfen an eine Tür
die sternenlosen Eingang hat.

Nahe bin ich am Sterben –
nur einen Hauch gebraucht es von fern
und ich falle ab
wie der mit Gespinst segelnde Samen
des Löwenzahn –

denn es schmeckt schon die Zunge
weiter das Brot
bis es Sand wird, Blume und Stein –

ich glaube
ich bin ohne Reise
bei dir!

13

Kein Wort birgt den magischen Kuß
der meinen Staub aufhält –

Am Rande sagen die Freunde: »Warte«
warte auf die goldene Zeugung der Sehnsucht: »Ruhe«

Und ich sage zu meinem Herzen: »Warte«
warte auf die goldene Zeugung der Sehnsucht: »Ruhe«.

Aber wer kann mondhingerissene Meere
mit einem Wiegenwort halten?

Oder der Abendröte gebrochene Blume
zurückverpflanzen in den blendenden Tag?

14

Auswanderer Schlaf
der weit ins Freie bettet –
du unterbrochene Zeit
planetenlos gemessen –
nur rot vom Blut
das kreist des Friedens Bahn.

Der Springer Sehnsucht
sprang aus Trauerstaub des Tages
und schwimmt im schwarzen Wasser
sanft umsungen
von Atemzügen in der Schöpfungsmelodie.

O Seele, wieviel Himmelsmeilen
bin ich dir näher schon geworden
mit meinem Leben,
das nur schlafend weiter zahlt?

O Liebesaufgang, wie ich dir vertraue!

15

Geist über den Wassern,
Atemgebärender,
mit der kreisenden Minute in der Kehle
schlucke ich fischstumm das Sterben.

O nimm mich hinauf,
dorthin, wo an die fließenden, dunklen Wände gelehnt
Tod mit der Magnetangel wartet –
hilf! daß er ausreißt
was nur ein kleines schwarzes Loch
in der Zeitenmauer hinterläßt –

das wächst schnell wieder zu,
denn die geheimnisvollen Nebel
O Atemgebärender,
die aus deinem Munde ziehn
die Samenbergenden
sind reich an Amsellied, Lächeln und Holunder –

16

Gestillte Blutbahn,
kampfloses Strecken
in weißer Todesasche.
Vorhang aus Nichts
hinter dem Entlassenes
in rettendes Geheimnis wieder fällt.

Aber wenn hier schon
Augen umfassen
fliegende Steine
die goldenes gebären
Feuerzähne die Dunkel fortkauen –

Wie dann erst wenn Eines
aus Verwunderung und Weinen
entrückt wurde?

Über der schwarzen Nachtwachenfrage
schwebend –
Lerchenmusik der Gestirne saugend
wie neue Muttermilch?

O der Enthüllungen
wie Meerzwiebeln aufblätternd
O des Enthüllers
ausatmende Seligkeit.

17

Da du dich aufgabst – losgelassen –
am Ende der Zeit
fülle ich am Abschiedsbrunnen
dunkler und tiefer
die Liebe an,
die kein Gefäß mehr ist
das hält
nur noch der Ausgangs- und der Eingangssegen
in die Reife.

Aus gleicher Tiefe
schwang dein Leergewordenes hoch
das »Nichtmehrblickende«
voll noch des unbekannten Elements
das hier erst Schweigen heißt.

Staubkörner rede ich –
im Flußbett des Leidens weint mein Blut.
Wachen ist ein Feuerstein
darauf die Augenblicke der Befreiung schlagen.

O wär mein Schlaf
vielleicht schon deine Dienerin,
der letzte Stoff
den die Gestirne bis zum Tod läutern.
Die dunkle Schale
die ein mitleidvoller Geist
für deiner Rose Duft
und hohen Anbeginn gebrauchte.

18

Nur im Schlaf haben Sterne Herzen
und Münder.
Ebbe- und Flut-Atem
üben mit den Seelen
die letzte Vorbereitung.

Und die Felsen die aus dem Nassen steigen
die schweren Albgesichter
sind doch
vom Stemmeisen der Sehnsucht durchbohrte –
brennende Walfische –

Was aber wird Liebe sein
am Ende der Nächte,
bei den durchsichtig gewordenen Gestirnen?

Denn Erz kann nicht mehr Erz sein
wo Selige sind –

19

So sprachst du, schon lesend
die Bilderschrift aus Wolken
und was mit innerem Feuer
in Steinen vorgezeichnet war
diesen harten Stücken Sternverlorenheit,

und hinter des Mondes Kristallmaske
immer die Seite nach dem Tod suchend.

Und die Geliebten
unter den Schattenhäuten

durften dir auferstehn
und wieder verschwinden
Teil schon eines herrlichen Kreislaufes –

20

Gemeinsam saßen wir unter dem Lebensbaum.
Aber meine unglücklichen Augen
die Sonnenuhr-Gewöhnten
mißverstanden ihre Bestimmung
und an meinem Ohr vorbei
sprachen Herzen, Steine und Fische –

ich schrecklich Verspätete –
nur in der Gnade wird mein Leidensquell
sichtbar werden –
dieser bittere Tropfen
der an dieser Erde noch hängt
diese kleine Bewußtseins-Wunde von Gott
die erwartet wird zur Heilung.

21

Alles weißt du unendlich nun
o meine Mutter –
auch die Stelle wo den Propheten
das Ende des Weges
flammend vom Leibe gerissen wurde.

Auch des Esaus
ins Fell der Niederlage
geweinte Träne.

Auch die Nebelknospe
der Schwermut im Blute.

Alles weißt du unendlich nun
o meine Mutter –
auch der Träume und Zeichen
zerfetzte Milchstraßenwunder.

Auch deiner offenen Atemwunde
»Entlassenes«!

Alles weißt du unendlich nun
o meine Mutter –
denn Rahels Grab ist längst Musik geworden –
und Stein und Sand
ein Atemzug im Meer,
und Wiegenlied von aller Sterne
»Auf-im-Untergang« –

Und Ränder überall aus Meer –
du weißt –

⟨21⟩

O der falsche Segen
über Jakobs Haupt!
O der rechte Segen
über Jakobs Haupt –
der längst
an der Geheimnisse
Angelrute hing.

O die Vergehen aus Armut,
die durch goldführende Gewässer
geschleusten –
o aller Verwandlungen Ziel –

O alles schlecht Begonnene
aus Mitternachtsraupen
entschlüpfte –
und todbeflügelte
fliegende, fliegende!

Das gute Ende,
das gute Ende,
aus soviel kreisenden Sternen,
aus soviel sonnenbefleckten
Hiobsschwären,

aus soviel Milchstraßennebeln,
aus soviel Sehnsuchtsgeburten,
endlich die Rose,
die duftende Rose,
in Deinem Namen,
für Deinen blauen,
himmlischen Krug!

ANHANG

NACHWORT

In einem mittlerweile vergessenen Roman findet sich ein Tableau der schwindenden Geborgenheit, die viele Berliner in den 1930er Jahre erleben mußten. Die Erzählerin besucht eine deutsch-jüdische Dichterin, die mit ihren Eltern »in einer Villa im Tiergarten wohnt, mit einem kleinen Garten voller Blumen und Gebüsch und Zwergbäumen. Es war eine unerwartete Idylle mitten in der Großstadt. Und die Familie lebte nach goethescher Manier: musikalisch, literarisch, verfeinert. Umgeben von schönen Möbeln in harmonischen Zimmern saßen wir da und redeten über Poesie und Dichter, als wären wir in einem Salon aus dem 18. Jahrhundert.«

In *Jakobs skugga* (»Schatten Jakobs«), einem Schlüsselroman der schwedischen Autorin und Publizistin Gunhild Tegen, der 1953 im Eigenverlag erschien, aber bereits in den ersten Nachkriegsmonaten geschrieben wurde, trägt die schweigsame Dichterin mit den dunklen Haaren und »großen, träumenden Rehaugen«, in denen sich »der Schatten der Angst hinter ruhiger Würde« andeutet, den Namen »Nell Bartholdi«. Eines Tages, so vermutet die Erzählerin, nachdem sie aus dem »Dritten Reich« nach Schweden zurückgekehrt ist, »wird dieser Name vielleicht einer werden, an den sich die Nachwelt erinnert …« (52, 53 bzw. 98) Zwar bot Tegens von literarischen Tugenden weitgehend unbelasteter Roman kaum Anlaß, sich später an den Text selbst zu erinnern, die Erzählerin irrte jedoch nicht. Nach ihrer Flucht »in elfter Stunde« (120) mit ihrer hinfälligen Mutter in Stockholm angelangt, sollte die Dichterin durchaus berühmt werden – allerdings unter dem Namen Nelly Sachs.

Die 1891 in einer assimilierten deutsch-jüdischen Familie in Berlin als Einzelkind geborene Autorin – die erst Ende der 1950er Jahre, in fast schon biblischem Alter, einem größeren Publikum bekannt wurde – sah sich weniger weihevoll. »[Ich] bin ja niemals eine Dichterin gewesen«, bekräftigte sie in einem Brief vom 17.3.1958 an die schwedische Literaturkritikerin und Übersetzerin Margit Abenius. »Habe

nie einen Schreibtisch bis zum Augenblick besessen – meine Manuskripte liegen hier im Küchenschrank.« (Briefe 125) Auch anderthalb
Jahre später, am 15. 9. 1959, als sie inzwischen einen Bücherschrank bekommen hatte, in dem sie fortan die Manuskripte aufbewahren konnte, hieß es in einem Schreiben an ihre Freundin, Kollegin und zeitwei-
lig auch Lektorin Elisabeth Borchers: »Ich selbst bin kein literarischer
Mensch. [- - -] Ja eigentlich bin ich eine richtige Hausfrau. Niemals
eine Dichterin. So fremd dieser Ausdruck. Aber können wir Frauen es
auch eigentlich sein. Wir werfen doch unser Leben in Flammen und
stammeln dann dahin in äußerster Not.« (Briefe 150) Obgleich diese
Einschätzungen von Sachs' reifem literarischen Werk nicht bestätigt
werden, zeugen sie von ironisch gefärbter Sachlichkeit und einer Hingabe, die sie stets als Merkmal ihres Schreibens und Lebens betrachtete. Die Tatsache, daß das in der Bibliothek der Dichterin erhaltene
Exemplar von Tegens eher hausfraulichem Roman keine Lesespuren
aufweist, könnte als historische Gerechtigkeit empfunden werden.

Als die internationale Anerkennung um 1960 zunahm und Sachs'
Name verstärkt in die Öffentlichkeit geriet, nicht zuletzt durch Eh-
rungen, von denen der geteilte Nobelpreis sechs Jahre später die be-
deutendste werden sollte, wollte die Dichterin immer weniger von ihrem Leben vor der Flucht preisgeben. An Freunde wie Ilse und Moses
Pergament berichtete sie noch am 5. 5. 1960: »Ich habe mit meiner geliebten Mutter 8 Jahre unter ständigem Herzklopfen vor der Gestapo
in Berlin zugebracht mit täglichen Droh- und Erpressungsbriefen. Ich
habe einen geliebten Menschen vor meinen Augen zu Tode getroffen
zusammenbrechen gesehn.« (APergament) Aber solche Auskünfte
hatten in der Privatsphäre zu bleiben, durften mit der Diskretion
der Freunde rechnen. Zum einen fühlte sich die Dichterin erneut ver-
folgt, was während ihres letzten Lebensjahrzehnts zu wiederholten
Aufenthalten in psychiatrischen Kliniken führte; zum anderen wollte
sie nicht einsehen, was ihr Werk mit den tragischen Geschehnissen ihrer Vita zu tun haben sollte. Im zitierten Brief an Borchers hob sie
dementsprechend hervor: »Weiß auch gut von der Schutzdecke, die
man sich überziehen kann vor all dem Ausgeliefertsein in der Fremde.« Spätere Verweise auf die Quellen ihres Werkes, die Sachs nur
als Geheimnisse bzw. in Andeutungen preisgab, dürften in diesem
Zusammenhang zu sehen sein.

Als die Dichterin erst wenige Jahre in Stockholm lebte und noch gänzlich unbekannt war, hatte sie allerdings dem Hamburger Germanisten Walter A. Berendsohn, der 1936 nach Dänemark emigriert und seit 1942 in Schweden tätig war, noch Auskunft über ihr Schicksal gegeben. So hatte sie von der tragischen Liebe eines siebzehnjährigen Mädchens zu einem Mann erzählt, eine Beziehung, die in den 1930er Jahren angeblich wiederaufgenommen wurde. Die Liebesgeschichte habe »bis in die Vernichtungsjahre der Hitlerzeit« gedauert, beteuerte Sachs in Anmerkungen zu Berendsohns Essay »Ekstatischer Aufstieg« (ASachs). Offenbar hatte die erste Begegnung um 1908, die mit einer schmerzlichen Trennung endete, dazu geführt, daß die jegliche Nahrung verweigernde Nelly Sachs während der Behandlung, die in der Obhut des Berliner Psychiaters Richard Cassirer erfolgte, ihre Verzweiflung allmählich in Worte zu fassen versuchte. Schreiben wurde – zum ersten, aber nicht letzten Mal – zur Überlebensform. In den Jahren danach entstanden Gedichte, Erzählungen, Puppenspiele und Marionettenstücke. Die noch erhaltenen Texte zeigen eine zunehmende technische Versiertheit, lassen sprachliche und thematische Originalität aber weitgehend vermissen. Der Titel eines mit Blumen beklebten und mit Zeichnungen verzierten Poesiealbums könnte paradigmatisch für diese Phase des Frühwerks stehen: »Unser Paradiesgärtlein mit Schwalbengezwitscher« (AWosk).

Mit dem Debüt *Legenden und Erzählungen*, das 1921 in kleiner Auflage im kaum bekannten Berliner Verlag F. W. Mayer erschien, zu einem Zeitpunkt, als die Dichterin dreißig Jahre alt war, erlebte die epigonale Schaffensperiode, die bis zur Flucht 1940 dauerte, ihren ersten Höhepunkt. Im November desselben Jahres schickte Sachs ein Exemplar an die schwedische Autorin Selma Lagerlöf, die sie spätestens seit ihrem fünfzehnten Geburtstag verehrte, als sie den Roman *Gösta Berlings saga* in deutscher Übersetzung geschenkt bekommen hatte. Sie erhielt postwendend eine Ansichtskarte mit der Nachricht: »Hätte es selbst nicht besser tun können« (DLA). Es ist unsicher, ob die »junge Deutsche«, als die sich die Verehrerin bezeichnete, die formsichere Ironie der Mitteilung wahrnahm, die Anschrift dürfte sie in jedem Fall erfreut haben: »Fräulein Nelly Sachs, Schriftstellerin, Siegmundshof 16, Berlin«. Die Postkarte aus dem hohen Norden, die Sachs noch am 12. 9. 1944 ihren »Schatz« nannte (Briefe 22) und ihr Leben lang aufbewahrte, muß ihr wie ein Gütesiegel vorgekommen sein: Nun war sie von einer Literaturnobelpreisträgerin als »Schriftstellerin« anerkannt worden.

Legenden und Erzählungen enthält Geschichten, die teilweise noch vor dem Ersten Weltkrieg entstanden sind und deutliche Spuren der Verehrung für die schwedische Autorin aufweisen. Angesiedelt zwischen Mythos und Träumerei, Sage und Heiligenlegende, wurzeln diese Prosastücke in der Welt romantischer Lieder und Märchendichtungen, die von Sachs' Liebe zu den deutschen Volks- und Mittelalterdichtungen, zu Novalis, Tieck und den Brüdern Grimm, zu Mörike und Stifter zeugen. Aber auch im verträumten Frühwerk, das – soweit bislang bekannt – etwa 300 Gedichte, ein Dutzend Prosadichtungen wie die »Kindheitserzählung« »Chelion« aus den 1930er Jahren sowie eine Handvoll dramatischer Texte umfaßt, lassen sich Entwicklungsstufen erkennen. Neben den frühen Puppenspielen und Erzählungen gibt es viele Gedichte, die zwar weitgehend stilistisch, nicht aber inhaltlich übereinstimmen. Bis 1933 handelt es sich vorwiegend um Stimmungslyrik mit Tier- und Naturmotiven, hinzu kommen Gebete, Andachts- und Widmungsgedichte, etwa eine »Inschrift auf die Urne meines Vaters«, sowie Sonette, Reiseminiaturen und Tanzgedichte. Sogar einige Gedichte in freier Form, die Sachs an Lagerlöf schickte, sind aus dieser Zeit bekannt. Die spätere Angabe der Dichterin, sie habe eine Zeitlang gewagte, am George-Kreis und am Expressionismus orientierte Gedichte geschrieben, die sie auf Rat ihrer Freundinnen vernichtete, um nicht als geistesgestört zu gelten (vgl. Berendsohn, 19, oder Holmqvist, 36; siehe auch Briefe 134), kann anhand des geretteten Materials im Nachlaß, das keine syntaktischen Wagnisse eingeht und nur wenige Neologismen enthält – etwa »jenseitshell« oder »tränenverspätet« –, nicht verifiziert, aber auch nicht ausgeschlossen werden.

Auch wenn Sachs enge Beziehungen zu einem Kreis kulturinteressierter Freundinnen pflegte, darunter Dora Jablonski, deren Bruder Walter dem George-Kreis nahegestanden haben soll, hatte sie bis 1933 keinen Zutritt zur literarischen Szene der Hauptstadt. »Ich war fast ohne Kontakt mit der zeitgenössischen Literatur«, teilte sie Berendsohn in einem Gespräch am 18.1.1959 mit (ABerendsohnD). Am 18.10.1929 erschien in der ›Vossischen Zeitung‹ das Gedicht »Zur

Ruh« (AWosk), dessen gepflegte, süßlich-melancholische Verse als erste lyrische Veröffentlichung und neben dem Erzählungsband als einzige Publikation vor der Machtübernahme der Nazis gelten dürfen:

> Es fallen die Äpfel in der Sommerallee rot
> Die grünen Gestirne in einsamen Tod,
> Der Leiterwagen auf holpernd Gestein
> Rasselt das letzte Herbstgebein – –
> Zur Ruh.

> Eine Wassersehnsucht im Graben rinnt,
> Von Ackerblumen sanft umminnt,
> Der Falter auf dem Kartoffelfeld
> Wiegt schon den Schlaf der ganzen Welt –
> Zur Ruh.

> Der Bienen Gesumm, der blonde Quell
> Ist Glückes genug; schon jenseitshell
> Der Grille Geblüh,
> Der Hahn kräht nicht mehr bis morgen früh –
> Zur Ruh.

Während der NS-Zeit erschienen noch etwa 30 weitere Gedichte von Sachs – erst im ›Berliner Tageblatt‹, dessen junger Redakteur Leo Hirsch ihre Dichtkunst schätzte und förderte, später in jüdischen Periodika wie ›Der Morgen‹, ›Die Jugend‹ und ›Israelitisches Familienblatt‹.

Erst nach der Machtergreifung Hitlers fand Sachs also eine Öffentlichkeit als »Schriftstellerin«. Wie im Falle des Jüdischen Kulturbundes, mit dem sie während ihres siebeneinhalbjährigen »Lebens unter Bedrohung« in Verbindung stand und bei dessen Veranstaltungen mehrfach aus ihren Werken gelesen wurde, bedeutete die – nach dem im Herbst 1933 erlassenen »Schriftleitergesetz« – aufgezwungene Einschränkung, daß Juden nur in bestimmten Organen veröffentlichen durften, so etwas wie eine erste, durchaus tragische ›Blütezeit‹ für die nicht mehr ganz junge Autorin. Gedichte, die vorher keinen Platz in den Feuilletons gefunden hatten, konnten in der liberalen ›Central-

Verein-Zeitung‹ sowie in den weitverbreiteten ›Monatsblättern‹ des
Kulturbundes untergebracht werden. Aus dieser Zeit der Verfolgung
stammen lyrische Arbeiten, die sich formal nicht nennenswert von
den früheren unterscheiden, aber neue Inhalte aufweisen. Besonders
zwei Werkgruppen fallen heraus: Im vermutlich ab 1934 entstandenen
Gedichtzyklus »Biblische Lieder« (ALamm) befaßt sich Sachs zum ersten Mal systematisch mit Stoffen der Heiligen Schrift. Mehrere Publikationen vor Mai 1940 sind Figuren wie Jakob, Rahel und Ruth oder
Motiven wie der Babylonischen Gefangenschaft gewidmet. Auch die
Auffassung von opferbereiter Liebe, die hier zum Vorschein kommt,
weist deutlich auf die späteren, nach der Flucht entstandenen Arbeiten hin.

Die zweite Werkgruppe entstand um 1937. Es handelt sich um einen
Zyklus von vierzehn Texten, der als Typoskript erhalten ist und den
übergreifenden Titel »Lieder vom Abschied. An den Fernen« trägt
(ASachs). Adressat dieser von Sehnsucht und Schwermut geprägten,
als Zwiegespräch zwischen Ich und Du verfaßten Gedichte ist ein
Geliebter, der nur noch in der und durch die Trennung erlebbar ist.
Daß es sich um dieselbe Gestalt handelt, die, wie Sachs wiederholt
behauptete, Ende der 1930er Jahren vor ihren Augen gemartert wurde
und auch in den späteren »Gebeten für den toten Bräutigam« auftritt (IdWdT), scheint evident. Das achte Gedicht dieser Werkgruppe,
schlicht »Nachtlied« genannt (ADähnert:I), sollte die vorletzte Veröffentlichung der noch in Berlin lebenden Schriftstellerin werden:

> Wenn wir schlafen gehn,
> Weinen wir hier in die Kissen:
> Wachen ist tiefes Vermissen,
> Schlafen ist Heimwärtswehn.

> Wenn wir schlafen gehn,
> Werden wir liebend gebettet:
> Engel naht, tränenverspätet,
> Schwindet auf duftenden Zehn.

> Wenn wir schlafen gehn,
> Üben wir lächelnd das Sterben.

Unsere Träume färben
Sich rosig vom Wiedersehn.

Inzwischen lautete der von den Rassengesetzen verordnete Name der Dichterin: »Nelly Sara Sachs«.

Während der letzten Zeit in der Reichshauptstadt wurde Sachs zur Registrierung zur Gestapo bestellt und auch von SA- und SS-Leuten besucht, ein Erlebnis, das ihr für einige Tage die Sprache verschlug und das sie in einem ihrer wenigen Prosatexte, »Leben unter Bedrohung« aus den 1950er Jahren, verarbeitete (NSW:IV). Im März 1939 hatte sie sich und ihre Mutter auf der Warteliste des amerikanischen Generalkonsulats eingetragen, doch weitere Bemühungen scheinen ins Leere gelaufen zu sein. Durch die Freundin Gudrun Dähnert, die sie 1929 kennengelernt hatte und die im Sommer 1939 nach Schweden reiste, um ein Transitvisum für die beiden Frauen zu erbitten (vgl. Dähnert, 244-250), rückte die Möglichkeit der Ausreise endlich näher. Während eines Besuches von Dähnert in Mårbacka erklärte sich Selma Lagerlöf bereit, den Antrag zu befürworten. »Es liegt mir daran, daß Nelly Sachs Aufnahme in Schweden findet«, schrieb die Nobelpreisträgerin am 19. 7. (ASachs). Anschließend erhielt Dähnert eine Audienz beim Prinzen Eugen Bernadotte, dem Bruder des Königs Gustav V., der es ihr wiederum ermöglichte, mit dem Außenministerium Kontakt aufzunehmen.

Da Schweden nur die Durchreise gestattete, sorgte eine weitere Freundin, die Altphilologin Vera Lachmann, die Sachs im Kreis des Germanistenpaars Max und Helene Herrmann kennengelernt hatte und die im November 1939 über Schweden in die USA geflohen war, für das für die Einreise in die USA erforderliche Affidavit, unterstützt von dem an der Yale University lehrenden Germanisten Hermann J. Weigand. Weigands Tochter Erika hatte bis 1937 in Deutschland gelebt und war mit Lachmann befreundet. Am 5. 8. 1939 wurde schließlich ein »Aufenthaltsgenehmigungsgesuch« für sogenannte »Transemigranten« an die Auslandsabteilung des schwedischen Sozialministeriums geschickt. Mehrere Anlagen waren beigefügt, darunter ein Gutachten Leo Hirschs, das der Schriftstellerin ein Talent bescheinigt, das »sich in der liebenswertesten Weise gebildet hat und gewachsen ist« (ASachs).

Trotz der nun erfüllten Bedingungen – ergänzt durch Garantien
der Mosaischen Gemeinde Stockholms sowie von Enar Sahlin, Selma
Lagerlöf und dem Verleger Karl Otto Bonnier, daß sie den Flücht-
lingen ein Existenzminimum gewährleisten würden – dauerte es ge-
raume Zeit, bis die Genehmigung vorlag. Inzwischen hatte sich die
Lage rapide verschlechtert. Am 17. 8. war es zur sogenannten »Entjudung« des Grundstücks in der Lessingstraße 33 gekommen, in dem
Sachs und ihre Mutter nach dem Tod des Vaters und Ehemanns William Sachs 1930 wohnten. Danach wurde ihr Raum immer enger. Aus
der geplünderten Wohnung zogen sie in ein möbliertes Zimmer in
Charlottenburg, zuletzt lebten sie in der Pension Schwalbe im selben
Stadtteil. Der Krieg war längst ausgebrochen. Im Frühjahr 1940 wurden Dänemark und Norwegen besetzt, die Okkupation Frankreichs
und der Niederlande stand bevor. Als Sachs erfuhr, daß die Einreiseerlaubnis bereits seit zwei Wochen im schwedischen Konsulat vorlag,
erhielt sie am selben Tag den Gestellungsbefehl für ein Arbeitslager.
Der Gestapo-Beamte, der sie kurze Zeit zuvor zu sich bestellt hatte,
riet ihr, Deutschland nicht mit der Bahn, sondern mit dem nächsten
Flugzeug zu verlassen. Mitten im Krieg war der Tempelhofer Flughafen vorübergehend für den Passagierverkehr geöffnet worden. Am
Tag danach landeten Nelly und Margarete Sachs in Bromma, einem
nördlichen Vorort Stockholms.

Als die beiden Frauen am 16. 5. 1940 ankamen, besaßen sie einige
Reichsmark und einen Koffer mit persönlichen Gegenständen sowie
ein paar Manuskripten. Sonst nichts. Im neuen Land gab es Verwandt-
te von Bekannten – etwa Eva Ebert, eine Nichte Helene Herrmanns,
oder den Philosophen Ernst Cassirer, Vetter des Berliner Nervenarz-
tes Richard Cassirer –, aber eigentlich kannten sie niemanden. »Wir
waren zu Tode gehetzt hier angekommen«, faßte die Dichterin in ihrem Brief vom 7. 9. 1959 an Berendsohn zusammen: »Armut, Krankheit, vollkommene Verzweiflung! Weiß heute noch nicht, wie ich über-
haupt überlebte.«

Als Hans Magnus Enzensberger, zu Anfang Sachs' Lektor im Suhrkamp Verlag, zwanzig Jahre später den ersten Sammelband ihrer Gedichte edierte, *Fahrt ins Staublose* (1961), beschwor ihn die Autorin: »So
sollst Du nicht einen Augenblick meine Wehr gegen die frühen Dinge

mißverstehen. Aber für mich und für so viele beginnt ein neuer Äon –
ein Äon der Schmerzen mit den *Wohnungen*. Vorher war Tanz-Rameau
und *andere* Tragik, die weiterläuft eine ganz geheime Linie, die für
andere nicht da ist.« (Briefe 186) Und als Walter A. Berendsohn die
Bibliographie für die Festschrift zum 75. Geburtstag der Dichterin vorbereitete, wiederholte sie den Wunsch, daß »ihr ganzes Werk fortge-
lassen [werden sollte], das vor 1940 in Deutschland entstanden« war
(NSzE:2, 222). Auch die vorliegende Edition folgt dieser Forderung.

Mit dem Wunsch, nichts von dem vor der Flucht Entstandenen
neu zu drucken oder gar bibliographisch nachzuweisen, machte Sachs
deutlich, daß sie erst »als ungeheuer Betroffene von dem furchtbaren
Geschehen« im »Dritten Reich« – wie sie am 30.10.1957 an Berendsohn berichtete (Briefe 116) – zu ihrem eigentlichen Werk gefunden
hatte. Da war die Dichterin über fünfzig Jahre alt. Viele ihrer Aussagen deuten darauf hin, daß sie ihre Poesie und gelegentliche Prosa
sowie die szenischen Dichtungen als Reaktion auf die Greueltaten
der NS-Zeit verstanden wissen wollte. So entstand die noch heute
vorherrschende Auffassung und literaturhistorische Einordnung ihres Werkes: Erst durch die Zäsur der Vernichtung wurde Sachs zu
der Schriftstellerin, als die sie sich selbst sehen wollte. Am Anfang
war die Shoah.

Diese Ansicht ist ebenso glaubwürdig wie berechtigt und wird
durch eine Vielzahl von Texten und Aussagen unterstützt, auch wenn
die Autorin selbst ihr Werk gelegentlich auf weitere verhängnisvolle
Erlebnisse zurückführte, allen voran auf die »*andere* Tragik«, die sie
im Brief an Enzensberger andeutete – oder ein »tief innerliches schwe-
res Schicksal«, wie es im Brief vom 22.1.1959 an Berendsohn hieß –,
ein Verhängnis, das sie mit dem fernen Geliebten verband, der später
als »der tote Bräutigam« in ihr Werk eingehen sollte. Beide Erfahrungen – die allgemeine, die alle Menschen jüdischer Abstammung im
»Dritten Reich« betraf; die individuelle, die nur die Geliebte des »Fernen« berührte – sind von zentraler Bedeutung für die Art und Weise,
mit der Sachs ihr poetisches Universum konzipiert. Gelegentlich werden sie sogar in eins geführt: »mein Schicksal ist Einsamsein«, heißt
es in einem Brief vom 14.8.1948 an Dähnert, »so wie es das Schicksal meines Volkes ist.« (Briefe 54) Zum einen gab es die Aufforderung,
eine Stimme für diejenigen zu finden, denen nicht nur das Sprechen

versagt worden war; zum anderen gab es das Bedürfnis, die Trennung vom Geliebten, aus der erst »Sehnsucht« in Sachs' emphatischem Sinne entstehen konnte, in Worte zu fassen. Auch wenn beide Erfahrungen unterschiedlicher Natur waren – hier ein ganzes Volk, dort ein einzelner –, teilten sie doch eine Bedingung, die Sachs im Brief an Berendsohn folgendermaßen beschreibt: »Alles was vielleicht in meiner Dichtung aufgespeichert liegt, ist ja entstanden immer nur aus äußerster Not und nur aus dem Bedürfnis, Hilfe zum Weiterleben zu bekommen.« So konnte der Tod, mit einer Formulierung Hilde Domins, zur Bedingung der »künstlerischen Neugeburt« werden (G, 114); so darf die Sehnsucht der Einsamen nach den Verstorbenen gleichzeitig als Überlebensstrategie aufgefaßt werden.

Derselbe Brief berichtet von »eine[r] ausgezeichnete[n] kleine[n] Schrift über moderne Dichtung«, welche die Dichterin kurz zuvor von einem jungen deutschen Kollegen erhalten hatte. Dieser Dichter war Peter Hamm, die Schrift Beda Allemanns Traktat *Über das Dichterische*, das 1957 im Pfullinger Neske Verlag erschienen war, in dem Hamm als Lektor arbeitete. Allemanns Studie, die in Sachs' Bibliothek erhalten ist, liefert eine Analyse der modernen Lyrik, die von der »unfruchtbare[n] Trennung in systematische und historische Betrachtungsweise« (37) ausgeht. Aus dem wechselseitigen Bezug systematischer und historischer Aspekte wird ein Stilbegriff erarbeitet, welcher der Entwicklung gerecht werden soll, die von den – mit Sachs' Worten – »noch zur Rilkezeit mit oft überladenem Zierrat geschmückten Verse[n]« zur »kühnen nackten Linie einer jungen Dichtergeneration« führt. »[W]enn auch ihre Linie oft nüchtern scheint«, fügt Sachs hinzu, »ist die meine aus dem gleichen Suchen entstanden – wenn sie auch die schmerzgekrümmte Laokoon-Linie zeigt.« (Briefe 131) Der indirekte Hinweis auf den Laokoon-Deuter Lessing dürfte von grundsätzlicher Bedeutung bei einer Dichterin sein, die nicht nur in der Lessingstraße lebte, sondern deren Werk – viel wichtiger – im Lichte der Furcht und des Mitleids verstanden werden wollte, so wie diese Begriffe in Lessings *Hamburgischer Dramaturgie* von 1767 entwickelt worden waren (vgl. den Brief von Sachs' Jugendfreundin Anneliese Neff vom 12. 2. 1982 an Ruth Dinesen [ADinesen]).

Es ist ein Anliegen der vorliegenden Edition, anhand der Texte, die Sachs zwischen Mai 1940 und Mai 1970 schrieb, die Grundlage dafür zu schaffen, daß ihre »eigene Linie«, über die sie an Berendsohn berichtete (Briefe 131), nachvollzogen werden kann. Dabei spielt Lessings Versuch, die Aristotelische Lehre der Katharsis als mitfühlende Furcht auszulegen, die zur (tugendhaften) Wandlung des Zuschauers führen soll, eine ebenso beachtliche Rolle wie Sachs' Wille zur poetischen »Durchschmerzung« der Welt (Briefe 120). Ein wichtiger Aspekt der Transformation ihrer Dichtung ist diesbezüglich die Begegnung mit der modernen schwedischen Lyrik, die sie kurz nach ihrer Ankunft im fremden Land zu übersetzen begann, deren Rolle für ihr eigenes Werk in der Forschung allerdings bislang kaum beleuchtet wurde (nun in NSW:IV). Überwiegend handelte es sich um Auftragsarbeiten, die durch die schwedische Flüchtlingshilfe und durch Gunhild Tegen, zu der Leo Hirsch mit einem Brief vom 5. 7. 1940 noch den Kontakt vermitteln konnte (ATegen), zustande kamen. Wegen ihrer kranken Mutter konnte Sachs keine Stelle antreten, sondern war gezwungen, Geld durch Arbeiten in ihrer Wohnung zu verdienen. Später folgten Aufträge für das von Tegens Ehemann, dem schwedischen Sozialphilosophen Einar Tegen, am 4. 1. 1944 mitbegründete Samarbetskommittén för demokratiskt uppbyggnadsarbete (»Komitee für die demokratische Aufbauarbeit«). Auch wenn Sachs' Kenntnisse der neuen Sprache anfangs dürftig waren, zeugen ihre Übertragungen – von Texten, die sie vorwiegend selbst gewählt haben dürfte – von einem lyrischen Dialog, der zahlreiche Spuren in ihrem eigenen Werk hinterließ.

Spätestens mit den 1943 entstandenen »Grabschriften in die Luft geschrieben« beginnt das Werk, durch das die Dichterin bekannt werden sollte. Sie stellen eine neue Phase in ihrem Œuvre dar, deren elegischer, gelegentlich noch ins Pathetische gesteigerter Ton im Laufe der Jahre knapper, sachlicher, aber nicht weniger drastisch wurde. Auch wenn ihr vor Mai 1940 entstandenes Werk nicht in die vorliegende Ausgabe aufgenommen wurde, bezeugen noch die bislang unveröffentlichten Texte, die bis 1943 entstanden, etwa die Zyklen »Schwedische Elegien«, »Miniaturen um Schloß Gripsholm«, »Die Engel sind stark in den Schwachen« und »Die Elegien von den Spuren im Sande«, einen Stil und Duktus, von dem Sachs sich später allmählich distanzierte. Insofern kann die »eigene Linie« der Schriftstellerin, die nach dem Brief an Berendsohn »aus dem Staub taucht, um bald wieder

darin zu verschwinden«, ein wenig nach hinten verlängert werden.
Denn fest steht, daß es – trotz des wohlbegründeten Beharrens der
Dichterin auf einer für ihr Werk grundlegenden Zäsur – deutliche thematische und motivische Kontinuitäten zwischen Früh-, Haupt- und
Spätwerk gibt. Obschon es während der ersten Nachkriegszeit zu evi-
denten Veränderungen im Stoff und in der Darstellungsweise kam,
zeigen z. B. die frühen, noch in Berlin verfaßten Texte für Marionet-
ten- und Puppentheater ein besonderes Interesse für die Gestik und
Plastik des Wortes sowie für räumliche Darstellungen, das auch die
späteren Arbeiten für die Bühne bestimmt. Zudem hat sich die Auffassung der Autorin von der Aufgabe der Dichtung nach der frühen
psychiatrischen Behandlung in Cassirers Obhut kaum geändert – es
ging stets darum, »zu überleben«, wie sie später die Frage von Olof
Lagercrantz, für wen sie schreibe, schlicht beantwortete (A Sachs). Doch
füllten sich ihre Dichtungen über Liebe und Tod, über Trauer und
Andenken nach den Erlebnissen im »Dritten Reich« und dem Leiden ihrer »toten Brüder und Schwestern«, wie es in der Widmung
des ersten Gedichtbandes heißt, mit anderen Inhalten. Die Bedeutung
des Schreibens mag dieselbe geblieben sein, sein Sinn hatte sich jedoch verändert. Was früher spätromantischen Konventionen von Poesie verhaftet war, bekam durch die Shoah eine Dringlichkeit, die es zur
quälenden Frage nach der Möglichkeit eines von Furcht und Mitleid
gezeichneten Weiterlebens machte.

Für Sachs, die als Zwangsemigrantin die Trennung von Geogra-
phie und Sprache erfahren mußte, wurde der Gedanke, daß Verblei-
ben nur als Flucht vorstellbar war, unabweisbar. Während der ersten
Jahre in Schweden führten Mutter und Tochter ein abgeschiedenes
Leben in einer tristen Einzimmerwohnung im Stockholmer Stadtteil
Södermalm – »in Dunkelheit und Kälte«, wie es am 2. 7. 1948 an die
mittlerweile in Dresden lebende Gudrun Dähnert heißt (Briefe 53).
Das Mietshaus am Bergsundsstrand 23 gehörte der Warburg-Stiftung
der Mosaischen Gemeinde; viele der Einwohner waren Flüchtlinge.
Im Juni 1948 konnten die beiden Frauen endlich innerhalb desselben
Hauses umziehen: in eine helle, etwas größere Einzimmerwohnung
mit Küche und Ausblick auf die südlichen Gewässer der Innenstadt
sowie auf die Industrieanlagen der gegenüberliegenden Insel Liljehol-
men. »[D]enk nur«, heißt es an Dähnert, »die Gestirne wieder sehen

und fühlen, wir wagten gar nicht daran zu glauben.« Erst viel später, 1965, nach der Zuerkennung einer Entschädigung durch die Bundesrepublik Deutschland, war die Dichterin dann imstande, die Miete für ihre Wohnung zu zahlen.

Nach der Ankunft in einem Land, »zu dessen Lob kein Wort zuviel gesagt werden kann«, wie Sachs ihrem Cousin, dem New Yorker Publizisten Manfred George, am 27. 1. 1946 mitteilte (Briefe 25), wurde Margarete Sachs immer hinfälliger. Wie schon bei ihrem krebskranken Vater widmete sich die Tochter auch der Pflege ihrer Mutter. Die einzigen Lichtblicke kamen von den wenigen Bekannten und den sporadischen Berichten über Freunde, denen ebenfalls die Flucht gelungen war – sowie durch die ersten Gedichte, die nachts am Küchentisch entstanden, während die Mutter schlief. In dem bereits zitierten Brief an Abenius findet Sachs eine vorläufige Formel für diese Urszene ihrer Dichtung: »dieses Leben in den Nächten viele Jahre ohne Schlaf und immer wieder hineingeworfen in ein ›Außerhalb‹, eigentlich jede Nacht den Tod neu gelernt, da ich das letzte mir gebliebene geliebte Wesen so weit fort umfangen sah, zwang mir immer im Angesicht der Leidenden die Worte auf, die dann später meine Gedichte und dramatischen Versuche hießen.« (Briefe 125)

Schauplatz ist die vier Quadratmeter große Küchenecke, in der Sachs' Gedichte entstanden und die sie wegen des Ausblicks aufs Wasser ihre »Kajüte« nannte (so am 16. 1. 1963 an Karin und Erik Lindegren [Briefe 202]). Unter dem Druck äußerer Umstände – Nacht, Leiden, Schlaflosigkeit – werden »Worte« geboren, die erst später als »Gedichte und dramatische Versuche« Eingang ins Werk finden. Die Dichterin, die dieser Schilderung zufolge hier erst das Licht der Welt erblickt, ist nicht willens und entschließt sich auch nicht, das Wort zu ergreifen, sondern wird dazu gezwungen. Die widersprüchliche Formulierung »hineingeworfen in ein ›Außerhalb‹« kann paradigmatisch für die Auffassung von Dichtung gelten, die darin deutlich wird. Durch den Schreibakt, der jede Nacht, aus existentieller Not, aufs neue wiederholt wird, richtet sich Sachs allmählich im Exil ein. Doch diese Intimität kann nur um den Preis der Entfremdung gewonnen werden. In den Nachtstunden führt sie ein soziales und sprachliches Außenseiterdasein – sie wird »in ein ›Außerhalb‹« getrieben –, das sie nötigt, immer wieder von neuem die Begegnung mit ihren verlorenen »Brüdern und Schwestern« zu suchen. Furcht und Mitleid bleiben untrennbar verbunden. Auf diese Weise entsteht ein Werk, dessen Aufgabe es ist, ihr das Dasein in den ›Wohnungen des Todes‹ vertraut zu machen. In späteren Gesprächen mit Kritikern und Kommentatoren, wie etwa am 12. 6. 1966 mit Gisela Bezzel-Dischner, wird Sachs dementsprechend wiederholt unterstreichen: »Der Tod war mein Lehrmeister.« (NSzE:2, 108)

Die ersten Gedichtbände, *In den Wohnungen des Todes* (1947) sowie *Sternverdunkelung* (1949) (beide in NSW:I), beschäftigen sich hauptsächlich mit den Folgen der NS-Zeit und bilden den Glutkern ihres lyrischen Hauptwerks. Der erste Band – der von dem deutschen Schauspieler und Regisseur Curt Trepte, der die Kriegsjahre in Schweden verbracht hatte, an Johannes R. Becher vermittelt wurde, der wiederum die Publikation im Ostberliner Aufbau-Verlag veranlaßte – besteht aus vier Zyklen, die sich alle mit der Vernichtung der Juden befassen. Hier findet sich u. a. das meistanthologisierte Gedicht von Sachs, mit dem das von Rudi Stern illustrierte Buch beginnt:

> O die Schornsteine
> Auf den sinnreich erdachten Wohnungen des Todes,
> Als Israels Leib zog aufgelöst in Rauch
> Durch die Luft –

Der hohe, bisweilen liturgische Ton dieser Lyrik, durch welche die Dichterin die Tradition der biblischen Klagepsalmen erneuerte und mit der ihr Werk am häufigsten in Verbindung gebracht wird, führt vom ersten Zyklus über »Israels Leib«, über die Gebete für den toten Geliebten, zu den »Grabschriften in die Luft geschrieben«, die Epitaphe über einzelne Schicksale liefern. Der Band schließt mit dem Zyklus »Chöre nach Mitternacht«, in denen Sachs Kollektiven eine Stimme zu verleihen versucht: verlassenen Dingen, Geretteten, Waisen, Toten ... Obwohl die Gedichte die Räume, in denen die Brüder und Schwestern ermordet wurden, aufsucht, werden sie auch von ihrer Abwesenheit heimgesucht – als Rauch oder Staub veranschaulicht, als »redender Sand« oder Schatten, die das »Drama« der Opfer auf die Wände zeichnen. Der Tod läßt sich nicht rückgängig machen, kann aber immer noch als Verwandlung dargestellt werden.

Auch der nächste Gedichtband *Sternverdunkelung,* den Sachs zwei
Jahre später im Bermann-Fischer-Verlag vorlegte, wird von der The-
matik der Shoah und der Dialektik zwischen Henker und Opfer ge-
prägt. Dem Andenken des Vaters gewidmet, suchen die etwa fünfzig Gedichte nach einer gültigen Darstellungsform für Erfahrungen,
die sich letztendlich möglicherweise nur als Verweigerung oder Abwesenheit vergegenwärtigen lassen. Obwohl der Rauch nicht mehr
aus den Schornsteinen der Krematorien steigt, halten sich die Texte
noch im Schatten der Vernichtung auf. Die Zeiten des Unheils sind
keineswegs vorbei, wie in einem der zentralen Gedichte klargestellt
wird:

> Warum die schwarze Antwort des Hasses
> auf dein Dasein, Israel?
>
> Fremdling du,
> einen Stern von weiterher
> als die anderen.
> Verkauft an diese Erde
> damit Einsamkeit fort sich hebe.

Prägend für Sachs' Auffassung von der Dialektik im Verhältnis zwischen Henker und Opfer ist allerdings dessen Umkehrbarkeit. Es besteht immer die Gefahr, daß letztere selbst zu Scharfrichtern werden.
So wurde z. B. das Attentat der jüdischen Terroristengruppe Lechi
am 17. 9. 1948 auf den schwedischen UNO-Vermittler in Palästina,
Graf Folke Bernadotte, durch das programmatische Gedicht »Auf
daß die Verfolgten nicht Verfolger werden« präfiguriert. Dieses Thema, für das Sachs sich um 1950 immer mehr interessieren sollte, so
etwa in ihrer szenischen Dichtung *Nachtwache,* in der das »ewige Spiel
von Jäger und Gejagtem [...] auf innerster Ebene« ausgetragen wird
(NSW:III), wird anhand mehrerer Beispiele im Buch dargestellt. Im
zweiten Zyklus kehrt auch eine Reihe von alttestamentarischen Gestalten wieder, die an die »Biblischen Lieder« der 1930er Jahre erinnern
und von denen mehrere in den Dramen der 1950er Jahre vorkommen
werden. Es sind dies Könige und Propheten, darunter Abraham, Jakob, Hiob und Daniel, es ist aber immer auch »Israel, / namenloser

einst, / noch von des Todes Efeu umsponnen, / arbeitete geheim die
Ewigkeit in dir«. Im Gegensatz zum ersten Gedichtband bedeutet
Israel fortan sowohl Volk als Land, vor allem aber ist der Stammes-
name das Synonym eines transhistorischen Versprechens – wie im Gedicht, das den vierten Zyklus »Land Israel« einleitet:

> Land Israel,
> erwählte Sternenstätte
> für den himmlischen Kuß!

Nach der eher repräsentativ angelegten Dichtung der beiden ersten
Bände – in der Sachs teilweise als »Prophetin« ihres Volkes auftritt,
wie es in einem bisher unveröffentlichten Gedicht heißt (Arch. 317,
ABerendsohnD) – begann eine neue Phase, die durch die Beschäfti-
gung mit den Arbeiten Martin Bubers zum Chassidismus sowie durch
die Vorlesungen zu »jüdischen Religionsphilosophen in unserer Generation« vorbereitet wurde, die der Prager Gelehrte Hugo Bergmann
im Winter 1947/1948 auf Einladung der Mosaischen Gemeinde in
Stockholm hielt. Am 26. 10. 1950 fand die Dichterin in der Bibliothek
der Gemeinde die Einleitung des Wiener Judaisten Ernst Müller in
die Gedankenwelt der jüdischen Mystik, *Der Sohar und seine Lehre*
(Berlin und Wien 1920). Danach widmete sie sich zunehmend der kab-
balistischen Gedankenwelt, nicht zuletzt dem Buch *Sohar*, dessen Kommentar zum ersten Kapitel der Genesis sie in Gershom Scholems
Übersetzung wiederholt las. Auch die Lehren des Franziskus von As-
sisi und des Görlitzer Schusters Jakob Böhme, die ihr aus früherer
Zeit vertraut waren, wurden bedacht, außerdem Schriften zu mora-
lischen und religiösen Fragen von jüngeren Autoren wie Georges Ber-
nanos und Albrecht Goes, Graham Greene und Simone Weil.

   Nach dem Tod der Mutter am Geburtstag des Ehemanns, dem
7. 2. 1950, war die Tochter zum erstenmal auf sich selbst angewiesen.
Die Lebensumstände blieben beschränkt und kümmerlich. Erst in-
folge der Entschädigungsrente, die Sachs von der Bundesrepublik seit
1958 erhielt, wurde sie von Gaben und Almosen unabhängig. Dazu kam
die Schwierigkeit, Verlage für geplante Bücher zu finden. Der Bermann-Fischer-Verlag wollte die Restauflage von *Sternverdunkelung* ein-
stampfen und kein weiteres Buch herausbringen. Nur die szenische

Dichtung *Eli. Ein Mysterienspiel vom Leiden Israels* konnte mit Berendsohns Hilfe in einer privaten Subskriptionsauflage von 200 Exemplaren 1951 in Malmö gedruckt werden (NSW:III). In den acht Jahren
nach ihrem zweiten Band veröffentlichte Sachs sporadisch Gedichte
in Zeitschriften. Sie arbeitete an großen, für die damalige Bühne tech-
nisch kaum umsetzbaren Dramen, schrieb gelegentlich Prosa und stell-
te nach der Anthologie *Von Welle und Granit* (1947) im Jahr 1957 eine
zweite Sammlung von Übertragungen zusammen: *Aber auch diese Sonne
ist heimatlos* (beide in NSW:IV). Was im Nachwort zur letztgenannten
Veröffentlichung beschrieben wird, könnte ebenso für ihre eigene Situation während dieser Übergangsjahre gelten: »In den vergangenen,
entwürdigten Jahren der Menschheit, erleben die schwedischen Dichter ein explosives ›Außer-Raum-geschleudert-werden‹, jene Verzweiflung, nirgends mehr einen Strohhalm zum Festhalten zu finden.«

Die Dichtung, mit der Sachs auf schmerzhafte Erlebnisse reagier-
te – stets eruptiv, »wie ein Blutsturz bis zur Vernichtung«, wie sie
am 5. 7. 1965 an Gunnar Ekelöf berichtete (Briefe 216) –, diese Dichtung wurde im Laufe der 1950er Jahre zur Spurensicherung, aber auch
zu einer »Durchschmerzung« von teilweise kosmischen Proportionen.
Mit *Und niemand weiß weiter*, das 1957 im Ellermann Verlag, sowie *Flucht
und Verwandlung*, das 1959 bei der Deutschen Verlags-Anstalt erschien
(beide in NSW:II), wurde das Spätwerk der Dichterin eingeleitet, das
in den knappen, drastischen Gedichten der 1960er Jahre kulminieren
sollte. In beiden Bänden geht es um die Themen der Flucht und Ankunft in einer neuen Welt und Zeit, vor allem aber um die Verwandlung des Staubes und die Durchwirbelung der Materie. Im ersten Band
spielt der Tod die zentrale Rolle in dieser allumfassenden Metamor-
phose, die kaum Grenzen zu kennen scheint. »Immer äußerstes erlebt«, heißt es einprägsam im bislang unveröffentlichten Prosawerk
»Briefe aus der Nacht« (NSW:IV), das gleich nach dem Tod der Mutter begonnen wurde und eine Art Trauerarbeit darstellt, die in *Und
niemand weiß weiter* fortgesetzt wird. In einem Schreiben an Margit
Abenius bestätigte die Dichterin einige Jahre später, am 30. 12. 1957:
»Ich glaube an die Durchschmerzung, an die Durchseelung des Staubes als an eine Tätigkeit, wozu wir angetreten. Ich glaube an ein unsichtbares Universum, darin wir unser dunkel Vollbrachtes einzeichnen.« (Briefe 120) Gegenüber ihrem Dichterfreund Johannes Edfelt,

den sie als einen der ersten schwedischen Kollegen bereits im Herbst 1941 kennengelernt hatte, wiederholte sie am 24. 3. 1959: »Mein ganzes Lebenswerk ist aus der Quelle entstanden, da unter den 7 Jahren unter Hitler ein geliebtester Mensch zu Tode gemartert wurde und ich doch nicht den Glauben verlor: es sei unsere Mission auf Erden diesen Staub zu durchschmerzen, zu durchleuchten, unser dunkel Vollbrachtes wird in einem unsichtbaren Universum eingetragen, ob gut, ob böse. Was wissen wir – wandern alle in Geheimnissen.« (Briefe 136) Und in ihren Bemerkungen zu Berendsohns Essay »Ekstatischer Aufstieg« stellt sie schlicht fest, daß die Vorstellung eines »unsichtbaren Universums« »ganz einfach mein eigenes Credo« ist (ASachs).

Die Lektüre zentraler Schriften der jüdischen Mystik um 1950 sollte von prägender Bedeutung für diesen Begriff werden, auch für Motive wie Sehnsucht und Ehrfurcht, mitleidende Hingabe und Verwandlung, für Bilder und Metaphern wie die des Embryos, des Geheimnisses und des Nichts. In der Kabbala fand Sachs Gedanken, die sie mit eigenen Vorstellungen und Lebenserfahrungen verbinden konnte. Selbst wenn sie diese Schriften nie systematisch oder begrifflich in Poesie umzusetzen versuchte und als alleinige Glaubensgrundlage betrachtete, gewannen sie exemplarischen Charakter. Der »Schreiber« des Buches *Sohar* wurde zum Vor- oder Sinnbild für den Dichter, nicht zuletzt, weil Sachs wesentliche Übereinstimmungen zwischen der jüdisch-mystischen Vorstellung der Schöpfung und dem dichterischen Schaffensprozeß erkennen wollte. Am 6. 11. 1950 teilte sie der schwedischen Autorin und Quäkerin Emilia Fogelklou-Norlind mit: »Ich las viel in der Kabbala (die jüdische Mystik). [- - -] Hier findet man geheime Deutungen vom Urbeginn ganz jenseits aller ›Röhren‹, durch die der Mensch sonst an die Institution gebunden das Wesen trinkt. Hier wird am offnen Meer getrunken in selbstvergeßner ›Hingabe‹.« (Briefe 78)

Nachdem die Dichterin von einer jüngeren Generation allmählich entdeckt und durch die beiden Gedichtbände der 1950er Jahre nicht nur einem größeren Publikum bekannt, sondern auch korrespondierendes Mitglied verschiedener deutscher Akademien wurde, wollte sie in der Öffentlichkeit immer weniger über den persönlichen Hintergrund ihres Werks preisgeben. Von den Quellen blieben nur noch Andeutungen übrig. So teilte sie Berendsohn, der zu dieser Zeit ein

Buch über die »Dichterin jüdischen Schicksals« vorbereitete, am 25. 6.
1959 mit: »wir jüdischen Menschen müssen so zurückhaltend wie möglich sein. Du wirst ja [- - -] die von mir wiederholt ausgesprochene
Bitte verstanden haben, daß ich hinter meinem Werk verschwinden
will, daß ich anonym bleiben will.« (Briefe 140) Nichtsdestoweniger
hat Sachs »die tragische Linie, die durch mein Leben und Werk geht«,
mehrfach angedeutet, in manchen Fällen sogar hervorgehoben, indem sie etwa gegenüber Berendsohn von ihrer »schmerzgekrümmte[n] Laokoon-Linie« sprach. Mehrere ihrer in Schweden entstandenen Texte thematisieren ausdrücklich diese Linie, die nicht nur Leben
und Werk durchzieht, sondern auf Lessingsche Art auch beide Sphären miteinander verbindet. In »Später Erstling!« aus *Und niemand weiß
weiter* ist von einer »Linie« die Rede, »die läuft wieder / durch die Syn-
agoge der Sehnsucht / von Tod in Geburt« (NSW:II). Zwei Jahre später, in *Flucht und Verwandlung*, wird auf dieser Linie auch die besondere
Bedeutung evident, die Sachs stets dem Haar zuschrieb: »Linie wie /
lebendiges Haar / gezogen / todnachtgedunkelt / von dir / zu mir«
(NSW:II). Und im Zyklus »Noch feiert Tod das Leben« heißt es 1961
(NSW:II):

> Die gekrümmte Linie des Leidens
> nachtastend die göttlich entzündete Geometrie
> des Weltalls
> immer auf der Leuchtspur zu dir
> und verdunkelt wieder in der Fallsucht
> dieser Ungeduld ans Ende zu kommen –
>
> Und hier in den vier Wänden nichts
> als die malende Hand der Zeit
> der Ewigkeit Embryo
> mit dem Urlicht über dem Haupte
> und das Herz der gefesselte Flüchtling
> springend aus seiner Berufung: Wunde zu sein –

Für die Dichterin der 1950er Jahre wurde die Linie zum Inbegriff der
Verbindung – zwischen den wichtigen Daten ihrer Vita, zwischen Ich
und Du sowie zwischen Leben und Tod, aber auch zwischen den

Punkten eines poetischen Universums, das aus imaginären und realen, mythischen und geheimen Koordinaten bestand, für die sie gelegentlich den Begriff des »Meridians« benutzte – einige Jahre bevor er zur zentralen Kategorie der berühmtesten poetologischen Rede der deutschen Nachkriegszeit wurde. »Flucht, Flucht, Flucht«, heißt es flehend in »Gebogen durch Jahrtausende« aus *Und niemand weiß weiter*: »Fluchtmeridiane verbunden / mit Gott-Sehnsuchts-Strichen –« (NSW:II). Und in »Wie viele Heimatländer« aus dem folgenden Gedichtband findet sich der Satz: »Schicksal zuckt / in den blutbefahrenen Meridianen einer Hand –« (NSW:II)

Obwohl der Meridian bei Sachs nie zum Inbegriff des Poetischen entwickelt wurde wie bei ihrem Freund Paul Celan, besitzt er auch in ihrem Werk die Kraft, eine neue Welt zu erschließen, sie möglicherweise sogar zu erzeugen – etwa in der szenischen Dichtung *Der magische Tänzer*, von der zwei Szenen erstmals 1959 in der Schweizer Zeitschrift ›Hortulus‹ erschienen (NSW:III). Hier wird ein Raum entworfen, der »wie ein Globus mit kristallenen durchsichtigen Wänden« wirkt und sicherlich nicht zufällig ein unsichtbares Universum evoziert. »Die Wäschestücke werden in der Art einer Filmleinwand mit den Karten der einzelnen Länder bezeichnet«, heißt es in den Anweisungen, »die Wäscheleinen werden Meridiane und Breitengrade.« Vor dieser kosmischen Wand tritt der magische Tänzer auf, eine Marionette, die nur noch wenig mit den Drahtpuppen des Frühwerks zu tun hat und laut »Anhang« die »Inkarnation von Davids, des menschlichen Tänzers, verflossener Zeit« sein soll. Das »eingebaute Tonband« dieser künstlichen Figur, das wie ein Überbleibsel aus den von Sachs geschätzten Dramen Samuel Becketts wirkt, erklärt nun:

> Befühle mich – ganz aus Magie gemacht.
> Direkt aus den Meridianen herausgewickelt.
> Larve, Puppe, Schmetterling.
> Bitte sehr, bitte sehr – *er verneigt sich nach allen Seiten,
> während David sich dreht.*
> Heraus aus dem Gewirre – heraus sage ich –
> David, David – die Haut ist keine Grenze
> sprenge sie – sprenge sie!

Das Bestreben, den Durchbruch in eine andere Welt zu gestalten, der in Sachs' spätem Werk immer wieder beschworen wird, könnte kaum deutlicher zum Vorschein kommen. Die anschließende paradoxale Schöpfung, die mit der *décréation* der französischen Philosophin Simone Weil verwandt zu sein scheint (»Ich ziehe dir die Grade vom Leib / die Meridiane vom Leib«), erreicht ihren Höhepunkt in der Schlußszene:

> Das ist der große Sack Nulle-Nulle-Nulle-Meridian
> Da steckt die Katze im Sack
> Schleppe, schleppe den Nullmeridian
> Alle Erde eingeschnürt im Nullmeridian –
> Muß heraus – heraus – heraus –
> Muß heraus – heraus – heraus –
> Wo die Toten lebendig sind –

Schöpfung als Selbstentäußerung, Bindung als Entbindung: Für das Spätwerk, das mit den vier Zyklen »Glühende Rätsel«, die 1962-1966 im Suhrkamp Verlag erschienen, seinen Gipfel erreichte (NSW:II), ist die Aufgabe der Dichtung nichts Geringeres als das. »Wo die Toten lebendig sind« – das kann nur noch einen Ort bedeuten, an dem die äußerste, mitleidende Verwandlung möglich worden ist. »[I]mmer bis an die Spitze – immer bis an das Aufhören von Zeit und Raum«, heißt es in einem Brief vom 5. 10. 1959 an den Schweizer Lyriker Rudolf Peyer (Briefe 151). Die Poesie, wie Sachs sie anstrebte, kündigte einen magischen Akt kosmischen Ausmaßes mit dem Ziel an, die Einschränkungen aufzuheben, welche die Toten daran hinderten, lebendig zu werden – lebendig allerdings nach Art der Toten. »[A]ber die Haare –«, schließt *Der magische Tänzer*, »wachsen nach dem Tod –« ...

An diesem unheimlichen Ort findet die Sprache, nach der Sachs seit ihrem ersten Gedichtband suchte, ihr Korrelat. »Schweigen ist Wohnort der Opfer«, heißt es apodiktisch in einem Gedicht aus derselben Zeit (»Gefangen überall«, NSW:II). Wie bei ihrem Freund, dem schwedischen Dichter Erik Lindegren, dessen »gesprengte Sonette« Sachs schon früh übersetzte, gilt es:

Åt de dödade döda de mördade döda
och sårades vrål föra mänsklighetens talan

zu den getöteten Toten die gemordeten Toten
und der Verwundeten Gebrüll führt der Menschlichkeit Sache

Aber wenn das Schweigen ein »Wohnort der Opfer« ist – jene andere
Seite des Sprechens, welche die Dichtung nur integrieren kann, indem
sie deren Fremdheit bejaht –, könnte Sachs nicht im Namen der Toten
sprechen, ohne auch deren Sprache zu erlernen. In den 1960er Jahren emanzipierte sich ihre Dichtung daher endgültig von einer reprä-
sentativen Poetik und wurde statt dessen exemplarisch. Konnten die
frühen Texte gelegentlich noch den Eindruck erwecken, es ginge um
poetische Trauerarbeit mit dem Ziel, sich mit einer katastrophischen
Vergangenheit zu versöhnen, erscheint das Bestreben der späten Dichtung radikaler: Indem das Schweigen poetisch umgesetzt wird, können Schmerz und Leiden weiterwirken. Es galt, wie Sachs im Gedicht
»Immer wieder neue Sintflut« notierte, »die Wunde lesbar zu machen«
(NSW:II). Nur so konnten jene Heilung und falsche Versöhnung ver-
hindert werden, welche die Opfer ein zweites Mal sterben ließen –
und aus »den getöteten Toten die gemordeten Toten« machten.

Zu diesem Zweck eliminierte die Dichterin am Ende ihres Lebens
das diskursive Element in ihrer Lyrik immer mehr zugunsten einer
Schreibweise des Schweigens, die durch Knappheit und Vieldeutigkeit
offen und durchlässig bleiben konnte. Ihre späte Poesie versuchte mit
Hilfe einer nichtverbalen Ausdrucksweise, »den ersten Buchstaben /
der wortlosen Sprache zu schreiben« (»Wer weiß wo die Sterne stehn«,
NSW:II). Erst in diesem und durch dieses Schweigen scheint Sachs
geglaubt zu haben, die Achtung vor den Toten wiederherstellen zu
können. So verstanden, besteht ihre späte Lyrik nicht mehr aus einer
Sprache der Fremde, die sich damit begnügt, zu benennen, was jenseits des Lebens und Sprechens liegt, sondern aus einer Sprache, die
unauflöslich mit dem Schweigen verbunden und folglich selber zum
Teil fremd geworden ist. Fortan sind die Gedichte – mit einer Wen-
dung aus »O du« (NSW:II) – »Wegweiser ins Ungesicherte hin«: »Alle
Worte [werden] Flüchtlinge / in ihre unsterblichen Verstecke.«

Die letzten Zeilen stammen aus einem Gedicht, das Sachs bereits

im November 1963 an die Familie Celan schickte (NSW:II). Neben
Lindegren und Ekelöf war Celan in dieser Zeit besonders wichtig
für sie. Die Kontakte zu »Gunnar, lieber Bruder«, »Erik – herrlicher
Bruder« und »Paul Du lieber Bruder«, wie es in Briefen jener Jahre
heißt, bildeten konkrete Bezugspunkte während einer Phase, die vor
allem durch psychische Erkrankungen gekennzeichnet war. Die kleine
Wohnung, die für Sachs der einzige Ort der Geborgenheit gewesen war – »ach vielleicht ist die Rettung da«, hofft sie in einem Brief
an Lindegren (Briefe 202) –, war nun bedroht. An Celan schrieb sie
am 25. 7. 1960: »Eine Nazi-Spiritist-Liga jagt mich so schrecklich raffi-
niert mit Radiotelegraph, sie wissen alles, wohin ich den Fuß setzte.
Versuchten mit Nervengas als ich reiste. Schon seit Jahren heimlich
in meinem Haus, hören durch Mikrophon durch Wände.« (BCelan
50) Die Küchenecke, dieses intime »Außerhalb«, war bis dahin der
Platz gewesen, an dem die Dichterin mit den Toten kommunizieren
konnte. Nun konnte auch dieser Ort nicht mehr verhindern, was
das Gedicht »Diese Telegrafie« eine »Mathematik à la satane« nannte
(NSW:II). Sachs wurde zum Fremdling im eigenen Dasein, katastro-
phalerweise am gleichen Ort, an dem ihre Dichtung geboren wurde,
und mußte vor sich selbst geschützt werden. Sie sehnte sich »zu Tode«,
wie sie während dieser Zeit mehrfach – etwa in ihren »Weiteren Aufzeichnungen« (NSW:IV) – unterstrich.

Im Gedicht »Vergessenheit« aus der Sammlung, die 1957 das Spätwerk einleitete, fand die Dichterin für diese Sehnsucht, den Toten
nahezukommen, eine Formel:

> Zuweilen auf letzter Landzunge
> des Blutes
> das Nebelhorn ertönt
> und der ertrunkene Matrose singt
>
> oder auf sandigem Landweg
> Spuren laufen
> aus Sehnsuchtslabyrinthen
> wie zerbrochene Schneckenhäuser,
> Leere auf dem Rücken tragend –

Hinter der Dämmerung
Amselmusik

Tote tanzen,
Blütenhalme des Windes –

»Auf letzter Landzunge« oder – wie es im Zyklus »Noch feiert Tod
das Leben« heißt – »Auf der äußersten Spitze der Landzunge«
(NSW:II): Dies war zugleich der Ort, wo der feste Boden aufhörte,
und die Spitze, an der die Worte ihr Zuhause in der Mundhöhle verließen. Es war dieser Ort aber auch, nach dem *Magischen Tänzer*, das
Haar, das lebendig den Toten geweiht war.

Was Sachs, wie in einer bisher unveröffentlichten Aufzeichnung vom
August 1962 (NSW:IV), »Auferstehung« nannte, setzt kein Ereignis
voraus, durch das Dichtung einen ursprünglicheren Zustand wiederherstellen und damit den Tod eliminieren könnte. Die äußere Sphäre,
in der »die Toten lebendig sind«, ist nicht von der Endlichkeit des irdi-
schen Lebens gekennzeichnet – denn in diesem Fall wären sie eben
gezwungen, ein zweites Mal zu sterben –, sondern wird im Gegenteil
mit dem mathematischen Zeichen für Unendlichkeit versehen. In *Ver-
steckspiel mit Emanuel*, einer szenischen Dichtung aus dem Jahr 1955,
das den Untertitel »Ein Delirium aus Einsamkeit« trägt (NSW:III),
entwickelte Sachs diesen Gedankengang. Der Text beginnt in der
»Wohnküche«. Die einzige Figur, Marie, spricht zu ihrem toten Geliebten, der sich an dem Ort aufhält, wo die Autorin bis dahin ihre
Manuskripte aufbewahrt hatte:

Im Küchenschrank jetzt – zwitschert – zwitschert es
[- - -]
Emanuel – komm hervor Geliebter –
Versteck dich nicht länger!
[- - -]
Jetzt da: an der Tapete dein Zeichen:
zwei Nullen aneinander gefesselt untergefaßt –
[- - -]
die beiden Nullen – dein Zeichen – gilt nicht – gilt doch – gilt in alle
                                                          Ewigkeit –

An sich sind die Toten null und nichtig. Und doch symbolisiert das Zeichen, das hier zum Vorschein kommt, vor allem die Wiederkehr und Anwesenheit der Toten, die in Sachs' Werk nicht ruhen können. Durch die fortlaufende poetische Trauerarbeit werden Verbindungen hergestellt, die ihre Nichtigkeit in etwas verwandelt, das sich teilen läßt und somit »in alle Ewigkeit« gelten kann. Der Meridian, zugleich Weg des Gedichts und Endlosschleife, kündet von einer unendlichen Leidensgemeinschaft.

In »Bin in der Fremde«, einem Gedicht aus dem Zyklus *Glühende Rätsel* (NSW:II), kehrt diese Figur wieder, nun in Gestalt eines Schutzengels:

> Bin in der Fremde
> die ist behütet von der 8
> dem heiligen Schleifenengel
> Der ist immer unterwegs
> durch unser Fleisch
> Unruhe stiftend
> und den Staub flugreif machend –

Man kennt das Zeichen aus einem der berühmtesten Gedichte der schwedischen Moderne, Ekelöfs »apoteos«, das Sachs übersetzte und in den von ihr 1962 herausgegebenen Auswahlband *Poesie* aufnahm (NSW:IV). »[F]yra väderstreck står tomma omkring båren«, heißt es dort, »och änglarnas musslin förvandlas / genom ett trollslag / till intet / ∞« (»Vier Himmelsrichtungen stehn leer um die Bahre herum / und der Engel Musselin verwandelt sich / durch einen Zauberschlag / in Nichts [/ ∞]«). Auch wenn das Zeichen in Sachs' deutscher Übersetzung fehlt, kehrt es in ihrem Gedicht wieder, und zwar aufgerichtet, als wolle sie so einen Sinn markieren, der zwar unalphabetisch ist, aber dennoch deutbar – und dies gleich in zwei Registern: einerseits rein graphisch, anschaulich als Zahl, andererseits in verbalisierter, verschriftlichter Form. Die Ewigkeit wird in »Acht« genommen und somit aktiviert. Die »Fremde«, in deren Licht die Dichterin ihr Werk betrachtete, wird von einem »heiligen Schleifenengel« beschützt, der so etwas darstellt wie die Kreuzung von Unendlichkeit und Jetzt. Um sich in seiner Region aufhalten zu können, muß das

Gedichtsubjekt sein pronominelles Ich verlieren, kann aber als ver-
bale Instanz weiterleben, verwandelt in jene »Unruhe«, von der es in
einer früheren Fassung heißt, sie sei gleichbedeutend damit, sich »immer / auf dem Ewigkeitsweg« zu befinden.

Wie hartnäckig sich die Motive der Schleife bzw. der Linie und des
Haars gemeinsam mit den Motiven der Suche, Sehnsucht und Leiden-
schaft in Sachs' Werk hielten, zeigt ihr bleibendes Interesse an Marja
Wolkonskaja. Die russische Fürstin, die als junge Frau ihrem älteren
Mann, General Sergej Grigorjewitsch Wolkonski, der am Dekabristen-
aufstand 1825 gegen den Zar beteiligt war, in die Verbannung nach Si-
birien folgte, übte eine lebenslange Faszination auf die Dichterin aus.
In einem ihrer ersten Briefe nach der Ankunft in Schweden, vom
26. 6. 1940, berichtete die Autorin dem Oberstudienrat Enar Sahlin,
der ihr und ihrer Mutter in den ersten Jahren behilflich war, daß
sie einen Stoff »schon jahrelang« bei sich trage, »aus Wahrheit und
Dichtung gewoben«, der »eine jener stillen Heldinnen der Liebe«
behandele (Briefe 7). Und im »Anhang« zu den szenischen Dichtungen, die zwanzig Jahre später unter dem Titel *Zeichen im Sand* im Suhrkamp Verlag erschienen, erklärt sie bezüglich eines ihrer Stücke, daß
es auf einen Entwurf aus ihrer Jugend zurückgehe, der sich mit dieser »Siebzehnjährige[n], die von Puschkin geliebt wurde und von ihm
den Namen ›Das Mädchen vom Ganges‹ erhielt«, beschäftigt habe
(NSW:III).

Die Anregung empfing Sachs von zwei Artikeln, die am 30. 12. 1913
bzw. am 12. 1. 1914 im ›Berliner Tageblatt‹ erschienen waren und die
sie mit ins Exil genommen hatte. Unter dem übergreifenden Titel
»Die Fürstin Marja Wolkonskaja« berichtete Paul Barchan darin von
der Hingabe und Opferbereitschaft der jungen Fürstin. Bilder und
Motive seiner Artikel finden sich in Texten wieder, die Sachs fast
ein halbes Jahrhundert später schrieb – am erkennbarsten in der un-
vollendeten Dichtung »1825«, in der »Zukunft nur in den Linien der
Hand [ist] / und da einmal und / nie wieder« (NSW:II). Aber auch
in der *Suchenden* aus dem Jahr der Nobelpreisverleihung, 1966, kehrte
die Figur der Wolkonskaja zurück. Ein paar Zeilen fassen die extre-
me Situation der Protagonistin mit lyrischer Schlichtheit zusammen
(NSW:II):

Wo sie steht
ist das Ende der Welt
das Unbekannte zieht ein wo eine Wunde ist

Grabschriften wie Rauch in den Wind geschrieben, Haare und Meridiane ... Die Linien, die Sachs zwischen dem »jenseitshellen« »Ge-
blüh« ihres Frühwerks und den »Blütenhalmen des Windes« ihres
Spätwerks zog, teils heimlich, teils offenkundig, bezeichnen Verknüp-
fungen zwischen furchtbaren und leidenschaftlichen, benannten und
verschwiegenen Erlebnissen. Nur durch die Löcher in »der Worte
Adernetz«, wie es im Gedicht »Da schrieb der Schreiber des Sohar«
heißt (NSW:II), ließen sich die Wunden entziffern. Daß diese Aus-
lassungen auch etwas über eine Autorin aussagen, die anonym bleiben,
ja hinter ihrem Werk verschwinden wollte, dürfte evident sein. »Wo
ist ihr Bild«, wird in »1825« gefragt:

> wo die Unwirklichkeit beginnt
> diese Linie
> außerhalb gezogen

*

»Ich bin glücklich, daß einige Menschen das Meine ans Herz nehmen«,
ließ Nelly Sachs Walter A. Berendsohn am 25. 6. 1959 wissen. »Nach
meinem Tod werden andere beurteilen können, was an meinen Dingen wert war zu überleben.« (Briefe 140) Die vorliegende Werkausgabe enthält sämtliche zu Lebzeiten veröffentlichten Texte seit Mai
1940. Die Texte werden getreu der letzten, von der Dichterin geneh-
migten Fassung abgedruckt. Hinzu kommen die nach ihrem Tod am
12. 5. 1970 von Bengt und Margaretha Holmqvist herausgegebenen
»letzten Gedichte«, *Suche nach Lebenden* bzw. *Teile dich Nacht*, sowie eine
umfangreiche und repräsentative Auswahl unveröffentlichter Arbeiten.
Hierbei wurde dem Abdruck stets die mutmaßlich letzte Fassung zugrunde gelegt. Die wenigen Texte aus dem Frühwerk, die nach dem
Krieg neu aufgelegt wurden, bisweilen ohne Genehmigung des testa-
mentarisch eingesetzten Nachlaßverwalters Hans Magnus Enzensberger, werden in der Liste der verwendeten Abkürzungen, Siglen und
Kurztitel aufgeführt. Ein weiteres Verzeichnis ordnet chronologisch
sämtliche bislang bekannten Publikationen aus dem Frühwerk.

Jeder Text ist, soweit möglich, kommentiert; belegbare Anspielungen, Hinweise und Zitate werden erläutert. Zudem enthalten die Kommentare Angaben zu den wichtigsten Personen in Sachs' Umfeld sowie zu den für sie prägenden Persönlichkeiten aus der Literatur-, Kultur- und Geistesgeschichte. Eine kommentierte Auswahl der etwa 4000 erhaltenen Briefe wird angestrebt.

Die Ausgabe umfaßt vier Bände, wobei die beiden ersten praktisch als eine Einheit aus zwei Teilbänden zu sehen sind:

I. Gedichte 1940-1950
II. Gedichte 1951-1970
III. Szenische Dichtungen
IV. Prosa und Übertragungen

Jeder Band bietet die von Sachs veröffentlichten Texte in der von ihr festgelegten Reihenfolge; die unveröffentlichten Texte sind von den Herausgebern chronologisch nach Werkgruppen geordnet worden. Wo eine genaue Datierung nicht möglich war, wurde aufgrund des verwendeten Papiers bzw. der Schreibmaschine sowie unter Berücksichtigung charakteristischer Änderungen oder stilistischer und inhaltlicher Merkmale eine zeitliche Einordnung vorgenommen.

Die Aufteilung ihres lyrischen Werks in dieser Ausgabe orientiert sich an einer Aussage der Dichterin in einem Brief an ihren Übersetzer Lionel Richard vom 31.12.1967, der gerade einen französischen Auswahlband zusammenstellte. In diesem Brief trennte Sachs zwischen »den Frühen Gedichten«, die sie in den 1940er bzw. Anfang der 1950er Jahre geschrieben hatte, und »dem Spätwerk, das eigentlich mit *Und niemand weiß weiter* beginnt« (Richard, 210). Eine solche Trennung zwischen Früh- und Spätwerk ermöglicht es einerseits, Sachs' »eigene Linie« nachzuvollziehen, bedarf aber andererseits einer gewissen Umsicht. Denn auch wenn ihr »Spätwerk« nach Aussage der Autorin erst mit dem 1957 erschienenen Band beginnt, entstanden die meisten dieser Gedichte doch in den Jahren davor. Die vorliegende Ausgabe eröffnet in Band II daher zwar mit dem Gedichtband *Und niemand weiß weiter*, doch wurden die Gedichte, welche dem Korpus von *Und niemand weiß weiter* eindeutig zuzuordnen sind, ebenfalls in Band II aufgenommen, so daß dieser den Zeitraum 1951-1970 umfaßt.

In den einzelnen Texten wurden nur ganz offensichtliche Sprach-

fehler korrigiert. Sachs selbst schrieb in einem Brief an ihren Freund
und damaligen Lektor Enzensberger am 12. 11. 1960: »ich habe wohl
viele Fehler bei meiner schlechten Grammatik und Orthographie,
aber Du wirst schon sehen.« (Briefe 176) In die Interpunktion wurde
grundsätzlich nicht eingegriffen, lediglich in einigen wenigen Fällen
wurden Satzzeichen ergänzt, sofern das Textverständnis sonst erheb-
lich beeinträchtigt gewesen wäre. Vergessene Wörter stehen in [ek-
kigen] Klammern, mutmaßliche in |senkrechten Strichen|. Da es bei
Sachs' unveröffentlichten Arbeiten selten zu einer Endredaktion kam,
wurden kleinere Unregelmäßigkeiten – wie Tippfehler, fehlende Inter-
punktionszeichen oder Genitivapostrophe sowie doppeltes *s* statt *ß* –
korrigiert. Zudem wurden offensichtliche Ungenauigkeiten bei Jahresangaben, Personennamen und Titeln berichtigt. S p e r r u n g e n werden als solche, Unterstreichungen durch *Kursivierungen* wiedergegeben.
Desgleichen wurden Eingriffe in schwedische Texte der Dichterin
nur dann vorgenommen, wenn es sich um offensichtliche Fehler bei
Jahresangaben sowie Orts- oder Personennamen handelt. Für eine
grundlegende Korrektur der sprachlich nicht immer einwandfreien
schwedischen Texte wären tiefgreifendere Bearbeitungen notwendig
gewesen. Die anschließenden Übersetzungen sollen das Textverständnis ermöglichen.

Im Gegensatz zu ihrem Dichterfreund Paul Celan, bei dem davon auszugehen ist, daß in seinen Gedichtbänden die Verwendung
von K A P I T Ä L C H E N zur Markierung von Gedichtanfängen eine Bedeutung jenseits typographischer Konvention haben könnte, ist bei
Kapitälchen in gedruckten Sachs-Texten die passive Autorisierung
fremder Wünsche durch die Autorin anzunehmen. Bis zu *Flucht und
Verwandlung* (1959) wurden in den einzelnen Gedichtbänden gar keine
Kapitälchen verwendet, und auch in jenem Band handelt es sich mei-
stens nur um das erste Wort. Diese Praxis änderte sich mit der Publikation von *Fahrt ins Staublose* (1961), in dem die Titel bzw. Teile der An-
fangszeilen der frühen Gedichte in Kapitälchen gesetzt wurden. Dies
deutet darauf hin, daß Sachs von nun an der typographischen Konvention der Zeit oder des jeweiligen Verlages folgte. In der vorliegenden
Ausgabe werden die Überschriften bzw. bei überschriftlosen Gedichten jeweils die ersten drei Wörter des Gedichts lediglich zur deutliche-
ren Markierung der Gedichtanfänge bei fortlaufendem Satz in Kapi-

tälchen gesetzt. Eingerückte Verszeilen auf neuer Seite markieren Strophenbeginn bzw. vorgängige Leerzeile.

Dieses *Nachwort* zur Edition dient zugleich als Einführung in die Lyrik von Nelly Sachs. Die übrigen Teile ihres Werkes – die szenischen Dichtungen, die Prosa sowie die Übertragungen – werden mit einer allgemeinen *Einleitung* versehen, jede Werkgruppe wird mit einer gezielten *Einführung* vorgestellt, es folgen Angaben zu den konsultierten *Texten* sowie gegebenenfalls zu abweichenden *Titeln*. Die Einzelkommentare werden wie folgt eingeteilt:

Unter *Entstehung* wird auf den bekannten oder mutmaßlichen Zeitpunkt der Entstehung verwiesen;

unter *Text* werden gegebenenfalls Angaben zur Manu- bzw. Typoskriptlage und Angaben zu Archiven gemacht, in denen sich Überlieferungsträger mit wichtigen Varianten befinden;

unter *Varianten* wird auf etwaige wichtige Abweichungen in anderen Manu- bzw. Typoskripten als den im Textteil dieser Ausgabe abgedruckten sowie auf anderen Wortlaut in früheren Druckfassungen verwiesen;

sofern *separate Erstdrucke* nachweislich waren, werden sie anschließend aufgeführt;

unter *Druckvorlage* wird die Grundlage für den in dieser Ausgabe abgedruckten Text genannt;

unter *Erläuterungen* folgen Kommentare zu Einzelstellen in den jeweiligen Texten.

Die in den Kommentaren verwendeten *Abkürzungen, Siglen und Kurztitel* werden in allen Bänden aufgelöst. Eine *Zeittafel*, welche die wichtigsten Daten des Lebens von Nelly Sachs zusammenführt, ist in Band I enthalten. Eine Bibliographie verzeichnet im Anschluß an dieses Nachwort die bislang bekannten *Veröffentlichungen vor Mai 1940*. Spätere Erstveröffentlichungen sind in den jeweiligen Kommentaren nachgewiesen, spätere Erstausgaben in Buchform sind in der Siglenliste aufgeführt. Ein *Gesamtverzeichnis der Gedichttitel und -anfänge* für die Bände I-II findet sich in beiden Bänden.

Weitere Angaben zum Leben und Werk der Dichterin finden sich in der im Suhrkamp Verlag erscheinenden Begleitpublikation *Flucht und Verwandlung. Nelly Sachs, Schriftstellerin, Berlin / Stockholm* von Aris Fioretos; es handelt sich hierbei um eine illustrierte Monographie, die als Katalog zur gleichnamigen Ausstellung im März 2010 im Jüdischen Museum Berlin erscheint.

Für die Textbearbeitung sowie die Kommentare des ersten Bandes ist Matthias Weichelt, für den zweiten Band sind Ariane Huml und Matthias Weichelt verantwortlich. Der dritte und der vierte Band wurden von Aris Fioretos ediert, der als Hauptherausgeber auch die übergeordnete editorische Koordination (Nachwort, Abkürzungen, Zeittafel etc.) innehatte. Besonderer Dank gilt Sabine Salzmann, die bei Recherchen und Textverarbeitung behilflich war, sowie Daniel Pedersen, der die Liste der Veröffentlichungen vor Mai 1940 aufgrund eines von Ruth Dinesen erstellten Verzeichnisses ergänzte.

Der Hauptherausgeber
Berlin, im Sommer 2009

DANKSAGUNG

Die Herausgeber möchten folgenden Personen und Institutionen, die bei den Recherchen sowie für die Arbeit hilfreich waren, danken:

Paul Berf, Köln
Anna-Brita Bodén, Anders-Frostenson-Stiftelsen, Stockholm
Helmut Braun, Jüdisches Museum, Berlin
Ruth Dinesen, Glumsø
Gisela Dischner, Hannover und Mallorca
Katharina Erben, Berlin
Bettina Erchinger und Paul Esslinger, Berlin
Karen Frankenstein, Berlin und Wiesbaden
Gabriele Fritsch-Vivié, Berlin
Maria Gazzetti, Literaturhaus, Frankfurt am Main
Christine Gutzmer, Freiburg
Werner Hamacher, Frankfurt am Main
Levke Harders, Berlin und Bielefeld
Harald Harlan, Hamburg
Ingeborg Hecht, Freiburg
Michael Peter Hehl, Literaturarchiv Sulzbach-Rosenberg
Margaretha Holmqvist, Stockholm

Ruth Jacoby, Schwedische Botschaft, Berlin
Leif Jonsson, Sigtunastiftelsen, Sigtuna
Michael Kessler, Diözese Rottenburg-Stuttgart
Sebastian Kleinschmidt, ›Sinn und Form‹, Berlin
Julian Küchler, Freiburg
Cilly Kugelmann, Jüdisches Museum, Berlin
Ursula Kurze, Dresden
Gertrude Mergili, Simon-Wiesenthal-Archiv, Wien
Miriam Merzbacher-Blumenthal, Greenwich Connecticut
Hans Naumann, Hamburg
Martina Ölke, Dortmund
Anders Olsson, Schwedische Akademie, Stockholm
Daniel Pedersen, Berlin und Stockholm
Lionel Richard, Paris
Sabine Salzmann, Berlin
Ingrid und Walther Seinsch, Stiftung Erinnerung, Lindau am
    Bodensee
Martin Schult, Börsenverein des Deutschen Buchhandels, Berlin
Inge Waern Malmqvist, Stockholm
Uta Werner, Berlin
Barbara Wiedemann, Tübingen
Bertil Wosk, Stockholm

sowie

im Deutschen Literaturarchiv, Marbach am Neckar:
    Ulrich von Bülow
    Jan Bürger
    Birgit Kienow
    Rosemarie Kutschis
    Ulrich Raulff
    Nicolai Riedel
an der Königlichen Bibliothek, Stockholm:
    Sara Bengtzon
    Eva Dillman
    Jan-Eric Ericson
    Kristina Eriksson

Johanna Fries
Gunnar Sahlin
Pelle Snickars
Ingrid Svensson
Leena Uusitalo
im Nelly-Sachs-Archiv der Stadt- und Landesbibliothek, Dortmund:
Jean-André Pfeiffer
beim Riksbankens Jubileumsfond, Stockholm:
Göran Blomqvist
Dan Brändström
Fredrik Lundmark
Maria Wikse
und im Suhrkamp Verlag, Berlin:
Edith Baller
Wolfgang Kaußen
Thomas Sparr

VERÖFFENTLICHUNGEN VOR MAI 1940

1921

Legenden und Erzählungen, Berlin-Wilmersdorf: F.W. Mayer Verlag, 1921, 124 S.

1929

»Zur Ruh«. In: ›Vossische Zeitung‹, 18. 10. 1929, o. P.

1933

»Die Rehe«. In: ›Berliner Tageblatt‹, 26. 2. 1933, o. P.

»Das Vogelnest«. In: ›Berliner Tageblatt‹, 9. 7. 1933, o. P.

»Schlummer-Reise«. In: ›Berliner Tageblatt‹, 21. 12. 1933, o. P.

1935

»Sternschnuppe«. In: ›Jugend‹ 23 (1935), 361

»Rehe«. In: ›Jugend‹ 25 (1935), 391

»Herbstlied«. In: ›Jugend‹ 42 (1935), 665

1936

»Rehe«. In: ›Central-Verein-Zeitung‹, 9. 4. 1936, o. P.

»Alte Kinderreime«. In: ›Central-Verein-Zeitung‹, Beilage Kinderblatt, 17. 6. 1936, o. P.

»Gebet«. In: ›Israelitisches Familienblatt‹, 27. 8. 1936, o. P.

»Dörfer im Spätsommer«. In: ›Central-Verein-Zeitung‹, 8. 10. 1936, o. P.

»Abendlied«. In: ›Bayerische Israelitische Gemeindezeitung‹, 1. 11. 1936, 466

»Lichter zum Trost«. In: ›Israelitisches Familienblatt‹, 10. 12. 1936, 19

»Grabinschrift«. In: ›Israelitisches Familienblatt‹, 17. 12. 1936, 19

1937

»Eine alte Spieluhr spielt Menuett aus Don Juan«. In: ›Der Morgen‹ 10 (1937), 459

»Biblische Lieder« (»Abendlieder der Ruth«, »Jacob und Rahel«, »David und Jonathan«, »Brunnenlied«). In: ›Der Morgen‹ 4 (1937), 543 f.

»Sternschnuppe«. In: ›Central-Verein-Zeitung‹, 24. 6. 1937, 6

»Tänze« (»Altenglischer Tanz«, »Rameau: Gavotte«, »Boccherini: Menuett«, »Mozart: Tänze«). In: ›Der Morgen‹ 4 (1937), 166f.

»Rehe«. In: ›Der Morgen‹ 4 (1937), 167

»Lied an den Tod«. In: ›Der Morgen‹ 4 (1937), 167

»Lied eines Mädchens aus babylonischer Gefangenschaft«. In: ›Israelitisches Familienblatt‹, 21.10.1937, 13

1938

»Mailied«. In: ›Der Morgen‹ 2 (1938), 63

»Das Mädchen am Brunnen«. In: ›Der Morgen‹ 2 (1938), 63f.

»Schlaflied«. In: ›Der Morgen‹ 2 (1938), 64

»Lieder vom Abschied« (»Niemand weiß, wie sehr meine Seele trug ...«, »Mein Lächeln folge dir, du meine Seele ...«). In: ›Central-Verein-Zeitung‹, 3.1.1938, 12

1939

»Nachtlied«. In: ›Jüdischer Kulturbund in Deutschland, Monatsblätter‹ 4 (1939), 4

»Lied eines Blinden am Fest der Bäume«. In: ›Jüdisches Blindenjahrbuch 5699‹ (1938/1939), 36f.

KOMMENTAR

IN DEN WOHNUNGEN DES TODES

Einführung

Die Gedichte der 1947 im Aufbau Verlag erschienenen Sammlung *In den Wohnungen des Todes* entstanden ab Sommer 1943. Eine genaue Datierung ist in den meisten Fällen wohl nicht möglich, da Nelly Sachs ihre Manuskripte gewöhnlich nicht datierte und nach dem Tod der Mutter am 7. 2. 1950 offenbar auch einen Teil ihrer Aufzeichnungen vernichtete (vgl. Fritsch-Vivié, 92). Den frühesten Zyklus bilden die mit Widmungsinitialen versehenen »Grabschriften in die Luft geschrieben«, von denen Sachs am 18. 7. 1943 eine erste Auswahl an die Schriftstellerin und Quäker-Theologin Emilia Fogelklou-Norlind sandte. Nur ein Teil davon wurde später in die Publikation aufgenommen, weitere Epitaphe entstanden bis 1946. Zuvor im schwedischen Exil verfaßte Zyklen wie die »Schwedischen Elegien« oder die »Miniaturen um Schloß Gripsholm« blieben unveröffentlicht, ebenso wie die parallel zu den »Grabschriften« entstandenen »Elegien von den Spuren im Sande« und »Die Engel sind stark in den Schwachen«. Bis Ende 1943 übersetzte Sachs zudem schwedische Dichter wie Karin Boye, Johannes Edfelt, Hjalmar Gullberg, Pär Lagerkvist, Anders Österling und Edith Södergran.

Ab Winter 1943/1944 schrieb sie am zweiten der von ihr als »Passionszyklen« bezeichneten Gedichtkreise, den »Gebeten für den toten Bräutigam«. Es folgte 1945/1946 »Dein Leib im Rauch durch die Luft«, woraus am 12. 5. 1946 auch auf einer Veranstaltung des Freien Deutschen Kulturbundes in Stockholm vorgetragen wurde. Und am 7. 6. desselben Jahres berichtete Sachs ihrer Freundin Gudrun Dähnert, sie »habe noch einen Gedichtzyklus ›Nach der Mitternacht‹ in

den letzten Nächten geschrieben« (Briefe 32). Immer wieder betonte
Sachs, mit den *Wohnungen des Todes* habe ihr eigentliches Dichten begonnen. Noch 1961 wehrt sie sich mit diesem Argument gegen die
Aufnahme ihrer früheren Gedichte in die Sammlung *Fahrt ins Staublose*: »Aber für mich und für so viele beginnt ein neuer Äon – ein
Äon der Schmerzen mit den ›Wohnungen‹. Vorher war Tanz-Rameau
und *andere* Tragik, die weiterläuft eine ganz geheime Linie, die für andere nicht da ist – ›Fahrt ins Staublose‹ muß mit den Wohnungen beginnen und ihre Bahn durchschmerzen, bis sie wieder ans Licht ge-
langt.« (Briefe 186)

Einzelne Gedichte konnte Sachs in Zeitschriften wie Max Rych-
ners ›Die Tat‹ und im New Yorker ›Aufbau‹ veröffentlichen, dessen
Herausgeber ihr Vetter Manfred George war. Die Suche nach einem
Verlag gestaltete sich hingegen schwierig. Am 20. 7. 1946 berichtete sie
Rychner von der Ablehnung Emil Oprechts vom Europa-Verlag: »Man
hätte nur so viel Emigrantenliteratur erhalten, davon vieles nicht Gu-
tes, so daß die Stimmung ermüdet wäre, hoffte aber, daß sich bald alles änderte, etc.« (Briefe 34) Am 5. 10. erhielt sie die Zusage des Ost-
berliner Aufbau-Verlags, der auf Empfehlung Johannes R. Bechers bereit war, ihren Band zu drucken: »Dieses Manuskript ist über Herrn
Becher eingegangen, der in einer Begleitnotiz vom 17. 7. sagt, es schei-
ne ihm ›in einer kleinen Auflage für den Aufbau-Verlag geeignet‹. Lyrischer Zyklus einer Jüdin, gewidmet ›meinen toten Brüdern und
Schwestern‹.« (AAufbau) Dies betraf erst einmal nur den zunächst
titelgebenden Zyklus »Dein Leib im Rauch durch die Luft« sowie
die »Gebete für den toten Bräutigam«; die »Grabschriften« sowie
die »Chöre nach der Mitternacht« reichte Sachs später nach. Laut Vertrag vom 16. 9. sollte das Buch im Dezember 1946 in einer Auflage von
10 000 Exemplaren gedruckt werden (AAufbau), tatsächlich kam der
Band im Frühjahr 1947 in 20 000 Exemplaren heraus, in einer nor-
malen sowie einer numerierten Vorzugsausgabe (200 Exemplare, rot,
grün und blau), beide mit elf Zeichnungen von Rudi Stern. Nelly
Sachs sandte ihr Buch über den Verlag unter anderem an Johannes
R. Becher, Heinrich und Thomas Mann, Georg Lukács, Alfred Döb-
lin, Hermann Hesse, Max Rychner und Carl Seelig, später auch an
Hans Henny Jahnn und Hans Richter. Ebenfalls 1947 erschien im Aufbau Verlag die von ihr übersetzte Anthologie *Von Welle und Granit*.

Eine zunächst geplante zweite Auflage der *Wohnungen* kam nicht zustande.

Kommentar

Texte:
GU
AFogelklou
   A:1, 63a:1 »Grabschriften in die Luft geschrieben. Meinen toten
   Brüdern und Schwestern«; Sammlung diverser anderer Gedichte
KBS
ADähnert:I
   ACC1997_08:4, Mappe XVIII »Dein Leib im Rauch durch die Luft.
   Meinen toten Brüdern und Schwestern!«
ADähnert:II
   ACC1996/97, Briefe I, Mappe XX
ALamm
   NS1984_78:3:4 »Inschriften«
APergament
   NS1970_107:6 »Dein Leib im Rauch durch die Luft. Meinen toten
   Brüdern und Schwestern!«
   NS1970_107:6 »Nach der Mitternacht. Den Lebenden gewidmet«
   NS1970_107:6 Grabschriften in die Luft geschrieben
   NS1970_107:6 »Grabschriften in die Luft geschrieben. Meinen to-
   ten Brüdern und Schwestern«
   NS1970_107:6 »Gebete für den toten Bräutigam«
   NS1970_107:6 »Chöre nach der Mitternacht«, Beilage in Brief vom
   24.6.1946
ATegen
   NS1983_136:3:6 »Nach der Mitternacht. Den Lebenden gewidmet«
   NS1983_136:3:6 »Dein Leib im Rauch durch die Luft. Meinen toten
   Brüdern und Schwestern!«
   NS1983_136:3:6 »Gebete für den toten Bräutigam«
   NS1983_136:3:6 »Grabschriften in die Luft geschrieben«
   NS1983_136:3:6 Chöre nach der Mitternacht
SBB

AAufbau

SBB Dep 38, Map. 700, Briefe vom und an den Verlag

Zyklustitel »Dein Leib im Rauch durch die Luft«

An Carl Seelig schrieb Nelly Sachs am 27. 10. 1947 über diesen ursprünglich für den gesamten Band vorgesehenen Titel mit Bezug
auf ein Buch Max Brods: »Wie fein Brod die Parallele Abraham-Opfer
= Auschwitz u. s. w. zieht. O wie viele Meilensteine der Ungläubigkeit
sind da erst zu durchwandern, bis man hinter Auschwitz im Rauch der
Leiber alles ausstreichen muß, um dann von vorn zu beginnen oder
nicht.« (Briefe 46)

O die Schornsteine auf den sinnreich erdachten Wohnungen des Todes

Entstehung: 1945/1946.

Erläuterungen:

Motto *Und wenn diese meine Haut]* Hiob 19,26.

Jeremia] Prophet Israels, während der Belagerung von Jerusalem 587
v. Chr. als Hochverräter gefangen und nach Ägypten verschleppt; Buch
des AT.

Hiob] Zentralgestalt des nach ihm benannten Buches im AT, Erprobung seiner Frömmigkeit und Heimsuchung mit den Hiobsbotschaften.

Jeremias und Hiobs Staub] Siehe Hiob 10,9: »Denke daran, daß du wie
Ton mich geschaffen hast. / Zum Staub willst du mich zurückkehren
lassen.«

An euch, die das neue Haus bauen

Entstehung: 1945/1946.

Erläuterungen:

Motto *Es gibt Steine wie Seelen]* Spruch von Rabbi Nachmann (1772-
1810), chassidischer Zaddik; Martin Bubers *Geschichten des Rabbi Nachman* befinden sich in der revidierten Fassung von 1955 in Sachs' Bibliothek.

An euch, die das neue Haus bauen] Vgl. die szenische Dichtung *Eli*,
2. Bild, in ZiS: »Bauen wir doch aufs neue das alte Haus. / Hängen sich
die Tränen ans Gestein, / hängen sich die Seufzer ans Gebälk, / kön-

nen nicht schlafen die kleinen Kinder, / hat der Tod ein weiches Bett.«
(NSW:III) Siehe auch den Brief vom 29. 7. 1946 an Gudrun Dähnert:
»An [den Bankier] Scheurmann habe ich heute die gleiche Versiche-
rung abgeschickt. Er gehört ja auch zu den edlen und mutigen Menschen, wie Du und Anneliese [Neff], die würdig sind an einem neuen,
besseren Deutschland mitzubauen.« (ADähnert:I)

Windharfen] Auch Äolsharfen, vom Wind zum Klingen gebrachtes
Saiteninstrument.

O der weinenden Kinder Nacht!
    Entstehung: 1945/1946.
    Erläuterungen:
    Haben den falschen Tod in ihre Handmuskeln gespannt] Auf dieses Bild
nimmt Sachs ausführlich in einem Brief vom 24. 2. 1967 an Robert Kahn
Bezug: »Sie erwähnen daß in meinem Werk die bösen Requisiten der
Wirklichkeit fehlen und weisen auf das Wort Handmuskel – in den
Handmuskeln gespannt meinen Sie – der falsche Tod in den Handmuskeln umschriebe die Schußwaffe als Flucht vor der Wirklichkeit.
Aber in den Handmuskeln gespannt kommt nicht nur in dem frühen
Gedicht von der weinenden Kindernacht vor, sondern auch in dem
viel späteren Kain-Gedicht (*Flucht und Verwandlung*) [recte: *Und niemand weiß weiter*]. Dieses von mir geprägte Wort soll als Urwort des
Tötens stehen – lange bevor man die Schußwaffe hatte wurde gleich-
wie immer mit dem Handmuskel getötet. Prof. Walter Jens hat grade
in seinem Vortrag vor einiger Zeit hier in Stockholm (Der Vortrag
war am 27. Januar in der *Zeit* abgedruckt) auf das Wort hingewiesen
mit folgenden Worten: N. S. hat eine Welt beschrieben, in der sich
das Oberste nach unten gekehrt hat, eine Welt in der aus Schwarz
Weiß geworden ist – eine Gegenzeit, in der die schrecklichen Wärterinnen an Stelle der Mütter getreten sind, Frauen, die den fallenden
Tod in die Handmuskel spannen und damit jene Praktiken übernah-
men auf die sich Kain als erster verstand.« (ASachs)

Wer aber leerte den Sand aus euren Schuhen
    Entstehung: 1945/1946.
    Erläuterungen:
    Sand aus euren Schuhen] Vgl. u. a. die Gedichte »Der Hausierer« (»Sand

leerte sich aus einem Kinderschuh«) und »Der Marionettenspieler« (»Die weite Welt war zu dir eingegangen / Mit Sand im Schuh und Ferne an den Wangen«). Am 1.10.1946 schrieb Sachs an Carl Seelig: »Natürlich will ich aus diesen Dingen nicht den geringsten finanziellen Nutzen haben, es ist auch gänzlich gleichgültig, ob ich sie schrieb oder irgend jemandes Stimme erklang. Aber es *muß* doch eine Stimme erklingen und einer muß doch die blutigen Fußspuren Israels aus dem Sande sammeln und sie der Menschheit aufweisen können. Nicht nur in Protokollform!« (Briefe 36)

Sinaisand] Auf der Flucht aus Ägypten zog Israel durch die Wüste Sinai. Siehe Ex. 19,1-40,38.

Kehlen von Nachtigallen] Vgl. das Gedicht »Ihr Zuschauenden«: »O ihr Nachtigallen in allen Wäldern der Erde! / Gefiederte Erben des toten Volkes, / [...] Der Kehle schreckliches Schweigen vor dem Tod«.

Flügeln des Schmetterlings] Schmetterling im Altgriech. gleichbedeutend mit Psyche, auch Seele, Hauch, Atem.

Weisheit Salomos] Salomo, König von Israel, um 965-926 v. Chr., Sohn Davids, erbaute den Tempel neu, berühmt für seine Weisheit. Siehe 1. Kön. 1,10-11,43.

Wermuts Geheimnis] Gemeiner Wermut oder Wermutkraut, zur Herstellung von Absinth verwendet.

Auch der Greise letzten Atemzug, der schon den Tod anblies
    Entstehung: 1945/1946.

Ein totes Kind spricht
    Entstehung: 1945/1946.
    Separater Erstdruck: Unter der Sammelüberschrift »Verse des Mitleidens« in ›Aufbau‹, New York, 26.4.1946, 23.
    Varianten: Abweichungen in der Interpunktion.
    Erläuterungen:
    Die Mutter hielt mich an der Hand] An Gudrun Dähnert schrieb Sachs am 7.7.1946: »Möge einmal auch der Tag kommen, da diejenigen Deutschen, die sich an der Tortur und Tötung ihrer Mitmenschen beteiligten, aus ihrem Wahnsinn erwachten. Mögen sie einsehen lernen, was es bedeutet, ein Kind seiner Mutter zu entreißen, einen Mann seiner Frau.« (Briefe 33)

Einer war, der blies den Schofar
Entstehung: 1945/1946.
Erläuterungen: Siehe das spätere Gedicht »Schofar-Blasen«.
Motto: Am 20. 10. 1960 schrieb Sachs an Gudrun Dähnert aus dem
Krankenhaus Beckomberga: »Der Weg ist ein innerer – der Weg, den
wir alle gehen müssen – der Weg des Mystikers ist im Hohen Lied
so beschrieben: Ich habe überstiegen alle Berge – und all mein Vermögen, bis an die dunkle Kraft des Vaters. Da hörte ich ohne Laut, da sah
ich ohne Licht, da roch ich ohne Bewegen, da schmeckte ich das, was
nicht war, da spürte ich das, was nicht bestand. Da wurde mein Herz
grundlos, meine Seele lieblos, mein Geist formlos und meine Natur
wesenlos. So beginne ich aufs neue jeden Tag diesen Aufstieg – falle –
versuche. Aber ›das Sinken geschieht um des Steigens willen‹.« (Briefe
175) Und im Brief vom 16. 10. 1960 an Brita und Johannes Edfelt: »Für
mich wird das Überleben schwer sein, aber ich will versuchen: ›Das
Sinken geschieht um des Steigens willen‹.« (Briefe 174)

Buch Sohar] Hauptwerk der jüdischen Kabbala aus der 2. Hälfte des
13. Jhs. Eine Ausgabe von Gershom Scholems *Die Geheimnisse der Schöpfung. Ein Kapitel aus dem Sohar* (Berlin 1935) bekam Sachs nach dem Tod
der Mutter am 7. 2. 1950 vom Stockholmer Rabbiner Wilhelm geschenkt.
Vgl. den späteren Zyklus »Geheimnis brach aus dem Geheimnis. Sohar: Schöpfungskapitel« in Unww (NSW:II).

Schofar] Mundstückloses (Widder-)Horn, als rituelles Musikinstrument verwendet, da Abraham statt seines Sohnes Isaak einen Widder
opferte (Gen. 22). Siehe auch *Eli*, Achtes Bild, in ZiS (NSW:III).

Tekia] Wörtl. »blasen«, Auftakt des Schofar-Blasens.

Schewarim] Wörtl. »zerbrochene Töne«, 2. Teil des Schofar-Blasens.

Terua] Wörtl. »Alarm«, 3. Teil des Schofar-Blasens; der 4. Teil, *Tekia
Gedola*, wörtl. »großes Teki«, fehlt im Gedicht; siehe auch den Brief an
Gudrun Dähnert vom 28. 9. 1946: »Die Worte aus dem Schofargedicht
sind die Blasweisen Tekia (Wachtruf), Schewarim (Singruf), Terua
(Geschmetter) wird am Neujahrstag geblasen, Aufsteigen der Bitt-
engel, Erneuerung der Welt, so ist die ungefähre Erklärung. Kommt
auch in meinem Mysterienspiel vor.« (Briefe 35)

brennt der Tempel] Anspielung auf die Zerstörung des Tempels durch
Nebukadnezar (586 v. Chr.), der die Juden ins babylonische Exil führte.
Siehe 2. Kön. 25,8-17.

Hände der Todesgärtner
> Entstehung: 1945/1946.
> Varianten: »Hände« in der EA durchgehend gesperrt gesetzt, nicht wie in v. 7 und v. 10 als einzelner Vers.
> Erläuterungen:
> *Triften]* Weg zwischen Weide und Stall; vgl. Jes. 5, 17: »Die Lämmer weiden da wie auf ihrer Trift, / auf den Ödungen der Feisten zugast dürfen sie fressen.« (Buber-Rosenzweig)
> *Tabernakel]* Behälter zur Aufbewahrung des Allerheiligsten.

Schon vom Arm des himmlischen Trostes umfangen
> Entstehung: 1945/1946.
> Separater Erstdruck: Unter der Sammelüberschrift »Verse des Mitleidens« in ›Aufbau‹, New York, 26. 4. 1946, 23.
> Varianten: ›Aufbau‹: Abweichungen in der Interpunktion, Leerzeile nach v. 6.

Welche geheimen Wünsche des Blutes
> Entstehung: 1945/1946.

Lange haben wir das Lauschen verlernt!
> Entstehung: 1945/1946.
> Erläuterungen:
> *Ehe es wächst, lasse ich euch es erlauschen]* Vgl. Jes. 42,9: »Neues melde ich an, eh es wächst, lasse ich euch es erhorchen«; Jes. 43,19: »wohlan, ich tue ein Neues, jetzt wächst es auf, erkennt ihrs nicht?« (Buber-Rosenzweig) Zur Bibelübertragung Martin Bubers und Franz Rosenzweigs schreibt Sachs am 25. 6. 1947 an Ragnar Thoursie: »Einmal, in der Zeit der tiefsten Angst gab mir eine deutsche Freundin ein kleines Buch in die Hand. Es war die Buber-Rosenzweig-Übertragung des ›Jesaja‹. Als ich es sah und las und las, wußte ich, wohin mein Weg gehen muß. Denn diese Übertragung hatte nichts mit der lutherischen gemeinsam. Es war keine ›Verdeutschung‹, sondern ihr Erdreich war mitgerissen wie die blutigen Fetzen einer Geburt. Nur Hölderlins Pindarübertragungen zeigten den gleichen Schauer des Originals. Ich wußte nun: die Bibel ist ursprünglich wie die griechische Chorlyrik in Hymnenform geschrieben und hier wie dort schimmert es durch von

Babylon. Und so suche ich weit zurück aus der schwarzen Antwort des Hasses auf Israels Dasein.« (Briefe 43)

Wie Dünengras] Vgl. Jesaja 44,1: »denn ich schütte Wasser auf Durstendes, Rieselwellen auf Trocknis: ich schütte meinen Geist auf deinen Samen, meinen Segen auf deine Nachfahren, daß sie wachsen wie zwischen Gras, wie Pappeln an Wasseradern.« (Buber-Rosenzweig)

Triften] Vgl. Jes. 5,17: »Die Lämmer weiden da wie auf ihrer Trift, / auf den Ödungen der Feisten zugast dürfen sie fressen.« (Buber-Rosenzweig)

Wenn wir auch das Wasser aus Röhren trinken] Am 30. 3. 1950 schreibt Sachs an Peter Huchel: »Heute kamen die Exemplare Ihrer schönen Zeitschrift ›Sinn und Form‹. Ein Quell ist der Inhalt wieder, daraus ich Erquickung trank. Ich danke Ihnen, daß ich dabei sein darf, bei den Dichtern, aus denen die ewige Flamme glüht. Hier läuft kein Wasser durch Röhren, hier ahnt man immer das Meer!« (Briefe 70) Siehe auch den Brief vom 6. 11. 1950 an Emilia Fogelklou-Norlind: »Ich las viel in der Kabbala (die jüdische Mystik). [...] Hier findet man geheime Deutungen vom Urbeginn ganz jenseits aller ›Röhren‹, durch die der Mensch sonst an die Institution gebunden das Wesen trinkt.« (Briefe 78)

Verkaufen dürfen wir nicht unser Ohr] Vgl. Jes. 42,20: »Vieles hattest Du gesehn, beachtetest doch nichts – hellhörig, erhorchte er doch nichts!« (Buber-Rosenzweig)

Im Errechnen des Staubes] Vgl. Jes. 40,12: »Wer hat mit seiner Faust die Wasser gemessen, die Himmel abgegriffen mit der Spanne, mit dem Dreiling den Staub der Erde gefaßt, mit dem Schwebebalken Berge gewogen, Hügel mit dem Schalenpaar?« (Buber-Rosenzweig)

Zerstörung Tag] Wohl Verweis auf die erste bzw. zweite Zerstörung des Tempels (586 v. Chr. bzw. 70 n. Chr.). Vgl. auch Jes. 10,3: »Was werdet ihr tun auf den Zuordnungstag, / auf das Unheil, das von fernher kommt?« (Buber-Rosenzweig)

Ihr Zuschauenden

Entstehung: 1945/1946.

Separater Erstdruck: Unter der Sammelüberschrift »Verse des Mitleidens« in ›Aufbau‹, New York, 26. 4. 1946, 23.

Varianten: ›Aufbau‹: Abweichungen in der Interpunktion, v. 10/11 in einer Zeile. Leicht abweichende Fassungen in einem Brief an Gudrun Dähnert vom 7.7.1946 (Briefe 33) und in AFogelklou.

Erläuterungen: Siehe den Brief an Gudrun Dähnert vom 29.7.1946 über die in dieser Zeit entstandenen Gedichte: »Sie sind nicht nur für die Opfer geschrieben sondern auch für Diejenigen die wenn auch keine Mithelfer so doch gleichgültig daneben standen.« (ADähnert:I)

Lange schon fielen die Schatten
Entstehung: 1945/1946.
Erläuterungen:
Lebensbaum] Immergrünes Zypressengewächs; im AT Baum des Paradiesgartens (Gen. 2,9). Im NT verbunden mit der Vision des endzeitlichen Paradieses (Offb. 2,7; 22,14; 22,19). In der Kabbala steht der Lebensbaum für die zehn göttlichen Emanationen (Sefirot).

Daniels Deuterlicht] Hauptgestalt des gleichnamigen alttestamentarischen Buches mit prophetischen Visionen, großer Einfluß auf jüdische und christliche Apokalypsevorstellungen.

Zyklustitel »Gebete für den toten Bräutigam«
Bezieht sich vermutlich auf den namentlich nicht bekannten, von Sachs aber gegenüber Freunden erwähnten Geliebten, den sie als Mädchen kennenlernte, aber nicht heiraten durfte. In der Nazi-Zeit soll dieser Mann im Widerstand gewesen und vor ihrer Ausreise nach Schweden getötet worden sein. An Walter A. Berendsohn schrieb sie am 23.1.1957: »Eine furchtbare Nachricht traf mich – ein sehr naher Mensch war einen richtigen Märtyrertod gestorben.« (Briefe 104) Und für dessen geplante Biographie schlägt sie am 7.9.1959 Berendsohn vor: »Über den Jahren des erwachsenen Mädchens liegt Dunkel. Ein Schicksal trifft die Siebzehnjährige und dauert bis in die Vernichtungsjahre der Hitlerzeit. Eigentliche Quelle ihres späteren Schaffens.« (ABerendsohnD) Dichterischen Ausdruck gefunden hatte diese Begegnung bereits in dem noch in Deutschland vollendeten Zyklus »Lieder vom Abschied«.

Die Kerze, die ich für dich entzündet habe
Entstehung: 1943/1944.

Nacht, mein Augentrost du
  Entstehung: 1943/1944.
  Erläuterungen:
  Nachtmahr] Weibliches Fabelwesen, das schlafende Menschen heimsucht (vgl. das gleichnamige Gemälde von Johann Heinrich Füssli von 1802).

Vielleicht aber braucht Gott die Sehnsucht
  Entstehung: 1944/1945.
  Erläuterungen:
  das unsichtbare Erdreich] An Margit Abenius schreibt Sachs am 30. 12. 1957: »Ich glaube an die Durchschmerzung, an die Durchseelung des Staubes als an eine Tätigkeit, wozu wir angetreten. Ich glaube an ein unsichtbares Universum, darin wir unser dunkel Vollbrachtes einzeichnen. Ich spüre die Energie des Lichtes, die den Stein in Musik aufbrechen läßt, und ich leide an meinem Leibe, an der furchtbaren Pfeilspitze der Sehnsucht, die uns von Anbeginn zu Tode trifft und die uns stößt, außerhalb zu suchen, dort wo die Unsicherheit zu spülen beginnt.« (Briefe 120)

Auch dir, du mein Geliebter
  Entstehung: 1943/1944.
  Erläuterungen:
  Schuhe abgerissen [...] zu Staub zerfallen] Vgl. das Gedicht »Wer aber leerte den Sand aus euren Schuhen«: »O ihr Finger, / Die ihr den Sand aus Totenschuhen leertet, / Morgen schon werdet ihr Staub sein / In den Schuhen Kommender!«
  Pfriem] Schusterwerkzeug zum Durchstechen des Leders.

Du gedenkst der Fußspur, die sich mit Tod füllte
  Entstehung: 1943/1944.
  Erläuterungen:
  Alles Vergeßnen / gedenkst du von Ewigkeit her] Vgl. Chassidim, 707: »Am Tag des Neuen Jahrs sprach Rabbi Jehuda Zwi von Rozdol: ›Wir haben heute gebetet: »Alles Vergeßnen gedenkst du von Ewigkeit her«.‹«

Qual, Zeitmesser eines fremden Sterns
  Entstehung: 1943/1944.
  Erläuterungen:
  Die Gewänder des Morgens sind nicht / die Gewänder des Abends] Aus
dem Sohar.

Ich sah eine Stelle, wo ein Herd stand
  Entstehung: 1943/1944.
  Erläuterungen: Am 12. 11. 1960 schreibt Sachs an Dagrun und Hans
Magnus Enzensberger hinsichtlich der Gedichtauswahl für *Fahrt ins
Staublose*: »In den ›Wohnungen‹ könnte man vielleicht Seite 39 ›Ich
sah eine Stelle‹ fortlassen – es ist ein ganz frühes Gedicht – aber
wie Du meinst.« (Briefe 176) Das Gedicht wurde in den Band auf-
genommen.

Im Morgengrauen, wenn ein Vogel das Erwachen übt
  Entstehung: 1943/1944.
  Erläuterungen:
  erste Rippe] Siehe Gen. 2,21 f.

Wenn ich nur wüßte
  Entstehung: 1943/1944.
  Varianten: Nach einem Brief vom 15. 5. 1946 an Walter A. Berend-
sohn, in dem sich Sachs für Korrekturen von Schreibfehlern bedankt,
soll v. 10 statt »Tod bereiten« »Todbereiten« heißen (Berendsohn, 1).
  Erläuterungen:
  Vogelzeichen] In der Antike erkannten die Auguren in der Vogelschau
(lat. *auspicium*) den Willen der Götter.

Deine Augen, o du mein Geliebter
  Entstehung: 1943/1944.
  Erläuterungen:
  Ich sah, daß er sah] Zitat von Jehuda Zwi aus Chassidim.
  Hindin] Weiblicher Hirsch. Siehe auch das Gedicht »Chor der
Bäume«. Als Kind hatte Sachs ein Reh als Haustier.
  Sinaifeuer] Siehe Dtn. 4,12 und 15.

Zyklustitel »Grabschriften in die Luft geschrieben«

Im Herbst 1942 bzw. im Frühjahr und Sommer 1943 erhielt Sachs die Nachricht vom Tod ihr nahestehender Menschen, an die sie mit ihren Grabschriften erinnert. An Walter A. Berendsohn schreibt sie am 12.9.1944: »Aber diese Elegien sind mir selbst in einem großen Geheimnis gekommen. Ich habe eine kranke Mutter hier. Krank vor Schreck und Entsetzen um alles was wir vorher erlebten, die geliebtesten Menschen sind mir von der Seele gerissen in Polen dahingegangen, und da waren es einige Nächte, wo ich ihr Sterben fühlte oder vielmehr zerrissen wurde vor Schmerz. Das sind die Elegien, das sind die Grabschriften.« (Briefe 22)

Der Hausierer [G. F.]

Entstehung: Sommer 1943.

Varianten: Undatiertes Ts (»Der Hausierer F.«) in AFogelklou; starke Abweichungen ab v. 3: »Der Tod wird seine Sense dengeln / Du kannst ihn sehn. / Dein Gesicht / Lächelt Licht. / Deine Füße, geboren zum Wandern / Wissen nun den Weg, den Andern. / Aus deinen Augen, die die Elle abgemessen / Tauen Spiegel aus dem längst Vergessen. / Deine Hände, die die Münze nahmen / Sterben wie zwei Beter mit dem Amen.«

Erläuterungen: Sachs schreibt am 18.7.1943 an Emilia Fogelklou-Norlind: »Der Hausierer: Hatte einen Marktstand, erst dann kam er in die Häuser, klein, mager, blaue Augen, sehr freundlich.« (Briefe 13) Und am 11.11.1945, mit Bezug auf das fertiggestellte Mysterienspiel *Eli*: »Ich wage kaum daran zu denken, daß ich mich an das Gewaltige gewagt habe, – mit meiner Armut – aber in den Chassidim steht – daß es jeder darf, auch der Hausierer, der über Land geht mit seiner Ware und die Steine und die Blumen auf rechte Weise ansieht [...].« (Briefe 24)

Sand leerte sich aus einem Kinderschuh] Vgl. das Gedicht »Wer aber leerte den Sand aus euren Schuhen«.

Die Markthändlerin [B. M.]

Entstehung: 1943-1946.

Erläuterungen: In den Briefen an Emilia Fogelklou-Norlind nicht erwähnt. Vgl. das Gedicht »Der Händlergreis« aus »Die Engel sind stark in den Schwachen«.

Der Spinozaforscher [H.H.]

Entstehung: Sommer 1943.

Separater Erstdruck: In schwedischer Übersetzung von Johannes Edfelt in der Zeitschrift des schwedischen Konsumverbandes, ›Vi‹ 28 (1944).

Erläuterungen: In einem Brief vom 18. 7. 1943 an Emilia Fogelklou-Norlind heißt es: »Spinozaforscher: Mann meiner Freundin. Sehr gebrechlich, hinkend, mit edlen Zügen und einer sanften Stimme« (Briefe 13). Hugo Horwitz, Privatgelehrter, Ehemann von Sachs' Jugendfreundin Dora Jablonski. Am 20. 3. 1947 schrieb Sachs an Gudrun Dähnert zum Verbleib ihrer Verwandten und Freunde: »Hugo Horwitz u. Frau Alterstransport 8. 9. 42 nach Theresienstadt (kamen nie an)« (Briefe 40).

Die Tänzerin [D.H.]

Entstehung: Sommer 1943.

Separater Erstdruck: In schwedischer Übersetzung von Johannes Edfelt (»Dansösen D. H.«) in der Zeitschrift des schwedischen Konsumverbandes, ›Vi‹ 28 (1944).

Varianten: EA: v. 10: »Licht ward aus Sand.«

Erläuterungen: In einem Brief vom 18. 7. 1943 an Emilia Fogelklou-Norlind heißt es: »Die Tänzerin: meine Freundin, Gattin des Spinozaforschers. Ganz wunderbare Menschen. Mit ihrem Mann in Lagerhaft, gilt als in Riga verschollen«. Gemeint ist Dora Horwitz, geb. Jablonski (1891-1942), Jugendfreundin von Sachs, 1934 Heirat mit Hugo Horwitz. Siehe auch den Kommentar zum Gedicht »Der Spinozaforscher«.

Sarabande] Spanischer Tanz im Dreiertakt.

da schlief ein Schmetterling / Der Verwandlung sichtbarstes Zeichen] Vgl. u. a. das Gedicht »Wer aber leerte den Sand aus euren Schuhen«.

Der Narr [H.F.]

Entstehung: Sommer 1943.

Varianten: Undatiertes Ts in AFogelklou; starke Abweichungen ab v. 2: »Aber der Erdrauch ließ sich besser runden. // Wenn die Sonne schräg lag auf den Matten / Maß sie an dir die Länge der Schatten. // Und die Kröte mit dem Mondenstein / Sah fragend in dein Fenster hinein. // Aber der Schlaf, der schwärzeste Spiegel / Gab dir zurück dein Königssiegel.«

Erläuterungen: Siehe den Brief vom 18. 7. 1943 an Emilia Fogelklou-Norlind: »Der Narr: Musiker, viele Berufe, fast ein Genie« (Briefe 13). Bislang nicht identifizierbar.

Kröte mit dem Mondenstein] Siehe auch das Gedicht »Im Augenblick schließt ein Stern sein Auge« in SnL (NSW:II): »Die Kröte verliert ihren mondenen Stein.« Vgl. Shakespeare, *Wie es euch gefällt*, 2. Aufzug, 1. Szene: »Süß ist die Frucht der Widerwärtigkeit, / Die, gleich der Kröte, häßlich und voll Gift / Ein köstliches Juwel im Haupte trägt.«

Auf der Dämmerungsbrücke beim Hahnenschrei / Hattest du vom Fischfang der Nacht keine Beute dabei] Mögliche Anspielung auf zwei biblische Motive: Nachdem der Fischer Simon Petrus nachts nichts gefangen hatte, befahl ihm Jesus, noch einmal hinauszufahren (Lk. 5,1-11). Später verleugnete Petrus Jesus dreimal, ehe der Hahn zweimal krähte (Mark. 14,66-72).

Die Schwachsinnige [B.H.]

Entstehung: 1943.

Varianten: In der EA: v. 4: »Für dich stritt ein Cherubim.« In einem Brief an den Aufbau Verlag schreibt Sachs am 26. 5. 1949: »Dann bitte ich Sie eine Zeile zu verbessern was auch Max Brod mir sagte: siehe 50 Die Schwachsinnige: letzte Zeile Für dich stritten Cherubim (Cherubim ist Plural) anstatt ein Cherubim.« (AAufbau)

Erläuterungen: In den Briefen an Emilia Fogelklou-Norlind nicht erwähnt, bislang nicht identifizierbar.

Cherubim] Geflügelte Fabelwesen, in der Bibel hochrangige Engel, die nach der Vertreibung aus dem Paradies den Garten Eden und den Baum des Lebens bewachen (siehe Gen. 3,24). Sachs schreibt in der Regieanweisung für *Beryll sieht in der Nacht*: »Die Cherubim sind nach dem Sohar die mit Kindergesichtern ausgestatteten Opfer der Sünden der Väter. Sie gehen unter in Flammen, erheben sich wieder aus der Asche. Vergänglichkeit und Auferstehung ist in ihnen personifiziert.« (NSW:III)

Der Ruhelose [K. F.]

Entstehung: 1943.

Varianten: Undatiertes Ts in AFogelklou; keine Leerzeilen nach v. 2 und 8.

Erläuterungen: In einem Brief vom 18. 7. 1943 an Emilia Fogelklou-Norlind heißt es: »Der Ruhelose: Bildhauer« (Briefe 13). Bislang nicht identifizierbar.

In die blaue Ferne gehn / Berge und Sterne und Apfelbaumalleen] Vgl. den Kommentar zum Gedicht »In der blauen Ferne« (Unww, NSW:II).

Der Marionettenspieler [K. G.]

Entstehung: 1943-1946.

Varianten: Undatierte Tss mit den Titeln »Der Marionettenkünstler P. M.« bzw. »Der Marionettenkünstler K. G.« in AFogelklou bzw. APergament; geringe Unterschiede in der Interpunktion.

Erläuterungen: In den Briefen an Emilia Fogelklou-Norlind nicht erwähnt, bislang nicht identifizierbar.

Sand im Schuh] Vgl. die Gedichte »Wer aber leerte den Sand aus euren Schuhen« sowie »Der Hausierer« (»Sand leerte sich aus einem Kinderschuh«).

in Elias Haaren] Elia, Prophet des 9. Jh.s v. Chr., tritt gegen den Götzendienst des Königs Ahab ein und wird während der von Gott verhängten Dürre von Raben mit Speise versorgt (1. Kön. 17-19).

Die Malerin [M. Z.]

Entstehung: 1943-1946.

Varianten: Vgl. die frühere Fassung des Gedichts in »Die Engel sind stark in den Schwachen«: »Lied der Bettlerin«.

Erläuterungen: In den Briefen an Emilia Fogelklou-Norlind nicht erwähnt, bislang nicht identifizierbar.

Der Sand in meinem löchrigen Schuh] Vgl. u. a. die Gedichte »Der Hausierer« (»Sand leerte sich aus einem Kinderschuh«) sowie »Wer aber leerte den Sand aus euren Schuhen«.

Die Abenteurerin [A. N.]

Entstehung: 1943.

Erläuterungen: Im Brief vom 18. 7. 1943 an Emilia Fogelklou-Nor-

lind heißt es: »Abenteuerin: wunderbare Schönheit, meine Klassenge-
nossin in der Schule«. Alix Neufeld, taucht als Ännchen, Tochter eines
Schuhmachers, in »Chelion« auf (L90:5:12, ASachs).

Wasserbällen] Vgl. Goethes Gedicht »Lieb und Gebilde« im *West-öst-
lichen Divan*: »Schöpft des Dichters reine Hand / Wasser wird sich bal-
len.«

Aber das siebenfarbige Licht] Mögliche Anspielung auf die sieben Farben des Regenbogens.

Der Steinsammler [E. C.]

Entstehung: 1943.

Varianten: Beilage im Brief vom 6. 8. 1943 an Emilia Fogelklou-Norlind; Abweichungen in der Interpunktion, stark abweichend ab v. 7:
»Doch Opal mit seinem Sterbeblicke / Ein Geheimnis längst dir anvertraute. // Welcher Stern birgt dich mit seinem Glänzen? / Er, der
um die Erde dich gesendet / Weiß daß du ein Dunkel wirst ergän-
zen // Und daß Sehnsucht nicht im Steine endet!« (AFogelklou)

Erläuterungen: Im Brief vom 6. 8. 1943 an Emilia Fogelklou-Norlind heißt es: »*Der Steinsammler*: Ein schöner, weißhaariger Greis, der
meinen Vater in die Geheimnisse der Steine einweihte und von dem
wir viele prachtvolle Stücke besaßen, unter anderem einen Bergkri-
stall, in dem eine Biene gefangen war.« Sachs hatte die Steinsammlung
ihres Vaters geerbt.

Beryll] Als Schmuckstein verwendetes Mineral. Siehe auch die szenische Dichtung *Beryll sieht in der Nacht* (NSW:III).

Wicke] Kräuterpflanze aus der Gattung der Schmetterlingsblütler.

Opal] Als Schmuckstein verwendetes Mineral, in der Antike Stein
der Liebe und der Hoffnung.

Die Ertrunkene [A. N.]

Entstehung: 1943-1946.

Erläuterungen: In den Briefen an Emilia Fogelklou-Norlind nicht
erwähnt, bislang nicht identifiziert. Auch ihre szenische Dichtung *Ver-
steckspiel mit Emanuel. Ein Delirium aus Einsamkeit* (1955) widmete Sachs
»Dem Andenken von A. N. die ihren Verstand in ihre Sehnsucht
warf«.

Die alles Vergessende [A. R.]
Entstehung: 1943.
Separater Erstdruck: In schwedischer Übersetzung von Johannes
Edfelt in der Zeitschrift des schwedischen Konsumverbandes, ›Vi‹
(28) 1944.
Erläuterungen: Im Brief vom 18. 7. 43 an Emilia Fogelklou-Norlind
heißt es: »Die Alles Vergessende: Eine alte Frau, zuletzt im Altersheim
untergebracht gewesen« (Briefe 13).
Immen] Von mittelhochdt. »imme«: Bienenschwarm, volkstüml. Be-
zeichnung für Hautflügler, bes. für Honigbienen.

Zyklustitel »Chöre nach der Mitternacht«
Siehe den Brief vom 7. 6. 1946 an Gudrun Dähnert: »Ich habe noch
einen Gedichtzyklus ›Nach der Mitternacht‹ in den letzten Nächten
geschrieben.« (Briefe 32) Siehe den Kommentar zu den unveröffentlichten Gedichten aus dem Zyklus »Nach der Mitternacht«.

Chor der verlassenen Dinge
Entstehung: Sommer 1946.
Erläuterungen:
Und Asche schläft sich neu zur Sterngestalt] Wohl Anspielung auf den
mythischen Vogel Phönix, der verbrennt und aus der Asche neu ent-
steht, zugleich eines der Sternbilder.

Chor der Geretteten
Entstehung: Mai/Juni 1946 (Beilage im Brief an Moses und Ilse
Pergament vom 11. 6. 1946, APergament).
Separater Erstdruck: ›Die Fähre‹ 2 (1947), 742 (mit geringen Ab-
weichungen).
Varianten: Im Brief an Gudrun Dähnert vom 7. 7. 1946 als »Gesang
der Geretteten« bezeichnet (Briefe 33).
Erläuterungen:
Webe] Österr. für Gewebe, Bettzeug.
Wir odemlos gewordene] Odem: biblische Bezeichnung für den Hauch,
den *ruach* Gottes. Gott formte den Menschen und blies den Lebens-
atem in seine Nase (Gen. 2,7).

Chor der Wandernden

Entstehung: Mai/Juni 1946 (Beilage im Brief an Moses und Ilse Pergament vom 24. 6. 1946, APergament).

Erläuterungen:

Hüter mit flammenden Schwertern] Die Cherubim bewachen mit flammenden Schwertern den Garten Eden und den Weg zum Baum des Lebens (Gen. 3,24). Siehe den Kommentar zum Gedicht »Die Schwachsinnige«.

Chor der Waisen

Entstehung: Mai/Juni 1946 (Beilage im Brief an Moses und Ilse Pergament vom 24. 6. 1946, APergament).

Separater Erstdruck: ›Aufbau‹, New York, 12. 7. 1946, 24.

Varianten: Abweichungen in der Interpunktion, Zeilenumbruch in v. 5 nach »Brennholz hat man«, in v. 6 nach »Wir Waisen«, in v. 9 nach »In der Nacht«, in v. 13 nach »Dürrholz waren wir«, Leerzeile nach v. 17, v. 21 nach »Steine haben Gesichter«, Zeilenumbruch in v. 22 nach »nicht wie Blumen«, in v. 23 nach »nicht wie Dürrholz«, Leerzeile nach v. 23, Zeilenumbruch in v. 24 nach »Wir Waisen«, in v. 25 nach »hast du uns«, in v. 26 nach »die sagen«, in v. 27 nach »Wir Waisen«.

Erläuterungen: Vgl. das Gedicht »Viele, viele Waisen . . .«.

Chor der Toten

Entstehung: Mai/Juni 1946 (Beilage im Brief an Walter A. Berendsohn vom 6. 6. 1946 (ABerendsohnD).

Chor der Schatten

Entstehung: Sommer 1946.

Chor der Steine

Entstehung: Sommer 1946.

Erläuterungen: In der Beilage zum Brief an Walter A. Berendsohn vom 14. 7. 1946 heißt es: »Anbei sende ich wieder einen Chorgesang. Doch ich weiß nicht ob es schon die endgültige Lösung dieses mir immer wieder vorschwebenden gewaltigen Themas ist. Die Verwandlung der Materie in das uns jenseitig Verborgene. Es ist eine große Scheu in mir vor diesen Dingen und doch eine Art Heimverlangen nach ihnen.« (Berendsohn 2)

Wir Steine / Wenn einer uns hebt] Paul Celan schrieb 1953/1954 unter dem Titel »Welchen der Steine du hebst« ein Antwortgedicht: »Welchen der Steine du hebst – / du entblößt, / die des Schutzes der Steine bedürfen: / nackt, / erneuern sie nun die Verflechtung. [...]« (1955 in *Von Schwelle zu Schwelle* aufgenommen) Siehe dazu seinen Brief vom 7.5.1960: »Von diesem Gedicht kenne ich Sie. Vom Chor der Steine her kenne ich Sie und vom Chor der Waisen her. (Beide waren vor sechs oder sieben Jahren in der Zeitschrift ›Documents‹ abgedruckt.)« (BCelan 32)

der Schlange staubessende Verführung] Siehe Gen. 3,14.

Ihr Jakobshäupter [...] die luftigen Engelsleitern] Vgl. Jakobs Traum von der Himmelsleiter in Gen. 28,12: »Da hatte er einen Traum: Er sah eine Treppe, die auf der Erde stand und bis zum Himmel reichte. Auf ihr stiegen Engel Gottes auf und nieder.«

Windenbeetes] Gattung der Windengewächse, einheimisch ist die als Unkraut geltende Ackerwinde, die sich an anderen Pflanzen oder Zäunen emporwindet.

vom Odem Durchblasenes] Siehe den Kommentar zum Gedicht »Chor der Geretteten«.

Chor der Sterne

Entstehung: Sommer 1946.

Erläuterungen: Von Nelly Sachs offenbar zunächst als Abschlußgedicht vorgesehen, vom Verlag aber nicht umgesetzt. In einem Brief vom 7.3.1947 heißt es: »Ihren letzten Wunsch, den großen Sternengesang ›Einmal wird ein Sternbild heißen‹ zum Schluß zu bringen, konnte ich nicht mehr verwirklichen.« (AAufbau)

Plejaden] In der griechischen Mythologie die sieben Töchter des Atlas und der Okeanine Pleione, in der Astronomie Bezeichnung für ein mit bloßem Auge sichtbares Siebengestirn.

Sternbild] Am 27.10.1947 schreibt Sachs an Carl Seelig: »So glaube ich auch oder besser, ich fühle es von immer her, wie die Kräfte, die das Leiden gelöst hat, sich im Unendlichen sammeln, um ›Neues‹ zu gebären, daß die Liebe Welten schaffen kann, und so erlebt war mir das Bild vom Sternbild des Blutes.« (Briefe 46)

Chor der unsichtbaren Dinge
Entstehung: Sommer 1946.

Chor der Wolken
Entstehung: Sommer 1946.

Chor der Bäume
Entstehung: Sommer 1946.
Erläuterungen:
Hindin Mensch] Vgl. das Gedicht »Deine Augen, o du mein Gelieb-
ter«.

Chor der Tröster
Entstehung: Sommer 1946.
Separater Erstdruck: ›Die Tat‹, 1946.
Varianten: Ein Ts mit leichten Abweichungen sandte Sachs am
19.1.1947 an den Aufbau Verlag, zusammen mit dem »Chor der Un-
geborenen« (hs. Zusatz: »Wurden bei der ersten Sendung vergessen.
Sollte es ohne Mühe noch eingefügt werden können, sonst muß es
für eine vermehrte Auflage bleiben.« [AAufbau]).
Erläuterungen:
Chor der Tröster] An Carl Seelig schrieb Sachs am 27.10.1947: »In
meinem Buch steht: ›Chor der Tröster‹ und dies ist, was ich meine.
Wir nach dem Martyrium unseres Volkes sind geschieden von allen
früheren Aussagen durch eine tiefe Schlucht, nichts reicht mehr zu,
kein Wort, kein Stab, kein Ton – (schon darum sind alle Vergleiche
überholt) was tun, schrecklich arm wie wir sind, wir müssen es herausbringen, wir fahren zuweilen über die Grenzen, verunglücken, aber
wir wollen ja dienen an Israel, wir wollen doch keine schönen Gedichte nur machen, wir wollen doch an unseren kleinen elenden Namen, der untergehen kann, nicht das Unsägliche, das Namenlose heften, wenn wir ihm nicht dienen können. Nur darum geht es, denke
ich, nur darum, und deswegen unterscheiden wir uns von den früheren, denn der Äon der Schmerzen darf nicht mehr gesagt, gedacht, er
muß durchlitten werden.« (Briefe 46)
Gärtner sind wir, blumenlos gewordene] Vgl. Hölderlins Gedicht »Mne-
mosyne«: »Ein Zeichen sind wir, deutungslos.« Hölderlins *Gesammelte*

Werke, hg. v. Wilhelm Böhm (Jena 1924), befinden sich in Sachs' Bibliothek.

Der Salbei hat abgeblüht] Abblühen bezeichnet das Abfallen der Blütenblätter. Vgl. Johann August Eberhard, *Synonymisches Wörterbuch der deutschen Sprache* (1910).

Rosmarin seinen Duft im Angesicht der neuen Toten verloren] Rosmarin wurde oft Toten in die Hände gelegt oder von den Trauernden bei der Beerdigung getragen.

Cherub] Siehe den Kommentar zum Gedicht »Die Schwachsinnige«.

Chor der Ungeborenen

Entstehung: Sommer 1946.

Varianten: Ts mit leichten Abweichungen am 19. 1. 1947 an den Aufbau Verlag geschickt, zusammen mit dem »Chor der Tröster« (siehe Kommentar hierzu).

Stimme des heiligen Landes

Entstehung: Sommer 1946.

Erläuterungen:

Röhren der Abgeschiedenheit] Siehe den Kommentar zum Gedicht »Lange haben wir das Lauschen verlernt!«.

STERNVERDUNKELUNG

Einführung

Im Frühjahr 1947 waren im Aufbau Verlag die *Wohnungen des Todes* erschienen; bereits am 20.10. konnte Nelly Sachs ihrem Vetter Manfred George melden:»Selbst habe ich wieder einen Band Gesänge immer am Dienst Israels fertig, dieses Mal, nachdem das erste Stück Schmerzgebirge gebrochen ist, suchen sie die geheimeren Adern Israels aufzufinden; ein Teil ist seinen Erstlingsgestalten gewidmet.« (Briefe 45) Weitgehend abgeschlossen waren zu diesem Zeitpunkt die Zyklen »Die Muschel saust« sowie »Überlebende« und »Im Geheimnis«, bis zum Frühjahr und Sommer 1948 kamen noch »Und reißend ist die Zeit« und »Land Israel« hinzu, inspiriert auch durch die Gründung des Staates Israel am 14.5.1948. Parallel arbeitet Nelly Sachs an ihrem Drama *Abraham im Salz*, das erst 1951 in Reinschrift vorliegt. Am 6.11.1947 schreibt sie an Kurt Pinthus:»Aus einem soeben vollendeten neuen noch ungedruckten Gedichtband einige Proben. Der erste Teil soll in den großen Gestalten Israels die ewige Linie und das Vorgelebtsein für Alle aufzufinden versuchen, der zweite Teil das Schicksal der Verstreuten und Verwaisten und endlich der dritte Teil: ›Im Geheimnis‹ sehr persönliches bringen aber im Grunde dem Geheimnis des Todes sich nähern und ist meiner geliebten schwer leidenden Mutter zugeeignet.« (DLA) Den Titel des Bandes hatte Sachs dem Gedicht »O die heimatlosen Farben des Abendhimmels« entnommen: »Woher wir Übriggebliebenen aus Sternverdunkelung?« Nach einem guten Jahr war die neue Gedichtsammlung fertig, am 10.5.1948 konnte Sachs den Vertrag mit dem Bermann-Fischer-Verlag unterschreiben.

Ursprünglich wollte sie auch ihren zweiten Gedichtband im Aufbau Verlag veröffentlichen. Am 18.11.1947 schickte sie ein vorläufiges Manuskript an dessen Leiter Erich Wendt:»Da die literaturinteressierten Kreise hier finden, daß die neuen Gedichte schnellstens der Öffentlichkeit übergeben werden sollen und ich selbst fühle daß keine Zeit zu verlieren ist, um die Menschheit die Vergeßliche von allen Seiten anzurühren, so lege ich Ihnen eine Auswahl dieser Dinge anbei.« (AAufbau) Als Titel des gesamten Bandes hatte Sachs bereits am 13. 7. »Die Muschel saust« vorgeschlagen. Der Verlag lehnte jedoch am 7. 4. 1948 die Publikation der Sammlung ab: »Angesichts der großen Materialschwierigkeiten, mit denen wir jetzt zu kämpfen haben, bin ich außerstande, Ihren zweiten Gedichtband in unser Programm aufzunehmen.« (AAufbau)

Auch der von Sachs und Gottfried Bermann-Fischer in Stockholm unterzeichnete Vertrag sah als Titel »Die Muschel saust« vor, das Buch sollte in 500 Exemplaren herauskommen. Tatsächlich erschien der Band unter dem Titel *Sternverdunkelung* in einer Gesamtauflage von 2000 Exemplaren im Bermann-Fischer/Querido Verlag, Amsterdam, mit Lizenzausgaben für den Bermann-Fischer Verlag in Wien und den Suhrkamp Verlag in Berlin. Im Gegensatz zu den *Wohnungen des Todes* fand *Sternverdunkelung* kaum Verbreitung, ein Großteil der Auflage sollte später makuliert werden (was nach Intervention von Nelly Sachs nicht geschah; ihr Brief vom 5. 3. 1956 sowie die Antwort des Verlagsleiters Rudolf Hirsch vom 8. 3. 1956 befinden sich im DLA). Am 7. 12. 1949 schrieb Sachs an Gudrun Dähnert: »Beim Fischer Verlag ist noch kein Verdienst herausgekommen, also hat eine Nachfrage wenig Sinn. Aber der Lektor schreibt, daß dies für den Erfolg des Buches nichts bedeutet, denn es hat wirklich überall die herrlichsten Rezensionen bekommen. Aber die Herstellung ist eben sehr teuer.« (Briefe 64) Und am 14. 1. 1953 teilt sie Johannes Edfelt mit: »Eine Buchausgabe wird kein Geschäft für den Verleger werden. Jetzt bestimmt noch nicht. Denk nur, was der Fischer Verlag über den Absatz klagt, trotz des Einsatzes des feinen Lektors Rudolf Hirsch, und das ist doch mein Sprachgebiet.« (Briefe 92)

Die Entstehung der einzelnen Gedichte läßt sich auch im Fall von *Sternverdunkelung* nur schwer nachweisen, da die Tss von Sachs nicht datiert und von den Briefempfängern oft gesondert aufbewahrt wurden (siehe Berendsohn, 132). Über ihre dichterische Intention hatte Sachs bereits am 9. 10. 1948 an Gudrun Dähnert geschrieben: »Ein junges Ehepaar aus Polen, die im Konzentrationslager beide waren, zog in unsere frühere Wohnung, und was sie berichten von den Martern ihrer ermordeten Familien und Kinder ist so, daß man nur noch die Augen schließen möchte, da man den Absturz dieses Sterns nicht aufhalten kann. Ich habe versucht, in meiner neuen Gedichtsammlung diese apokalyptische Zeit zu fangen, aber auch die ewigen Ge-

heimnisse dahinter schimmern zu lassen. Unsere Zeit, so schlimm sie
ist, muß doch wie alle Zeiten in der Vergangenheit in der Kunst ihren Ausdruck finden, es muß mit allen neuen Mitteln gewagt werden,
denn die alten reichen nicht mehr aus.« (Briefe 55) Große Sorge berei-
teten ihr auch die kriegerischen Auseinandersetzungen im Anschluß
an die Proklamation des Staates Israel am 14. 5. 1948, die fast ein Jahr
lang anhielten. Am 21. 5. schrieb sie an Walter A. Berendsohn: »Ja,
wenn es nur wieder Frieden würde im Erez Israel. Es ist merkwürdig
wie schnell das jüdische Schicksal verschüttet wird von den laufenden
Ereignissen, als ob die Menschheit froh wäre, einer Verantwortung,
der sie einmal sich nicht gewachsen gezeigt hat, [ledig zu sein]. Wenn
ich nur etwas beitragen dürfte, die Erinnerung wach zu halten, so
wäre dies mein Leben wert gewesen.« (Berendsohn 10)

Kommentar

Texte:
KBS
A Pergament
NS 1970_107:6 (Auswahl aus »Sternverdunkelung«)

Motto *Dem Andenken meines Vaters*
    Georg William Sachs (1858-1930) war Besitzer einer Gummiwaren-
fabrik, Erfinder und künstlerisch interessiert. Ihre Bindung an den Vater verarbeitet Sachs in ihrer unveröffentlichten Kindheitsgeschichte
»Chelion« (ASachs). Walter A. Berendsohn schilderte sie am 22. 1. 1959
für dessen geplante Biographie das frühere Zusammenleben mit ihren
Eltern: »Es lag ein tieftragisches Schicksal über uns daheim, und nur
die Größe meines Vaters und die innige Liebe meiner Mutter taten das
ihre, daß unser Leben nicht ganz verdunkelt verfloß. Also lieber Walter – alles ganz entfernt von einem ruhigen Bürgerheim. Ganz das Gegenteil: mein Vater holte sich den Mut zum Dasein mit jedem Atemzug wieder heim – er war genial begabt, die Erfindungen flossen aus
ihm – eine Renaissance-Natur – aber er ließ alles wieder am Wege liegen – so wie es die Dichter mit allem Früheren tun, um immer in
der Gegenwart neu zu schöpfen. Alle Reiche des Wissens standen mei-

nem Vater offen, und die Musik war der Sog, der ihn zog. Aber ich kann nicht sagen, daß ich in meiner Jugend, außer einer grenzenlosen Bewunderung, ein nahes Verhältnis zu meinem Vater gewann. Es war eine tiefe Scheu, fast mit Ehrfurcht gemischt, und er ließ auch keinen zu sich. Dies geschah erst in seiner schweren Krankheit, wo er meine Pflege annahm und sich mir in vielem aufschloß.« (Briefe 131)

Zyklustitel »Und reißend ist die Zeit«
    Am 10. 4. 1948 schreibt Sachs an Walter A. Berendsohn: »Es ist noch ein neuer Cyklus im entstehn: ›Gesichte der Zeit‹. Aus Angst heraus ein Appell an die Menschen möchte es sein. Weiß nicht ob es glückt. Golem Tod; der künstliche Tod am Ende dann mündend in die Gesänge der Liebenden, die Einzigen die geschirmt sind und zu schirmen vermögen.« (Berendsohn 8) Und an Gudrun Dähnert berichtet sie am 19. 1. 1949 über ihre Arbeit an *Abraham im Salz* (NSW:III): »Ich muß in meinem Mann aus Ur im Vorspiel aus der Magie des Mondkultes das ›Ewige‹ durch einen Jüngling entsiegeln lassen und in den späteren Akten die heutige todstarre Zeit überall zu fassen suchen. Da gibt es keine Wahl und kein Fürchten. Auch die neue Gedichtsammlung ›Sternverdunkelung‹ ist dieser apokalyptischen Zeit gewidmet.« (Briefe 58)

Wenn wie Rauch der Schlaf einzieht
    Entstehung: 1947.
    Erläuterungen:
    Mähre] Veraltet für Pferd, Stute.
    Alpdruck] Veralt. für Alptraum. Der Alp ist ein Nachtgeist, der die Menschen im Schlaf heimsucht, aber auch Tiere, namentlich Pferde, reitet.
    Brunnenschwengel] Hebel zur Betätigung einer Pumpe.

Engel der Bittenden
    Entstehung: 1947.
    Varianten: »Engel der Bittenden« in der EA jeweils in Großbuchstaben.
    Erläuterungen:
    Wald aus Armen mit der Hände Gezweig] Siehe *Eli*, Elftes Bild: »Die Baumwurzeln sind Leichen mit verrenkten Gliedern.« (NSW:III)

Nacht, Nacht

Entstehung: 1947.

Varianten: »Nacht, Nacht« in der EA jeweils in Großbuchstaben.

Erläuterungen:

schattenliliengeschmückt] Die Lilie gilt als Sinnbild der Reinheit und Unschuld, in der Alchemie zur Herstellung des Steins der Weisen verwendet.

Morgenrose] Junge, eben aufgeblühte Rose.

Der stürzende Stein / und die Fahne aus Rauch!] Komet.

Auf daß die Verfolgten nicht Verfolger werden

Entstehung: 1947.

Varianten: Überschrift in der EA als Motto in Anführungszeichen, »Schritte« jeweils in Großbuchstaben.

Erläuterungen:

Auf daß die Verfolgten nicht Verfolger werden] Siehe Brief vom 9. 10. 1948 an Gudrun Dähnert: »Wir waren hier so verzweifelt wegen Bernadotte. Inder und Juden, die beiden Völker, die vor allem durch geheimes Gesetz gebunden jeden Mord ablehnten, haben dieses Jahr beide dagegen verstoßen. Man kann nur bitten und flehen, daß die Verfolgten niemals Verfolger werden.« (Briefe 55) Folke Bernadotte, UNO-Beauftragter für Palästina, wurde am 17. 9. 1948 von jüdischen Terroristen in Jerusalem ermordet. Mahatma Gandhi, den Führer der indischen Unabhängigkeitsbewegung, erschoß am 30. 1. 1948 ein nationalistischer Hindu.

Nicht Vogelflug, noch Schau der Eingeweide] In der Antike erkannten die Auguren in der Vogelschau (lat. *auspicium*) oder in den Eingeweiden von Opfertieren (Hieroskopie) den Willen der Götter.

der blutschwitzende Mars] Römischer Kriegsgott.

Urzeitspiel von Henker und Opfer] Siehe den Brief vom 14. 12. 1960 an Hilde Domin: »Henker u. Opfer ist hier ein Debattenthema seit dem Sartre Stück geworden. Viele gedachten meiner in diesem Zusammenhang. Es muß der Schritt gewagt werden, wo Henker und Opfer ausgewischt werden als Begriffe. Dort kann und darf die Menschheit nicht stehen bleiben, wenn nicht dieser Stern seelisch zu Grunde gehen soll. Diese Erfahrung habe nun ich bis zum letzten Blutstropfen gemacht.« (Briefe 177)

Schritte der Henker / über Schritten der Opfer] In LuB schildert Sachs das Gefühl der Angst vor Hausdurchsuchungen der Gestapo: »Es kamen Schritte. Starke Schritte. Schritte, in denen das Recht sich häuslich niedergelassen hatte. Schritte stießen an die Tür. Sofort sagten sie, die Zeit gehört uns!«

Schwarzmond] Auch Bezeichnung für Neumond. Vgl. das Gedicht »Das wirft die Nabelschnur« in Unww (NSW:II): »Schwarzmond reißt Türen auf, / reisefertig ist der Stern, / betet mit den Wellen.«

Musik der Sphären] Auf Pythagoras zurückgehende Vorstellung von der Harmonie der Sphären, wonach die Weltkörper das Zentralfeuer umkreisen und dabei eine Sphärenmusik hervorbringen, die auch Grundlage des Tonsystems ist.

O du weinendes Herz der Welt!

Entstehung: 1947.

Erde, alle Saiten deines Todes haben sie angezogen

Entstehung: 1947.

Separater Erstdruck: ›Neue Rundschau‹ 12 (1948), 413 f. (Leerzeile nach v. 29).

Erläuterungen:

Cherubim] Geflügelte Fabelwesen, in der Bibel hochrangige Engel, die nach der Vertreibung aus dem Paradies den Garten Eden und den Baum des Lebens bewachen (siehe Gen. 3,24). Sachs schreibt in der Regieanweisung für *Beryll sieht in der Nacht*: »Die Cherubim sind nach dem Sohar die mit Kindergesichtern ausgestatteten Opfer der Sünden der Väter. Sie gehen unter in Flammen, erheben sich wieder aus der Asche. Vergänglichkeit und Auferstehung ist in ihnen personifiziert.« (NSW:III)

O ihr Tiere!

Entstehung: 1947.

Erläuterungen:

Und nur der Hahnenschrei] Ehe der Hahn zweimal krähte, verleugnete Petrus Jesus dreimal. Siehe Mark. 14,66-72.

der sterndeutende Bileam] Bileam (oder Balaam), Prophet des AT, soll Israel im Auftrag des Moabiterkönigs Balak verfluchen, segnet es aber auf Befehl Gottes. Auf dem Weg zu Balak tritt ihm der zunächst unsichtbare Engel Gottes in den Weg. Der Esel weicht zurück und wird von Bileam geschlagen. Siehe Num. 22-24.

Golem Tod!

Entstehung: 1947.

Erläuterungen:

Golem Tod] Golem, hebr. für »Ungeformtes«, aber auch für »Embryo« (siehe Ps. 139,16), in der rabbinischen Tradition für alles Unfertige. Der Legende nach schuf der Prager Rabbi Löw (1525-1609) aus Lehm und Ton den Golem, von Gustav Meyrink in seinem populären Roman *Der Golem* (1915) als Symbol des Jüdischen gedeutet. Auf der Stirn trug er das hebräische Wort für Wahrheit (AMT). Durch Ausstreichen des ersten Buchstabens wurde daraus MT, hebräisch für Tod, was den Golem wieder zu Lehm zerfallen ließ.

Nabel der Welt] Die Griechen verehrten den Omphalos (wörtlich: »Nabel«), einen phallischen Stein in Delphi, als Nabel der Welt.

vier Cherubim / mit vorgeschlagenen Flügeln] Zwei vergoldete Cherubimfiguren mit ausgebreiteten Flügeln wurden auf Gottes Befehl für die Bundeslade angefertigt. Vgl. weiter den Kommentar zum Gedicht »Erde«.

Und in den Wüsten / sieht man Schönes in der Ferne] Wohl Anspielung auf eine Fata Morgana.

Geschirmt sind die Liebenden

Entstehung: 1947.

Erläuterungen:

alles was wächst] Vgl. das Gedicht »Lange haben wir das Lauschen verlernt« (IdWdT): »Ehe es wächst, lasse ich euch es erlauschen.«

des Waldes leise Legenden] 1921 veröffentlichte Sachs ihr Erstlingswerk, LuE.

Zyklustitel »Die Muschel saust«

Ursprünglich sollte ein Teil dieser Gedichte schon in IdWdT enthalten sein, siehe den Brief vom 12.11.1946 an Kurt Pinthus: »Anbei habe ich Ihnen, lieber Dr. Pinthus, das gelegt, was sich unter maßlosen Schmerzen in das Wort rettete: Die Passionsgedichte um Israel.

Ich hätte Ihnen gerne den gedruckten Band geschickt, denn sie werden im Dezember in Berlin im Aufbau Verlag herauskommen, aber ich weiß nicht ob und wann die Bücher zu mir gelangen werden.« (DLA) Am 25.6.1947 schreibt Sachs dann an Ragnar Thoursie, einen schwedischen Dichter und Journalisten, der ihr 1947 die ersten Exemplare von IdWdT aus Berlin mitbrachte: »anstatt meines Dramas aus dem mondversiegelten Ur, vor dem ich, ich gestehe es, zittre wie vor allem Furchtbaren, ist eine neue Gedichtreihe entstanden, die den Schrei meines Volkes aus der Gegenwart vom Urquell hören muß.« Vgl. auch *Eli*, Zehntes Bild: »Was wißt ihr, / wenn die Leiber leer werden, / rauschen wie die Muscheln, / o, wenn sie auffahren mit den weißlockigen Wogen / der Ewigkeit?« (NSW:III)

Abraham

Entstehung: Vor dem 12.11.1946 (Beilage im Brief an Kurt Pinthus, DLA).

Erläuterungen:

Abraham] Erster Erzvater Israels, siehe Gen. 11,10-25,10. Vgl. auch das Gedicht »Abraham der Engel!«.

mondversiegelten Ur] Nach Gen. 11,28 bzw. 31 stammte Abraham aus Ur in Chaldäa, wo der Mondgott Nanna angebetet wurde, und wanderte auf Befehl Gottes mit seiner Familie nach Palästina aus (Gen. 12,1-5).

im Sande der abtropfenden Sintfluthügel] Bezug auf die in Gen. 6,1-9,29 geschilderte Sintflut. Abraham stammt von Noahs Sohn Sem ab (Gen. 11,10-32).

sausende Muschel] Offenbar ein Schwedizismus (wohl: *susande mussla*). In der *rauschenden* Muschel sind der jüdischen Überlieferung zufolge die verborgenen Menschheitserfahrungen enthalten. Vgl. auch das Gedicht »O die heimatlosen Farben«: »Die Zeit rauscht von unserem Heimweh / wie eine Muschel.«

Äon des lebenden Lebens] Äon, griech. »Zeitdauer, Zeit«, in der Gnosis sind Äonen Erscheinungen des Absoluten.

aus Widderhörnern die neuen Jahrtausende geblasen] Der Schofar, ein mundstückloses (Widder-)Horn, wurde als rituelles Musikinstrument verwendet, da Abraham statt seines Sohnes Isaak einen Widder opferte (Gen. 22). Vgl. auch das Gedicht »Einer war, der blies den Schofar« in IdWdT.

Schmetterlingswort Seele] Schmetterling im Altgriech. gleichbedeutend mit Psyche, auch Seele, Hauch, Atem.

Jakob

Entstehung: Vor dem 12. 11. 1946 (Beilage im Brief an Kurt Pinthus, DLA).

Erläuterungen:

Jakob] Einer der Erzväter Israels, Sohn Isaaks und Rebekkas (Gen. 25,21-35,29).

Erstling im Morgengrauenkampf] Durch eine List bringt Jakob seinen Zwillingsbruder Esau um seine Rechte als Erstgeborener (Gen. 25,27-34). Auf der Flucht vor Esau kämpft Jakob im Morgengrauen mit Gott und erhält den Namen Israel (Gottesstreiter); siehe Gen. 32,23-33 bzw. 35,10.

die in Vergessenheit Verkauften] Mögl. Anspielung auf Jakobs Sohn Josef, den seine Brüder nach Ägypten verkaufen. Siehe Gen. 37,1-36.

vom schweren Engel über uns / zu Gott verrenkt] Beim Kampf mit Gott erhält Jakob einen Schlag und renkt sich das Hüftgelenk aus. Siehe Gen. 32,26.

Wenn die Propheten einbrächen

Entstehung: Vor dem 12. 11. 1946 (Beilage im Brief an Kurt Pinthus, DLA).

Erläuterungen:

den Tierkreis der Dämonengötter / wie einen schauerlichen Blumenkranz / ums Haupt gewunden] Im Brief an Ragnar Thoursie vom 25. 6. 1947 nimmt Sachs Bezug auf die Jesaja-Übertragung von Buber-Rosenzweig:»Ich wußte nun: die Bibel ist ursprünglich wie die griechische Chorlyrik in Hymnenform geschrieben und hier wie dort schimmert es durch von Babylon. Und so suche ich weit zurück aus der schwarzen Antwort des Hasses auf Israels Dasein. Und sehe die Propheten ›Mit dem Tierkreis der Dämonengötter wie einem schauerlichen Blumenkranz umwunden −‹.« (Briefe 43)

Hiob

Entstehung: Vor dem 12. 11. 1946 (Beilage im Brief an Kurt Pinthus, DLA; mit leichten Abweichungen).

Erläuterungen:

Hiob] Zentralgestalt des nach ihm benannten Buches im AT, Erprobung der Frömmigkeit und Heimsuchung mit den Hiobsbotschaften.

Windrose] Darstellung der Wind- und Himmelsrichtungen auf dem Kompaß.

Deine Augen sind tief in deinen Schädel gesunken / wie Höhlentauben in der Nacht] Vgl. Hiob 17,1-10.

Deine Stimme ist stumm geworden, / denn sie hat zuviel Warum gefragt] Vgl. Hiob 10,1-22.

alle Nachtwachen durchweint] Vgl. Hiob 30,1-31.

Daniel, Daniel

Entstehung: Vor dem 12. 11. 1946 (Beilage im Brief an Kurt Pinthus, DLA).

Erläuterungen:

Daniel] In Ez. 14,14 bzw. 14,20 wird Daniel neben Noah und Hiob als weiser und gerechter Mann der Vorzeit genannt. Außerdem Name der Hauptgestalt des gleichnamigen Buches im AT, während des Exils am babylonischen Königshof, wo er durch seine Weisheit und seine Traumdeutungen Einfluß gewinnt. Außerdem apokalyptisches Buch mit Entwurf der weiteren Weltgeschichte.

haben sich die Bäume ausgerissen] Vgl. das Gedicht »Immer noch Mitternacht auf diesem Stern« in Unww (NSW:II): »So Elia; wie ein Wald mit ausgerissenen Wurzeln / erhob er sich unter dem Wacholder.«

Hieroglyphen ihrer Fußspuren] Beim Gastmahl Belschazzars kann nur Daniel die Schrift an der Wand entziffern. Siehe Dan. 5,1-6,1.

O die gräberlosen Seufzer in der Luft] Vgl. das Motto des Zyklus »Dein Leib im Rauch durch die Luft« in IdWdT.

Aber deine Brunnen sind deine Tagebücher

Entstehung: Frühjahr/Sommer 1947.

Varianten: In der EA »O Israel« jeweils in Großbuchstaben und links versetzt.

Erläuterungen:

Aber deine Brunnen / sind deine Tagebücher / o Israel!] Wohl Anspielung auf die alttest. Geschehnisse, bei denen Brunnen eine Rolle spielen. Siehe u. a. Gen. 7; 8; 16; 21; 24. An Walter A. Berendsohn schrieb Sachs am 23. 11. 1957: »Ein Dichter Israels im nationalen Sinne kann ich niemals werden. Das ist die Mission, die den einheimischen Stimmen vorbehalten sein soll. Sie, die graben und Quellen springen lassen: Aber deine Brunnen / sind deine Tagebücher / O Israel!« (Briefe 117)

Als Abraham grub in Ber Seba] Siehe Gen. 21,33: »Abraham aber pflanzte eine Tamariske in Beerscheba und rief dort den Herrn an unter dem Namen: Gott, der Ewige.«

Gesicht des Engels / über Hagars Schulter geneigt / wie eine Nebelhaut / ihren Tod fortblasend] Hagar, ägypt. Sklavin Saras, gebar Abraham Ismael, wurde verstoßen, aber von Gott gerettet: »Gott öffnete ihr die Augen und sie erblickte einen Brunnen. Sie ging hin, füllte den Schlauch mit Wasser und gab dem Knaben zu trinken.« Siehe Gen. 21,19.

Redender Fels mit der bitteren / Wasserzunge zu Mara] Siehe Ex. 15,23-25: »Als sie nach Mara kamen, konnten sie das Wasser von Mara nicht trinken, weil es bitter war. Deshalb nannte man es Mara (Bitterbrunn). Da murrte das Volk gegen Mose und sagte: Was sollen wir trinken? Er schrie zum Herrn und der Herr zeigte ihm ein Stück Holz. Als er es ins Wasser warf, wurde das Holz süß.«

Schlagrutenhaft] Schwedizismus (*slagruta*); mit der Wünschelrute werden Wasseradern aufgespürt.

Warum die schwarze Antwort des Hasses

Entstehung: Frühjahr/Sommer 1947.

Erläuterungen: Siehe auch den Kommentar zu »Wenn die Propheten einbrächen«.

Äon der Tränen] Vgl. das Gedicht »Abraham«.

Sinai

Entstehung: Vor dem 12. 11. 1946 (Beilage im Brief an Kurt Pinthus, DLA; mit leichten Abweichungen).

Erläuterungen:

Sinai] Im AT Ort des Bundes mit Jahwe, der Überreichung der Gebote und der Kultgründung. Siehe Ex. 19 sowie Num. 10.

Libelle im Bluteisenstein] Bluteisenstein oder Hämatit: als Schmuck-

stein verwendetes Mineral. Sachs besaß eine Mineraliensammlung, in
der sich auch eingeschlossene Insekten befanden.

Moses trug, / schrittweise abkühlend] Vgl. Ex. 33,7-34,35.

David

Entstehung: Frühjahr/Sommer 1947.

Erläuterungen:

David] Um 1000 v. Chr., zunächst Vertrauter König Sauls, Sieg gegen Goliath und die Philister, dann Flucht aus Jerusalem, später König von Israel und Juda.

Samuel] Alttest. Prophet, erzählt in den gleichnamigen Büchern die
Geschichte Davids. Siehe 1. Sam. 16 sowie 2. Sam. 24.

David den Hirten] Samuel salbte erst Saul, dann David zum König.

Sphärenmusik] Siehe den Kommentar zum Gedicht »Auf daß die
Verfolgten nicht Verfolger werden«.

Lämmer Schlummerwolle] Als Samuel David das erste Mal salben
will, muß dieser vom Feld geholt werden, wo er die Schafe hütet. Siehe
1. Sam. 16,1-13.

ein Vater der Dichter] David galt als Dichter von Liedern und Psalmen.

Sterbend hatte er mehr Verworfenes / dem Würmertod zu geben] Auf dem
Totenbett befiehlt David seinem Sohn Salomo, seine früheren Geg-
ner zu töten. Siehe 1. Kön. 2,1-12.

Saul

Entstehung: Vor dem 12. 11. 1946 (Beilage im Brief an Kurt Pinthus,
DLA).

Erläuterungen:

Saul] Erster König Israels, um 1000 v. Chr., von Samuel gesalbt, tötete sich nach der Niederlage gegen die Philister. Siehe 1. Sam. 7-31.

abgeschnitten vom Geiste] Von einem »bösen Gottesgeist« befallen, versucht Saul, David zu töten. Siehe 1. Sam. 18 f.

das Wahrsageweib mit der Antwort] Nach Samuels Tod läßt Saul von
einer Totenbeschwörerin dessen Geist rufen, der ihm Niederlage
und Tod prophezeit. Siehe 1. Sam. 28.

wie eine verzückte Imme] Veraltet für Honigbiene. Trotz Sauls Schwur,
daß niemand vor dem Sieg über die Philister essen solle, aß sein Sohn

Jonathan Honig aus wilden Bienenwaben. Das Volk verhinderte seine
Hinrichtung.

Israel, namenloser einst
  Entstehung: Frühjahr/Sommer 1947.
  Erläuterungen:
  Efeu] Kletterpflanze aus der Gattung Hedera, seit der Antike Sinn-
bild der Unsterblichkeit, daher oft auch zur Bepflanzung von Gräbern
verwendet.

Zyklustitel »Überlebende«
  »Überlebende« war auch der ursprüngliche Titel der szenischen
Dichtung *Nachtwache*, die Nelly Sachs aus *Abraham im Salz* ausgliederte
(NSW:III). Siehe zudem den Brief an Walter A. Berendsohn vom
24. 11. 1948: »Ich weiß, daß meine Worte oft dort stehen, wo der Strand
zu Ende ist und das Ungesicherte beginnt; aber steht Israel nicht jetzt
und immer dort? [...] So muß ich den Vorwurf vieler Emigranten hin-
nehmen, die ein Anknüpfen an die *Vor*martyrium-Tradition verlan-
gen, und sind doch in einer Zeit, die aufgerissen ist wie eine Wunde.«
(Briefe 56)

Geheime Grabschrift
  Entstehung: Sommer 1947.
  Erläuterungen:
  Kaftan] Übergewand der orthodoxen Juden.

Zahlen
  Entstehung: Sommer 1947.
  Erläuterungen:
  *Zahlen – / (gebrannt einmal in eure Arme damit niemand der Qual ent-
ginge)]* Anspielung auf die den Häftlingen in den KZs eintätowierten
Nummern.
  himmlischen Kreislaufs / blaugeäderter Bahn] Vgl. das Gedicht »Chas-
sidische Schriften«: »Alles ist Heil im Geheimnis / und die Knochen
leben die magische Zahl der Gebote / und die Adern bluten sich zu
Ende.«

Greise
Entstehung: Sommer 1947.

Verwelkt ist der Abschied auf Erden
Entstehung: Vor dem 12. 11. 1946 (Beilage im Brief an Kurt Pinthus, DLA; ohne die v. 10-12).
Erläuterungen:
Der lange Abschied den Elia nahm von Elisa] Der Prophet Elia hatte Elisa zu seinem Nachfolger berufen (siehe 1. Kön. 19,19-21). Als er in den Himmel entrückt werden sollte, wollte Elia sich nicht von ihm trennen und begleitete ihn von Gilgal nach Bet-El, von Jericho an den Jordan (siehe 2. Kön. 2,1-18).
der die Sonne auf Nachtwache ziehen läßt] Vgl. die »Szene aus dem Spiel ›Nachtwache‹« in NfTdL (NSW:II).

Welt, frage nicht die Todentrissenen
Entstehung: Vor dem 12. 11. 1946 (Beilage im Brief an Kurt Pinthus, DLA).
Erläuterungen: Dem Brief vom 25. 9. 1947 an Ragnar Thoursie lag ein Blatt mit sechs Gedichten bei (darunter »Welt, frage nicht die Todentrissenen« und »Wir sind so wund«): »Eine Schar Söderknaben unterhielt sich die letzten Tage damit, Steine in die Fenster einiger hier wohnender Emigranten zu werfen. Auch meine Mutter saß am Fenster. Glücklicherweise passierte ihr, so oft es geschah, nichts. Im Frühjahr war auch einmal ein Pfeil durch unsere zerbrochene Fensterscheibe gelandet. Natürlich bin ich weit davon, irgend eine besondere Absicht in diesem Vergnügen einer verwilderten Knabenschar zu sehn, aber dieses dauernde Suchen nach einer Zielscheibe, davon die Welt so voll ist, macht traurig. So sind die beigelegten Dinge entstanden.« (Briefe 44) Söder (»Süden«) heißt der Stadtteil Stockholms, in dem Sachs wohnte.
es ist uns in der Fremde / eine Freundin geworden: die Abendsonne] Im Sommer 1948 konnte Sachs mit ihrer Mutter eine hellere Wohnung beziehen. Siehe den Brief vom 20. 7. 1948 an Emilia Fogelklou-Norlind: »Wir ziehen um von unserem Hofstübchen zur ›Gestirnseite‹ und zu den von der Abendsonne vergoldeten Boten.« (AFogelklou)

Wir sind so wund
   Entstehung: September 1947.
   Erläuterungen: Siehe den Brief an Ragnar Thoursie im Kommentar zum Gedicht »Welt, frage nicht die Todentrissenen«.

Auf den Landstraßen der Erde
   Entstehung: Sommer 1947.

O die heimatlosen Farben des Abendhimmels!
   Entstehung: Sommer 1947.
   Erläuterungen:
   Die Zeit rauscht von unserem Heimweh / wie eine Muschel] Vgl. das Gedicht »Abraham«.

Wir Mütter
   Entstehung: Sommer 1947.

Immer dort wo Kinder sterben
   Entstehung: Sommer 1947.
   Erläuterungen:
   die dunkle Seele der Amsel] Die Amsel ist der Nationalvogel Schwedens. Am 12.4.1949 schreibt Sachs an Walter A. Berendsohn: »Der Glauben wächst, scheint mir, mit der Wissenschaft. Und wie dem Lied der Amsel einst in stillen Frühlingstagen, so suchen wir nun der Herzmusik des Universums zu lauschen. Das Göttliche scheint mir herrlicher denn je, aber die Völker mögen bei dem Ausbruch zu viel des eigenen Schutts über die neuen Gefilde geworfen haben. Abgebrochen ist die Atomkraft von ihrer Wurzel und reicht nur noch für Krieg und Haß.« (Briefe 60)
   Geruch des Lebensbaumes] Immergrünes Zypressengewächs; im AT Baum des Paradiesgartens (vgl. Gen. 2,9). Im NT verbunden mit der Vision des endzeitlichen Paradieses (vgl. Offb. 2,7; 22,14; 22,19). In der Kabbala steht der Lebensbaum für die zehn göttlichen Emanationen (Sefirot).
   Hahnenschrei der den Tag verkürzt] Mögl. Anspielung auf Petrus, der Jesus dreimal verleugnete, ehe der Hahn zweimal krähte. Siehe Mark. 14,66-72.

Trauernde Mutter

Entstehung: Sommer 1947.

Abschied

Entstehung: Sommer 1947.

Erläuterungen:

Mitternachtgeküßte Kehle / der Nachtigallen] Vgl. die Gedichte »Wer aber leerte den Sand aus euren Schuhen« und »Ihr Zuschauenden« in IdWdT.

Zyklustitel »Land Israel«

Am 18. 3. 1948 sandte Sachs an Walter A. Berendsohn einige Gedichte »aus einem werdenden Zyklus, der versucht, die symbolische Deutung der Heimat zu finden« (Briefe 52).

Land Israel

Entstehung: Frühjahr 1948.

Separater Erstdruck: ›Vi‹ 23/24 (1948), in der schwedischen Übersetzung von Johannes Edfelt.

Erläuterungen: Vgl. das Gedicht »Im Lande Israel«. Siehe auch den Brief vom 24. 3. 1948 an Walter A. Berendsohn: »Aber dann – vielleicht ist es mir einmal in dem Gedicht ›Land Israel, deine Weite, ausgemessen einst, von deinen den Horizont übersteigenden Heiligen … ‹ besser gelungen als in den letzten zu sagen, was ich meine – nämlich, daß dieses Land weit mehr bedeutet oder anderes bedeutet noch wie Saat und Ernte, Krieg und Frieden, Wissenschaft und Kunst, gepflanzt in diesen Boden, und seine Menschen nicht nur ein Volk wie andere Völker sind. Dies in Demut als schweren Anfang empfunden, niemals anders. Und nur darum ist es mir, so wie ich einmal geschaffen bin, nicht anders möglich, als alles was ich denke und tue und so auch das, was in der Heimat geschieht, an jene unsichtbare Nabelschnur zu hängen, die Ewigkeit heißt. Dies hat nichts mit einer jenseits gerichteten Anschauung zu tun, wir sind ja berufen, mit unseren Leibern das Licht zu vollbringen, was sollen sonst auch die wandernden Kräfte der ganzen Schöpfung bedeuten. Es ist einfach dieses Aufbruchbereitsein zu einem noch über und wohl auch unter den hiesigen Saaten und Ernten gelagerten, das ich die Jugend bitten möchte, nicht zu vergessen. Dies, was wir Juden, meine ich, für alle Völker der Erde in Erinnerung halten müssen, für alle, die vergessen. Diese, unsere höchste Aufgabe sollte nie im Tageslauf untergehn, und sei es auch nur für kurze Zeit. Herrlich ist es, auf der eigenen Erde ackern zu dürfen und ein schönes starkes und gesundes Volk zu werden. Und ich stimme von ganzem Herzen ein, wenn Sie von der würdelosen Mimikry sprechen, welche Wesen und Tun unseres Volkes bis zur Lächerlichkeit entstellten, während wir nun mit Uraltem, Heiligem, Gesegnetem den neuen Bund schließen.« (Briefe 52) Am 12. 11. 1960 schreibt Sachs an Dagrun und Hans Magnus Enzensberger hinsichtlich der Gedichtauswahl für FiS:»In ›Sternverdunkelung‹ Seite 61 ›Land Israel‹ vielleicht fortlassen – weil das Thema, wie ich glaube, – später so oft und stärker angeschlagen wird.« (Briefe 176) Das Gedicht wurde in die Auswahl aufgenommen.

deine Büsche / aufgegangen im Flammenatem / des furchtbar nahegerückten Geheimnisses] Gott erschien Mose am Berg Horeb in einem brennenden Dornbusch. Siehe Ex. 3,1-6.

nun wo dein vom Sterben angebranntes Volk / einzieht in deine Täler] Nach dem Zweiten Weltkrieg wollten sich Hunderttausende Juden in Palästina ansiedeln. Am 29. 11. 1947 verabschiedete die UNO-Generalversammlung einen Plan, nach dem Westpalästina in einen jüdischen und einen arabischen Staat geteilt werden sollte; am 15. 5. 1948 rief der Nationalrat der Juden in Palästina den unabhängigen Staat Israel aus.

wo im schattenlosen Licht / Elia mit dem Landmanne ging zusammen am Pfluge] Elia ruft Elias zur Nachfolge auf, als dieser gerade die Felder pflügt. Siehe 1. Kön. 19,19-21. Vgl. das Gedicht »Verwelkt ist der Abschied auf Erden«.

Ysop] Beim Reinigungsopfer verwendetes Pflanzenbüschel. Siehe Lev. 14,4-6.

eine neue Ruth] Ruth, Hauptgestalt des gleichnamigen alttest. Buches, kehrt nach dem Tod ihres Mannes mit ihrer Schwiegermutter aus Moab nach Bethlehem zurück. Nachdem sie einen Tag lang Ähren auf dem Feld eines reichen Verwandten aufgelesen hat, nimmt dieser sie zur Frau. König David ist einer ihrer Urenkel.

Nun hat Abraham die Wurzel der Winde gefaßt

Entstehung: Frühjahr 1948.

Erläuterungen:

Abraham] Vgl. den Kommentar zum Gedicht »Abraham«.

einbalsamiert im Salze der Verzweiflung] Mögliche Anspielung auf Lots Frau, die zur Salzsäule erstarrt. Siehe Gen. 19,26.

und nach der Sonnenseite Gott / sollen die Häuser gebaut werden] Siehe den Brief vom 18.1.1948 an Hugo Bergmann: »Ihr so außerordentlich fein und reich aufgebauter Vortrag über Aron David Gordon hat mich wieder tief ergriffen. Dies alles ist mir wieder so nah, so nah, als hätte man den gleichen mit einem Unbekannten zusammen geträumt. Hier oben im Norden, vor allem auf dem Lande ist oft noch eine sonderbare Beziehung zwischen den Menschen und den ›Mächten‹ vorhanden, die sich oft im ›zweiten Gesicht‹ kundtut (Swedenborg dann auf hohem Plan). Im Land Israel, wenn einst der gesteigerte Nationalismus, hervorgerufen durch die maßlosen Leiden, sich beruhigt hat, und der verschüttete Quell, der die natürliche Verbindung in die Regionen des Alls verbindet, wieder zu sprudeln beginnt, werden die Menschen von dort ausgehend, ob Stadt, ob Land, ihre Häuser zu Ihm bauen, wie man einfach nach der Sonnenseite baut.« (Briefe 50) Ahron David Gordon (1856-1922), Mitbegründer der zionistischen Arbeiterbewegung, emigrierte 1903 aus Rußland nach Palästina, wo er Landwirtschaft betrieb und körperliche Arbeit als notwendige Verbindung des Menschen mit Natur und Kultur propagierte. Emanuel Swedenborg (eigentl. Emanuel Svedberg, 1688-1772), schwedischer Naturforscher und Theosoph.

Aus dem Wüstensand holst du deine Wohnstatt wieder heim

Entstehung: Frühjahr 1948.

Erläuterungen:

Beth-El] Hebr. »Haus Gottes«, Heiligtum nördlich von Jerusalem. Hier hat Jakob seinen Traum von der Himmelsleiter (siehe Gen. 28), auf der Flucht vor Esau errichtet er an dieser Stelle einen Altar (siehe Gen. 35,1-7).

öffnet Abraham den blauen Himmelsschrein] Vgl. das Gedicht »Abraham«.

die Brunnen dunkle Rahelaugen] Jakob trifft Rahel an einem Brunnen.

Nach einer List ihres Vaters muß er zunächst ihre Schwester Lea heiraten:»Die Augen Leas waren matt, Rahel aber war schön von Gestalt und hatte ein schönes Gesicht.« (Gen. 29,1-30) Nach Gen. 35,16-20 stirbt Rahel auf dem Weg von Beth-El nach Efrata.

die funkelnde Tiara des Tierkreises] Tiara: kegelförmige Kopfbedeckung altiranischer Herrscher mit Diademreif am unteren Rand, später Zeichen der weltlichen Macht des Papstes. Tierkreis: die Himmelssphäre umspannende Zone von zwölf Sternbildern.

Frauen und Mädchen Israels
Entstehung: Frühjahr 1948.
Erläuterungen:
Kuchen der Sara] Als Gott Abraham besucht, backt ihm Sara einen Kuchen. Siehe Gen. 18,1-6.

Die Dudaimbeere im Weizenfelde, die, seit Ruben / sie fand, ins Unsichtbare gewachsen war, / rötet sich wieder an eurer Liebe] Für die Dudaimbeeren, auch Liebesäpfel oder Alraunen genannt, die ihr Sohn Ruben auf dem Feld gefunden hatte, erwarb Lea von Rahel das Recht, die Nacht mit Jakob zu verbringen. Siehe Gen. 30,14-24.

Goldtopasgesicht] Topas: meist weingelbes Mineral, der goldgelbe Edeltopas wird als Schmuckstein verwendet.

Über den wiegenden Häuptern der Mütter
Entstehung: Frühjahr 1948.
Erläuterungen:
Die heimatlosen Jahrtausende / die seit dem Brande des Tempels umherirrten] Der Tempel in Jerusalem wurde 587 v. Chr. durch Nebukadnezar und 70 n. Chr. durch Titus zerstört.

Die ihr in den Wüsten
Entstehung: Frühjahr 1948.

Zyklustitel »Im Geheimnis«
Siehe den Brief vom 10. 3. 1948 an Kurt Pinthus:»Dazu die schwere Krankheit des geliebtesten Menschen: meiner Mutter. Ihr ist die Reihe meiner letzten Gedichte ›Im Geheimnis‹ gewidmet, denn es ist kaum eine Nacht, wo ich nicht mit ihr an diese Grenze gehen muß; eine

lange, lange Übung.« (Briefe 51) Und am 26. 2. 1950 schrieb Sachs an
Walter Muschg:»Ihr schöner Brief erreichte mich acht Tage nach dem
Tod meiner Mutter. Ich kann Ihnen nun nichts weiter sagen. In ›Sternverdunkelung‹ sind einige Gedichte dem langen Abschiednehmen von
dem mir teuersten und letzten Erdengut gewidmet. Tag und Nacht
sind nur noch brennende Sehnsuchtswege.« (Briefe 67) Vgl. auch die
1950 entstandenen »Elegien auf den Tod meiner Mutter«.

O meine Mutter
Entstehung: Vor dem 12. 11. 1946 (Beilage im Brief an Kurt Pinthus,
DLA).
Erläuterungen: Siehe den Brief vom 23. 6. 1962 an Margaretha und
Bengt Holmqvist:»Meine geliebte Mutter litt seit ihrer Jugend an schweren Gallensteinkoliken – Tag und Nacht schwere Anfälle – Arzt –
dann später kamen die Gehirnkrämpfe dazu – eine Art epileptischer
Zuckungen und Bewußtlosigkeit. Als sie aufwachte: regelmäßig: du
siehst so weiß aus – ich bin doch ganz wohl – morgen gehen wir wieder spazieren. Und da sie nicht abzuhalten war, gingen wir, und sie
fiel mir in die Arme – auf Reimersholm oder sonstwo, ganz einsam
hielt ich sie.« (Briefe 194) Es folgt das Gedicht »O meine Mutter«.
In meinen Armen liegend / kostest du das Geheimnis] Siehe den Brief
vom 30. 7. 1963 an Erik Lindegren:»Meine Mutter – der geliebteste
Mensch, den ich auf Erden hatte zuletzt – litt im letzten Jahr an merk-
würdigen Erscheinungen nach Anfällen einer Art Fallsucht (siehe
231), ich hielt sie oft in meinen Armen einsam auf einem Spaziergang
(siehe 135) – sie sah schon in eine andere Welt.« (Briefe 207) Vgl. auch
das Gedicht »Wie aber, wenn Eines schon hier«.
das Elia bereiste] Vgl. das Gedicht »Verwelkt ist der Abschied auf
Erden«.
wie ein hölzerner Wagen die Himmelfahrenden] Mögl. Anspielung auf
Helios, der jeden Tag mit einem Vierergespann über das Himmels-
gewölbe fährt.

Du sitzt am Fenster
Entstehung: Vor dem 12. 11. 1946 (Beilage im Brief an Kurt Pinthus,
DLA).
Erläuterungen: Im Sommer 1948 bezieht Sachs mit ihrer Mutter im

Haus Bergsundsstrand 23 eine höher gelegene und hellere Wohnung, siehe z. B. den Brief vom 14. 8. 1948 an Gudrun Dähnert: »Denk, mein Liebling, wir sitzen nun in einem Stübchen (wir haben nun fast zwei) dicht am Strand und mit der Sicht auf das Wasser, und die Abendsonne geht hernieder, und es ist Sonnabend und viele Segler und Motorboote sind draußen. Oft denke ich an Mörikes Zauberleuchtturm, so von oben sehn wir in die Flut. Und weiter an den Rand des Waldes, den wir nicht erreichen, aber sehen.« (Briefe 54)

Wenn der Tag leer wird
   Entstehung: Winter 1948.

Am Abend weitet sich dein Blick
   Entstehung: Vor dem 12. 11. 1946 (Beilage im Brief an Kurt Pinthus, DLA).
   Erläuterungen:
   Weißt um das Aufgeblühte / aus der rätselumrindeten Erde] Vgl. das Gedicht »Was stieg aus deines Leibes weißen Blättern«: »versteinerte Rinden«.
   Wie im Mutterleib das Ungeborene / mit dem Urlicht auf dem Haupte / randlos sieht / von Stern zu Stern] Motiv aus den von Martin Buber herausgegebenen *Chassidischen Büchern* (1927), über die Sachs am 23. 5. 1946 an Walter A. Berendsohn schreibt: »Dort auch begegnete mir das Bild vom Ungeborenen mit Gotteslicht auf dem Haupt. Es ist dem Buch Sohar entnommen. Auch der sogenannte ungebrochene Blick von einem Ende der Welt zum andern, den einige Begnadete dem Urlicht zu danken haben.« (Briefe 31) Die erweiterte Ausgabe von 1949 (Chassidim) befindet sich in Sachs' Bibliothek. Im Winter 1947/1948 liest Sachs Hugo Bergmanns Vorlesung über die »Mystik der Gegenwart« nach und bedankt sich am 18. 12. 1947 bei diesem für seine »Buber-Vorlesung« (Briefe 48). Fast wörtlich wieder aufgenommen wird das Bild in einer Szenenanweisung in *Eli*, 17. Bild (»Die Luft hat sich in Kreisen geöffnet. Es erscheint im ersten Kreis der Embryo im Mutterleib mit dem brennenden Urlicht auf dem Kopf«) (NSW:III), sowie im Gedicht »Die gekrümmte Linie des Leidens« in NfTdL (NSW:II).
   wie ein Schwanenschrei] Vgl. das Gedicht »Der Schwan« (NSW:II).

Wir sind in einem Krankenzimmer. / Aber die Nacht gehört den Engeln!]
Siehe den Brief vom 18. 5. 1946 an Gudrun Dähnert: »Jetzt teilt sich
mein Tag in Pflege, Haushalt, meiner Übertragungsarbeit und meinem eigenen Werk ein, Du ersiehst, daß es ohne Nachtarbeit nicht
gegangen ist. Ich habe wirklich fast alle meine eigenen Dinge in der
Nacht geschrieben und, um das Muttchen nicht zu stören, in der Dunkelheit. Aber Er war bei mir und gab mir die Worte.« (Briefe 30)

Aber in der Nacht
Entstehung: Winter 1948.

Wohin o wohin
Entstehung: Vor dem 4. 10. 1948.

Chassidische Schriften
Entstehung: Vor dem 4. 10. 1948.
Erläuterungen:
Motto: Thora (hebr. »Belehrung, Anweisung«), auch Bezeichnung
für die fünf Bücher Mose. Nach der jüdischen Tradition umfaßt die
Thora 613 Vorschriften (Mitzwot): 248 Gebote und 365 Verbote. 248
steht für die Zahl der Knochen im menschlichen Körper, 365 für die
Zahl der Tage im Jahr.
Chassidische Schriften] Siehe den Kommentar zum Gedicht »Am
Abend weitet sich dein Blick«. Sachs lernte Bubers *Chassidische Bücher*
wohl bereits vor dem Exil kennen (vgl. Dinesen, 138-143), in einem
Brief vom 6. 7. 1944 werden die Chassidim erstmals erwähnt: »All
die Sehnsucht, die wie in der Zeit der Chassidim die jüdischen Men-
schen wieder zu ihrem Gott aufbrechen ließ, ist neu lebendig gewor-
den bei den wenigen, die vielleicht dies Entsetzen überleben dürfen.«
(Briefe 19) In den 40er Jahren lieh sie sich aus der Bibliothek der Mo-
saiska Församling chassidische Literatur aus.
Und die Bundeslade zog ihre Träger / über den Jordan] Als die Bundeslade auf der Flucht durch den Jordan getragen wird, teilt sich das
Wasser des Flusses, das Volk Israel zieht hinter der Lade her. Siehe
Jos. 3 f.

Zuweilen wie Flammen
Entstehung: Winter 1948.

Wie Nebelwesen
Entstehung: Winter 1948.
Erläuterungen:
Aber endlich farblos, wortlos / des Todes Element / im Kristallbecken der Ewigkeit / abgestreift aller Geheimnisse Nachtflügel] Siehe den Brief an Gudrun Dähnert vom 20.10.1960 aus dem Krankenhaus Beckomberga: »Der Weg ist ein innerer – der Weg, den wir alle gehen müssen – der Weg des Mystikers ist im Hohen Lied so beschrieben: Ich habe überstiegen alle Berge – und all mein Vermögen, bis an die dunkle Kraft des Vaters. Da hörte ich ohne Laut, da sah ich ohne Licht, da roch ich ohne Bewegen, da schmeckte ich das, was nicht war, da spürte ich das, was nicht bestand. Da wurde mein Herz grundlos, meine Seele lieblos, mein Geist formlos und meine Natur wesenlos.« (Briefe 175)

Engel auf den Urgefilden
Entstehung: Winter 1948.
Erläuterungen:
ründen] Veraltet, trans. Verb des Adjektivs »rund«.
in staubiger Nachtwache] Vgl. das Gedicht »Verwelkt ist der Abschied auf Erden«.

Wer weiß, welche magischen Handlungen
Entstehung: Winter 1948.
Separater Erstdruck: ›Neue Rundschau‹ 12 (1948), 415 (Abweichungen in der Interpunktion).
Erläuterungen: Siehe den Brief vom 13.9.1951 an Emilia Fogelklou-Norlind, mit Erläuterungen zu *Eli*: »Und da Du die ›Kampfplätze‹ citierst, so ist auf Seite 80 in ›Sternverdunkelung‹ die gleiche unsichtbare ›Kraftansammlung‹ gemeint.« (AFogelklou)

Schmetterling
Entstehung: Winter 1948.

Erläuterungen:
Schmetterling] Im Altgriech. gleichbedeutend mit Psyche, auch Seele,
Hauch, Atem; vgl. die Gedichte »Wer aber leerte den Sand aus euren
Schuhen«, »Chor der Steine« und »Chor der Ungeborenen«.

Musik in den Ohren der Sterbenden
Entstehung: Winter 1948.

»Zur ›Sternverdunkelung‹ gehörig«
Die folgenden Gedichte waren nicht Bestandteil der EA und wurden unter dieser Überschrift in FiS aufgenommen (NSW:II).

Im Lande Israel
Entstehung: Winter 1948.
Erläuterungen: Vgl. das Gedicht »Land Israel«.
und auf dem Stein schlafen / darin die Beete der Träume wurzeln / und die
Heimwehleiter / die den Tod übersteigt] Wohl Anspielung auf Gen. 28,10-
22. Auf dem Weg nach Haran schläft Jakob mit dem Kopf auf einem
Stein und träumt von der Himmelsleiter, anschließend gießt er Öl
auf den Stein und nennt den Ort Beth-El. Vgl. die Gedichte »Aus
dem Wüstensand« und »Verwelkt ist der Abschied auf Erden«.

Völker der Erde
Entstehung: Vor dem 12. 11. 1946 (Beilage im Brief an Kurt Pinthus,
DLA).
Separater Erstdruck: ›Sinn und Form‹ 2 (1950), 83 f. Abweichungen in der Interpunktion und im Versumbruch; vier Verse vorangestellt: »Völker der Erde, / die ihr den Geheimnissen ein paar Blätter
und / zerrissene Blumenkronen abgelistet habt, / euren sterbenden
Welten sind für immer die Wurzeln abgewendet.«; v. 18: »denn sie
sind, die« statt »denn sie sind es, die«; »Völker der Erde« jeweils ein-
gerückt, keine Leerzeilen.

Wenn im Vorsommer der Mond geheime Zeichen aussendet
Entstehung: Winter 1948.
Varianten: ›Sinn und Form‹ 2 (1950), 83. Abweichungen in der In-
terpunktion und im Versumbruch; v. 9-16 in Anführungszeichen,

Leerzeile vor v. 11, v. 15: »Sonne und Mond sind weiter spazieren gegangen.«

Erläuterungen:

*man hat die kleinen Kinder wie Schmetterlinge, / flügelschlagend in die
Flamme geworfen]* Vgl. *Eli*, Neuntes Bild: »Ich sah ein Kind lächeln,
bevor es in die Flammen geworfen wurde –« (NSW:III)

Wir üben heute schon den Tod von morgen

Entstehung: Winter 1948.

Unveröffentlichte Gedichte 1940-1950

Schwedische Elegien

Einführung

Die »Schwedischen Elegien« sind wohl die frühesten Gedichte von Nelly Sachs, die sich aus der Zeit unmittelbar nach der Flucht aus Deutschland erhalten haben. Mit ihrer Mutter war Sachs am 16. 5. 1940 in Stockholm eingetroffen, noch von Berlin aus hatte sie mit Enar Sahlin (1862-1950), einem schwedischen Oberstudienrat, korrespondiert, die Verbindung war durch Selma Lagerlöf zustande gekommen. An Salin sendet Sachs am 8. 8. 1940 das Gedicht »Von einem Wipfel zum Andern«: »Sehr verehrter Herr Lektor, ich lege Ihnen anbei eine Elegie, sie ist die erste von einem Zyklus, benannt ›Schwedische Elegien‹, die ich begonnen habe zu schreiben. Sie werden daraus erkennen, wie das Herz mir schwer ist, nicht nur über das erneute Leid meiner Brüder und Schwestern, sondern nunmehr über alles, was nicht mehr in der Liebe leben darf.« (Briefe 9) Am 14. 8. 1940 folgen »Quelle, Lied der Felsenflöte« und »Aber das Meer ...«: »Ich habe auch dem Herrn Lektor zwei weitere Elegien beigelegt.« (Briefe 10) Ein drittes Typoskriptblatt mit der Überschrift »Aus: ›Schwedische Elegien‹« ist auf den Herbst 1940 datiert und enthält nur noch die nun mit 1 und 2 numerierten letzten beiden Gedichte (ASahlin).

Kommentar

Texte:
KBS
ADähnert:II
   ACC1997_08:4, Mappe XVIII
ALamm
   NS1984_78:3:4

ASahlin
  NS1982_23:3:6

Von einem Wipfel zum Andern
  Entstehung: Vor dem 8. 8. 1940.
  Text: ASahlin (»Erstes Gedicht aus einer eben entstehenden Serie,
Schwedische Elegien genannt, Anfang August 1940«).

Quelle, Lied der Felsenflöte
  Entstehung: Vor dem 14. 8. 1940.
  Text: ASahlin (»Aus: ›Schwedische Elegien‹, Herbst 1940«).

Aber das Meer...
  Entstehung: Vor dem 14. 8. 1940.
  Text: ASahlin.

MINIATUREN UM SCHLOSS GRIPSHOLM

Einführung

Etwa zeitgleich mit den »Schwedischen Elegien« entstehen im Sommer 1940 die »Miniaturen um Schloß Gripsholm«, die offenbar auf
einen Ausflug zu dem königlichen Schloß im östlichen Mittelschwe-
den zurückgehen, Schauplatz des 1931 erschienenen Romans *Schloß
Gripsholm* von Kurt Tucholsky. Beide Zyklen blieben ungedruckt. In
einem Brief vom 17. 8. 1943 an den Komponisten Moses Pergament
(1893-1977) datiert Sachs die »Miniaturen« fälschlich auf 1941 (siehe
Briefe 16). Über den späteren Bruch in ihrer lyrischen Produktion
schreibt Sachs am 22. 4. 1952 wiederum an Pergament: »Die Grips-
holmer Lieder und die Abschiedslieder und meine ersten Bibellieder
sangen auch noch, aber dann – das Unfaßbare kam, und da begann
nur noch das Klopfen an das Geheimnis: Warum –? Du weißt es
selbst in Deiner Musik – man muß den furchtbar schweren Weg gehn,
diesen unterirdischen, der überall an das ›Andere‹ grenzt. Und welche Sehnsucht nach der leisen Lieblichkeit, der einmal verlassenen.«
(Briefe 89)

Kommentar

Texte:

DLA

AWosk

  Mappe Gedichte »Miniaturen um Schloß Gripsholm«

  Mappe Gedichte »Aus: Miniaturen um Schloß Gripsholm«, Auswahl

KBS

ADähnert:I

  ACC1996/97, Mappe XVIII »Miniaturen um Schloß Gripsholm«

APergament

  NS1970_107:6 »Miniaturen um Schloß Gripsholm«

ASachs

  L90:5:11:4 »Miniaturen um Schloß Gripsholm«

ASahlin

  NS1982_23:3 »Miniaturen um Schloß Gripsholm«

ATegen

  NS1983_136:3:4 »Miniaturen um Schloß Gripsholm«

SLD

ABerendsohnD

  Arch. 251 »Miniaturen um Schloß Gripsholm«

Der alte Herrenhof

  Entstehung: Sommer 1940.

  Text: ASachs.

  Erläuterungen:

  Mälarsee] Drittgrößter See Schwedens, westl. von Stockholm.

Sonnenuhr im Wirtshausgarten

  Entstehung: Sommer 1940.

  Text: ASachs.

Schafe im Schloßpark

  Entstehung: Sommer 1940.

  Text: ASachs.

Brunnen im Schloßhof
Entstehung: Sommer 1940.
Text: ASachs.

Im Ahnensaal
Entstehung: Sommer 1940.
Text: ASachs.

Die Puppenwiege
Entstehung: Sommer 1940.
Text: ASachs.
Erläuterungen:
Bienensaug] Volkstüml. Name für die Weiße Taubnessel.

Kinderreigen im Dorf
Entstehung: Sommer 1940.
Text: ASachs.

Bauerngarten
Entstehung: Sommer 1940.
Text: ASachs.

Quelle im Walde
Entstehung: Sommer 1940.
Text: ASachs.
Erläuterungen:
Wie ein Ros' entsprungen?] »Es ist ein Ros entsprungen«, bekanntes
Weihnachtslied aus dem 16. Jh.; der Titel geht zurück auf Jes. 11,1.

Die Lercheninsel
Entstehung: Sommer 1940.
Text: ASachs.

Die Möwe, die das Schiff begleitete
Entstehung: Sommer 1940.
Text: ASachs.

Die Wassermühle
  Entstehung: Sommer 1940.
  Text: ASachs.

DIE ENGEL SIND STARK IN DEN SCHWACHEN

Einführung

Nach den beiden im Sommer 1940 verfaßten Zyklen scheinen zwei
Jahre lang keine neuen Gedichte entstanden zu sein, jedenfalls haben
sich aus dieser Zeit keine Manuskripte erhalten. Im Dezember 1942
beendete Nelly Sachs den Zyklus »Die Engel sind stark in den Schwachen«, der fast komplett unveröffentlicht blieb. Nur das »Lied der
Bettlerin« wurde später stark umgearbeitet und in die *Wohnungen des
Todes* aufgenommen (»Die Malerin M. Z.«). In ihren »Briefen aus der
Nacht« notiert Sachs am 9. 6. 1951: »schuf etwas den griechischen Sta-
tuen gleich. Das Festhalten ist wie sterben. Mein Kopf ist krank. Die
gleiche Krankheit wie du meine Mutter. Es beginnt mit Vergessen. Es
wird Platz gemacht für das ›Neue‹ und darum welkt hier alles dahin.
Die Engel sind stark in den Schwachen. Wie Bienen sammelten sie
bei dir. Hier ist kein ›Fertigwerden‹. Die Steine der Unruhe pflastern
den unendlichen Weg.« (NSW:IV) Sachs hatte 1941 mit ihrer Mutter
eine Einzimmerwohnung bezogen, im Haus Bergsundsstrand 23, in
dem sie bis zum Ende ihres Lebens wohnte. Beschäftigt ist sie in dieser Zeit vor allem mit der Pflege ihrer Mutter, aber auch mit dem Erlernen der schwedischen Sprache und ersten Übersetzungsversuchen.

Kommentar

Texte:
GU
AFogelklou »Die Engel sind stark in den Schwachen«

Ich male die ganze Nacht ...
  Entstehung: Ende 1942.
  Text: AFogelklou.

Leise, todumduftet ziehn die Scharen ...
Entstehung: Ende 1942.
Text: AFogelklou.

Ich seh eine alte Stadt ...
Entstehung: Ende 1942.
Text: AFogelklou.

Zwei Vögel trinken am Brunnen ...
Entstehung: Ende 1942.
Text: AFogelklou.

Viele, viele Waisen ...
Entstehung: Ende 1942.
Erläuterungen: Vgl. den »Chor der Waisen« in IdWdT.
Text: AFogelklou.

Ein Mädchen singt die Sterbenden in den Schlaf...
Entstehung: Ende 1942.
Text: AFogelklou.
Erläuterungen:
Ich atme vom Ysop den Duft] Vgl. die späteren »Briefe aus der Nacht«:
»Alles ist alt, schwach – vergessen – nur zuweilen duftet es von frü-
her. Ysop und Thymian, auch Lebensbaum, sind nur Vergessensdüfte
über den Erinnerungen. Keiner deutet. Gesang? Das Wort ›Elohim‹!«
(NSW:IV)

Lied der Bettlerin
Entstehung: Ende 1942.
Text: AFogelklou.
Varianten: Vgl. die spätere Fassung des Gedichts »Die Malerin
[M. Z.]« in IdWdT.

Der Händlergreis
Entstehung: Ende 1942.
Text: AFogelklou.
Erläuterungen: Vgl. das Gedicht »Die Markthändlerin [B. M.]« in
IdWdT.

Lied einer wahnsinnigen Mutter
Entstehung: Ende 1942.
Text: AFogelklou.
Varianten: Vgl. das Gedicht »Die wahnsinnige Mutter sang« in »Grabschriften in die Luft geschrieben«.

Es gehen viele Stufen ...
Entstehung: Ende 1942.
Text: AFogelklou.

Die kalten Finger ...
Entstehung: Ende 1942.
Text: AFogelklou.

Nicht Alle aber kamen ...
Entstehung: Ende 1942.
Text: AFogelklou.

Ich höre, höre Schritte ...
Entstehung: Ende 1942.
Text: AFogelklou.

Es flossen viele Quellen ...
Entstehung: Ende 1942.
Text: AFogelklou.

Wiegenlied einer Mutter auf der Flucht ...
Entstehung: Ende 1942.
Text: AFogelklou.

Die Liebende singt
Entstehung: Ende 1942.
Text: AFogelklou.

Die suchende Braut
Entstehung: Ende 1942.
Text: AFogelklou.

Die suchende Braut 2
  Entstehung: Ende 1942.
  Text: AFogelklou.

Das teure Lächeln
  Entstehung: Ende 1942.
  Text: AFogelklou.
  Erläuterungen:
  O Bruder meines Vaters, du lächelst so hold?] Wohl Bezug auf ihren Onkel Alfred Sachs, von dessen Schicksal Nelly Sachs Ende 1942 erfuhr. Am 27.1.1946 schreibt sie an Manfred George und Mary Graf: »Onkel Alfred, er war der einzige, der zuweilen von Euch wußte und berichtete. Aber schon im Herbst 42 wurde er deportiert, wahrscheinlich gleich nach Polen, denn von Theresienstadt kam nie Nachricht. Seine Tochter Vera schrieb mir noch aus Berlin einige Monate später, sie wechselte die Wohnung, und es hatte den Anschein, als ob sie versteckt gelebt hätte. Aber auch von ihr erfuhr ich nichts mehr.« (Briefe 25) Vgl. das Gedicht »Die Lächelnde« in »Grabschriften in die Luft geschrieben«.
  Porphyr] Sammelbezeichnung für Gesteine mit großen Kristallen in einer feinkörnigen Grundmasse.

Ich sehe einen Hund ...
  Entstehung: Ende 1942.
  Text: AFogelklou.

Der Totengräber singt
  Entstehung: Ende 1942.
  Text: AFogelklou.

DIE ELEGIEN VON DEN SPUREN IM SANDE

Einführung

1943 begann Nelly Sachs mit der Niederschrift ihres bis dahin umfangreichsten Zyklus im schwedischen Exil. Der erste Teil der »Elegien von den Spuren im Sande« lag im August 1943 vor, zeitgleich arbeitete Sachs an den »Grabschriften in die Luft geschrieben«. Über beide Konvolute schrieb sie am 5. 8. 1943 an Moses Pergament: »Von meinen eigenen Gedichten erlaube ich mir nur die beiden letzten Zyklen, unter der Erschütterung der unsäglichen Leiden unseres Volkes geschrieben, beizufügen.« (Briefe 14) Der zweite Teil der »Elegien« wurde bis April 1944 abgeschlossen, am 2. 9. 1944 teilte Sachs an Moses Pergament mit: »Anbei lege ich Ihnen die Edfeltschen Übertragungen aus meinen ›Grabschriften‹ und einige Elegien aus dem im letzten Jahr entstandenen II. Teil.« (Briefe 21) Nach Dinesen, 124, bezieht sich der Titel auf das noch in Berlin verfaßte Gedicht »Das Mädchen am Brunnen«, in dem die »Spuren im Sande« für das Verschwinden des ermordeten Geliebten stehen.

Wie sie zu dieser Zeit über diese Texte dachte, ließ sie am 12. 9. 1944 Walter A. Berendsohn wissen: »Aber diese Elegien und Grabschriften sind mir selbst in einem großen Geheimnis gekommen. Ich habe eine kranke Mutter hier. Krank vor Schreck und Entsetzen um alles was wir vorher erlebten, die geliebtesten Menschen sind mir von der Seele gerissen in Polen dahingegangen, und da waren es einige Nächte, wo ich ihr Sterben fühlte oder vielmehr zerrissen wurde vor Schmerz. Das sind die Elegien, das sind die Grabschriften. Ich habe mir erlaubt, einige der früheren Gedichte, die noch in Deutschland erschienen, beizulegen, und Sie werden den Unterschied sehen. Die Kritik sprach damals von Mozart, von Süße und Beschwingtheit, aber Sie werden verstehen: ›Es soll ein Altar aus Schweigen errichtet werden, aber wenn es einer aus Steinen ist, also Worten, dann keine zugehauenen.‹ Ich habe nichts an den Elegien getan, ich habe sie niedergeschrieben, wie die Nacht sie mir gereicht hat. Das ist alles.« (Briefe 22) Fast zwei Jahre später, am 18. 5. 1946, bezeichnete Sachs gegenüber Gudrun Dähnert die »Elegien« und die »Grabschriften« nur noch als »Zwischenwerk«, auf dessen Publikation es ihr nicht ankomme (Briefe 30). Dennoch setzte sie sich später, in einem Brief vom 5. 1. 1947 an den Aufbau Verlag, für eine mögliche zweite Auflage von *In den Wohnungen des Todes* ein: »Dann könnten auch ›Die Spuren im Sande‹, ein früherer Cyklus dazukommen.« (A Aufbau) Sachs übernahm etliche Formulierungen und Bilder für spätere Gedichte, als Zyklus gedruckt wurden diese Texte zu ihren Lebzeiten allerdings nicht.

Kommentar

Texte:
DLA
AWosk
  Mappe: Gedichte »Die Elegien von den Spuren im Sande. Meinen
  Brüdern und Schwestern«
KBS
ADähnert:II
  ACC 1997_08:4, Mappe XVIII »Elegien«
APergament
  NS 1970_107:6 »Die Elegien von den Spuren im Sande. Meinen Brü-
  dern und Schwestern«, Auswahl, mit in AWosk nicht enthaltenen
  Gedichten
ATegen
  NS 1983_136:3:5 »Die Elegien von den Spuren im Sande. Meinen Brü-
  dern und Schwestern«, Auswahl, andere Reihenfolge als in AWosk
SBB
AAufbau
  SBB Dep 38, Map. 700, Brief vom 5.1.1947 an K. Wilhelm
SLD
ABerendsohnD
  Arch. 252 »Die Elegien von den Spuren im Sande. Meinen Brüdern
  und Schwestern«

Meinen jüdischen Brüdern und Schwestern] Das »jüdischen« wurde im
Ts in AWosk handschriftlich ergänzt, in APergament lediglich »Mei-
nen Brüdern und Schwestern«. Vgl. das später IdWdT vorangestellte
Motto: »Meinen toten Brüdern und Schwestern«.

Hiob 19,26: Sachs setzte dieses Zitat auch vor das Gedicht »O die
Schornsteine auf den sinnreich erdachten Wohnungen des Todes«
(IdWdT).

Nun wo es spät wird
  Entstehung: Vor August 1943.
  Text: AWosk.

Erläuterungen:

Du aber, die rauschende Muschel] Vgl. den Zyklus »Die Muschel saust« in S.

Aber in der Nacht, / Wenn die Träume wandern, / Weinend Gewölk vor dem Klaren, / Und das Sterben geübt wird] Vgl. die Gedichte »Geschirmt sind die Liebenden« (»und üben in den Nächten lächelnd das Sterben«) sowie »Wir üben heute schon den Tod von morgen«, beide in S.

Viele sind gewandert!
Entstehung: Vor August 1943.
Text: AWosk.
Varianten: Vgl. das Gedicht »Wer aber leerte den Sand aus euren Schuhen« in IdWdT.

Welch ein Abend ist heute!
Entstehung: Vor August 1943.
Text: AWosk.

Engel, du sammelst der Füße Spuren
Entstehung: Vor August 1943.
Text: AWosk.

Die Nacht wird kürzer um einen Hahnenschrei!
Entstehung: Vor August 1943.
Text: AWosk.

Es war damals
Entstehung: Vor August 1943.
Text: AWosk.
Erläuterungen:

Und hatte den Tod noch nicht / Herangeweint. / Denn wozu auch den Erntewagen / Zwischen zwei Nachbarn] Vgl. das Gedicht »Land Israel« in S: »wo die schmale Gasse gelaufen zwischen Hier und Dort / da, wo Er gab und nahm als Nachbar / und der Tod keines Erntewagens bedurfte«.

Und pflanzte den Ysop / Der da wächset an der Wand / Des Paradieses] Vgl. das Gedicht »Land Israel« in S: »ihnen kündend, wo im schattenlosen

Licht / Elia mit dem Landmanne ging zusammen am Pfluge, / der Ysop im Garten wuchs / und schon an der Mauer des Paradieses«. Ysop ist ein Pflanzenbüschel, das beim Reinigungsopfer verwendet wurde (siehe Lev. 14,4-6). Vgl. auch Joh. 19,29 f.: »Sie steckten einen Schwamm mit Essig auf einen Ysopzweig und hielten ihn an seinen Mund. Als Jesus von dem Essig genommen hatte, sprach er: Es ist vollbracht! Und neigte das Haupt und gab seinen Geist auf.«

Ist niemand unter euch / Der sich diesen Meeren / Von Heimweh / Hingibt als Schwimmer – / Den Meeren von Tod? // Ist Niemandes Sehnsucht / Reif geworden / Daß sie sich erhebt / Wie der engelhaft fliegende Samen / Der Löwenzahnblüte?] Vgl. das Gedicht »Chor der Sterne« in IdWdT: »Ist niemand auf dir, der sich erinnert an deine Jugend? / Niemand, der sich hingibt als Schwimmer / Den Meeren von Tod? / Ist niemandes Sehnsucht reif geworden / Daß sie sich erhebt wie der engelhaft fliegende Samen / Der Löwenzahnblüte?«

Zuweilen aber, gehst du
    Entstehung: Vor August 1943.
    Text: AWosk.

Oft ist ein Duft
    Entstehung: Vor August 1943.
    Text: AWosk.
    Erläuterungen:
    Vielleicht der des Thymians / Oder Rosmarins] Vgl. »Briefe aus der Nacht« von 1950: »Alles ist alt, schwach – vergessen – nur zuweilen duftet es von früher. Ysop und Thymian, auch Lebensbaum, sind nur Vergessensdüfte über den Erinnerungen.« (NSW:IV) Vgl. auch das Gedicht »Chor der Tröster« in IdWdT: »Rosmarin seinen Duft im Angesicht der neuen Toten verloren«.
    Wie ein Wahrsager des Himmels] Vgl. das Gedicht »Und immer die Wahrsager des Himmels« in FuV (NSW:II).
    Die Hindin aber, / Hat Augen mit einem Regenbogen innen. / Wie von fortgezogenen Gottgewittern] Vgl. das Gedicht »Jehuda Zwi« in IdWdT: »Deine Augen, o du mein Geliebter, / Waren die Augen der Hindin, / Mit der Pupillen langen Regenbögen / Wie nach fortgezogenen Gottgewittern.«

Einer der Geliebten
  Entstehung: Vor August 1943.
  Text: AWosk.
  Erläuterungen: Vgl. den Zyklus »Gebete für den toten Bräutigam«
in IdWdT.
  Denn es soll Keines / Ungeliebt gehen / Von dieser Erde] Vgl. das Gedicht
»Wenn ich nur wüßte, worauf dein letzter Blick ruhte« in IdWdT:
»Oder sandte dir diese Erde, / Die keinen ungeliebt von hinnen gehen
läßt / Ein Vogelzeichen durch die Luft«.

O Engel, es ist eine Hand
  Entstehung: Vor August 1943.
  Text: AWosk.
  Erläuterungen:
  Die ergriff die kleinen Kinder] Vgl. das Gedicht »Wenn im Vorsommer
der Mond geheime Zeichen aussendet« in S.
  Hindin] Weiblicher Hirsch. Vgl. das Gedicht »Deine Augen, o du
mein Geliebter« in IdWdT.

Ist deine Liebe ein wanderndes Licht?
  Text: AWosk.
  Entstehung: Vor August 1943.

O Sand, du bist die Brücke
  Text: AWosk.
  Entstehung: Vor August 1943.

Zwischen Gestern und Morgen
  Entstehung: Vor August 1943.
  Text: AWosk.
  Varianten: Vgl. das Gedicht »Chor der Tröster« in IdWdT.
  Erläuterungen:
  Wenn du Sand bist in den Schuhen / Kommender!] Vgl. das Gedicht »Wer
aber leerte den Sand aus euren Schuhen« in IdWdT: »Morgen schon
werdet ihr Staub sein / In den Schuhen Kommender!«

Und die Stimme sprach
  Entstehung: Vor April 1944.
  Text: AWosk.

Niemand weiß um die schwarze Antwort des Hasses
  Entstehung: Vor April 1944.
  Text: AWosk.
  Varianten: Vgl. das Gedicht »Warum die schwarze Antwort des Hasses auf dein Dasein, Israel?« in S.

Euch denen das Leid
  Entstehung: Vor April 1944.
  Text: AWosk.

Alles Leben ist ein weinender Engel geworden
  Entstehung: Vor April 1944.
  Text: AWosk.

Tod ist es nicht, was ihr sinnt und austeilt
  Entstehung: Vor April 1944.
  Text: AWosk.
  Erläuterungen:
  Oder in dem Muskel einer Sklavenhand] Vgl. das Gedicht »O der weinenden Kinder Nacht!« in IdWdT: »Haben den falschen Tod in ihre Handmuskeln gespannt«.

Bruder, Schwester
  Entstehung: Vor April 1944.
  Text: ATegen.
  Erläuterungen:
  Sinai] Im AT Ort des Bundes mit Jahwe, der Überreichung der Gebote und der Kultgründung. Siehe Ex. 19 sowie Num. 10.

O, daß ihr eure Abende verloren hattet!
  Entstehung: Vor April 1944.
  Text: AWosk.

Erläuterungen:

Dies ist die Stunde der Engel; / Da sie heimsuchten in Mamre / Den Abraham] Ort bei Hebron, an dem Abraham von drei Männern besucht wird, die seiner Frau Sara die Geburt eines Sohnes prophezeien. Siehe Gen. 18,1-16.

Es sprach eine Stimme
Entstehung: Vor April 1944.
Text: AWosk.

Es kam ein totes Kind und sprach
Entstehung: Vor April 1944.
Text: AWosk.
Varianten: Vgl. das Gedicht »Ein totes Kind spricht« in IdWdT.

Rauschen, rauschen in der Nacht
Entstehung: Vor April 1944.
Text: AWosk.
Erläuterungen:

Wieder füllt Rahel die Eimer / Und Krüge aus dem Brunnen] Rahel trifft an einem Brunnen Jakob, nach einer List ihres Vaters muß dieser zunächst ihre Schwester Lea heiraten. Siehe Gen. 29,1-30. Vgl. das Gedicht »Aus dem Wüstensand holst du deine Wohnstatt wieder heim« in S.

O Nacht – einziger Name
Entstehung: Vor April 1944.
Text: AWosk.
Erläuterungen:

Nacht, / Du übst das Leiserwerden, / Das Unsichtbarwerden / Du übst das Sterben mit uns!] Vgl. das Gedicht »Geschirmt sind die Liebenden« in S: »und üben in den Nächten lächelnd das Sterben«.

Wann aber werde ich / Bei meinem Geliebten sein / O Nacht?] Vgl. das Gedicht »Nacht, mein Augentrost du, ich habe meinen Geliebten verloren!« in IdWdT.

Heute in der Nacht
    Entstehung: Vor April 1944.
    Text: AWosk.
    Varianten: Vgl. das Gedicht »Der Steinsammler« in IdWdT.

Ihr Kommenden
    Entstehung: Vor April 1944.
    Text: AWosk.

Ihr die ihr ertrankt zu Ihm
    Entstehung: Wohl vor April 1944.
    Text: APergament.

Ein Licht im Traum
    Entstehung: Wohl vor April 1944.
    Text: APergament.

Schließet die Augen
    Entstehung: Wohl vor April 1944.
    Text: APergament.

Du, der du aufsteigst in den Nächten
    Entstehung: Wohl vor April 1944.
    Text: APergament.

VERSTREUTE GEDICHTE 1940-1943

Kommentar

Dem Andenken meines Vaters
    Entstehung: Vermutlich zwischen 1940 und 1943.
    Text: L90 NS 1982_23:3:6, ASahlin.
    Erläuterungen: Den Titel dieses Gedichts setzte Sachs als Motto
vor S, siehe dort den Kommentar.

Meinem Liebsten auf der Welt!
   Entstehung: Vor dem 9. 6. 1941.
   Text: L90:5:11:5, ASachs.
   Erläuterungen: Der 9. 6. 1941 war der 70. Geburtstag von Margarete Sachs.

Verwandlung
   Entstehung: Widmung an Enar Sahlin vom 3. 1. 1942.
   Text: NS_1982_23:3:6, ASahlin.

GRABSCHRIFTEN IN DIE LUFT GESCHRIEBEN

Einführung

Die hier versammelten »Grabschriften« wurden von Nelly Sachs nicht in die Sammlung *In den Wohnungen des Todes* aufgenommen. Siehe dort die Einleitung zum Gedichtband und zum Zyklus »Grabschriften in die Luft geschrieben«.

Kommentar

Texte:
DLA
   Brief vom 6. 11. 1947 an Kurt Pinthus
GU
AFogelklou
   A:1, 63a:1 »Grabschriften in die Luft geschrieben. Meinen toten Brüdern und Schwestern«
KBS
ADähnert:II
   ACC1997_08:4, Mappe XVIII »Grabschriften«
ALamm
   1984_78:3:4 »Inschriften«
APergament
   NS_1970:107:6 Grabschriften in die Luft geschrieben

NS_1970:107:6 »Grabschriften in die Luft geschrieben. Meinen toten Brüdern und Schwestern«
ATegen
NS_1983_136:3:6 »Grabschriften in die Luft geschrieben«

Motto *Meinen toten Brüdern und Schwestern]* Später auch IdWdT vorangestellt.

Die Mutter

Entstehung: Sommer 1943.
Text: AFogelklou.
Erläuterungen: Brief an Emilia Fogelklou-Norlind vom 18. 7. 1943: »Die Mutter: An Viele gedacht« (Briefe 13).

Sie, die ihrem Kinde das Grab grub [M. A.]

Entstehung: Sommer 1943.
Text: ATegen.
Erläuterungen: Bislang nicht identifizierbar.

Das Kind

Entstehung: Sommer 1943.
Text: AFogelklou.
Erläuterungen: Brief an Emilia Fogelklou-Norlind vom 18. 7. 1943: »Das Kind: hatte große braune Augen, Knabe 4 Jahre streichelte einmal eine Hand, wie es der Eine tat dem römischen Legionär (Lagerlöf).« (Briefe 13)

Die Liebenden

Entstehung: Sommer 1943.
Text: AFogelklou.
Erläuterungen: Brief an Emilia Fogelklou-Norlind vom 18. 7. 1943: »An Viele gedacht« (Briefe 13).

Die Wahnsinnige [M. M.]

Entstehung: Sommer 1943.
Text: AFogelklou.
Erläuterungen: Im Brief vom 18. 7. 1943 an Emilia Fogelklou-Nor-

lind schreibt Sachs: »Die Wahnsinnige: Meine Tante, Schwester meines Vaters, starb 41 zu Lublin in Polen.«

Die wahnsinnige Mutter sang [M. L.]
    Entstehung: Wohl Sommer 1943.
    Varianten: Vgl. das Gedicht »Lied einer wahnsinnigen Mutter« in »Die Engel sind stark in den Schwachen«.
    Text: APergament.
    Erläuterungen: In den Briefen an Emilia Fogelklou-Norlind nicht erwähnt, bislang nicht identifizierbar.

Der Lumpenhändler [J. C.]
    Entstehung: Wohl Sommer 1943.
    Text: APergament.
    Erläuterungen: In den Briefen an Emilia Fogelklou-Norlind nicht erwähnt, bislang nicht identifizierbar.

Die Schauspielerin [E. L.]
    Entstehung: Sommer 1943.
    Text: AFogelklou.
    Erläuterungen: Im Brief vom 18. 7. 1943 an Emilia Fogelklou-Norlind schreibt Sachs: »Die Schauspielerin: Meine Freundin. Kam im Mai mit ihrem Jungen fort. Las auch meine Lieder im Kulturbund« (Briefe 13). Erna Leonhard-Feld, die 1936-1940 im Jüdischen Kulturbund Gedichte u. a. von Else Lasker-Schüler, Helene Rothbart, Gertrud Kolmar und Nelly Sachs vortrug. Siehe auch den Brief an Kurt Pinthus vom 12. 11. 1946: »Die Erinnerung an die kleine schon todgeweihte Schar, die wir einmal ausmachten als Erna Leonhard-Feld ihre Recitationsabende hielt steht noch so deutlich vor meinen Augen und ist eingegraben in meinem Gefühl für immer.« (Briefe 39) An Gudrun Dähnert schrieb Sachs am 20. 3. 1947 zum Verbleib ihrer Verwandten und Freunde: »Erna Leonhard m. Sohn und Leo Hirsch mit 36 Osttransport v. 12.3.43« (Briefe 40).
    Und eine Wassermühle sang Klipp Klapp] Bezug auf das bekannte Volkslied mit dem Text von Ernst Anschütz (1824): »Es klappert die Mühle am rauschenden Bach: Klipp, klapp!«

Der junge Prediger [H.M.]

Entstehung: Sommer 1943.

Text: AFogelklou.

Erläuterungen: Im Brief vom 18. 7. 1943 an Emilia Fogelklou-Norlind schreibt Sachs: »Der junge Prediger: Mein Cousin. Sohn der verstorbenen Schwester meiner Mutter. Die erste Zeile beruht auf der
traurigen Wahrheit.« (Briefe 13) Heinz Meyer (1907-1945, in Dachau),
Rabbiner, Sohn von Anna Meyer, geb. Karger. Siehe auch den Brief
vom 20. 3. 1947 an Gudrun Dähnert über den Verbleib ihrer Verwandten und Freunde: »Heinz Meyer m. Familie (mein Cousin) 38 Osttrans-
port 17. 5. 43. Von ihm hörte ich durch eine frühere Theresienstadt-
lagerdame, daß Heinz und Familie ein Jahr später nach Auschwitz
gekommen sind, nachdem er wunderbare Predigten ein Jahr in T. ge-
halten hatte.« (Briefe 40)

Der vielleicht nicht Gute [J.L.]

Entstehung: Sommer 1943.

Text: AFogelklou.

Erläuterungen: Im Brief vom 18. 7. 1943 an Emilia Fogelklou-Norlind schreibt Sachs: »Der vielleicht nicht Gute: Ein Bekannter« (Briefe 13). Bislang nicht identifizierbar.

Die Blutende [H.H.]

Entstehung: Sommer 1943.

Text: AFogelklou.

Erläuterungen: Im Brief vom 18. 7. 1943 an Emilia Fogelklou-Norlind schreibt Sachs: »Die Blutende: Frau Prof. Her[r]mann (ich sprach
oft von ihr zu Dir.) Eine tragische hochbedeutende Gestalt« (Briefe
13). Helene Herrmann, geb. Schlesinger (1877-1944), Schriftstellerin
und Literaturwissenschaftlerin, Frau von Max Herrmann, in Auschwitz ermordet.

Der Besiegte [W.B.]

Entstehung: Sommer 1943.

Text: AFogelklou.

Erläuterungen: Im Brief vom 18. 7. 1943 an Emilia Fogelklou-Norlind schreibt Sachs: »Der Besiegte: Ein Schriftsteller; kam oft ohne

Worte Trost suchend« (Briefe 13). Vermutlich Willi Blumenthal. Siehe
den Brief vom 20. 3. 1947 an Gudrun Dähnert über den Verbleib ihrer
Verwandten und Freunde: »Willi Blumenthal, nach dem ich auch an-
fragte, war nicht in der Kartei erfaßt.« (Briefe 40)

Schlichtes Herz [B.J.]
    Entstehung: Sommer 1943.
    Text: AFogelklou.
    Erläuterungen: Im Brief vom 18. 7. 1943 an Emilia Fogelklou-Nor-
lind schreibt Sachs: »Schlichtes Herz: Eine Bekannte unserer Familie«
(Briefe 13). Bislang nicht identifizierbar.

Der Lächelnde [A. S.]
    Entstehung: Sommer 1943.
    Text: AFogelklou.
    Varianten: Vgl. das Gedicht »Das teure Lächeln« in »Die Engel sind
stark in den Schwachen«.
    Erläuterungen: Im Brief vom 18. 7. 1943 an Emilia Fogelklou-Nor-
lind schreibt Sachs: »Der Lächelnde: Mein Onkel (Vaterbruder) Ich
liebte ihn sehr als ich klein war hatte er eine Spieluhr die ließ er für
mich singen.« (Briefe 13) Alfred Sachs (1863-1942, in Minsk ermordet).
Siehe auch den Brief vom 20. 3. 1947 an Gudrun Dähnert: »Alfred
Sachs mit 57 Alterstransport am 4. 9. 42 nach Theresienstadt (dort
kam er nie an)« (Briefe 40).

Der Pilger [L. I I.]
    Entstehung: Sommer 1943.
    Text: AFogelklou.
    Erläuterungen: Im Brief vom 18. 7. 1943 an Emilia Fogelklou-Nor-
lind schreibt Sachs: »Der Pilger: Redakteur am Berl. Tageblatt gewesen, schwer lungenkrank und wirklich einen Schimmer der Chassidim
um sich verbreitend« (Briefe 13). Leo Hirsch (1903-1943), Journalist
und Schriftsteller, bis 1934 Kulturredakteur beim ›Berliner Tagblatt‹,
Nachfolger Julius Babs' als Dramaturg des Jüdischen Kulturbundes.
Siehe auch den Brief vom 6. 11. 1947 an Kurt Pinthus: »Meine Erkun-
digungen in Berlin ergaben daß sowohl Leo Hirsch wie Erna Feld-
Leonhard im Herbst 42 nach Theresienstadt deportiert wurden, was
weiter wurde kann man sich denken.« (DLA)

Die Hellsichtige [G. C.]
Entstehung: Sommer 1943.
Text: AFogelklou.
Erläuterungen: Im Brief vom 18. 7. 43 an Emilia Fogelklou-Norlind
schreibt Sachs:»Die Hellsichtige: Eine der wohl größten Lyrikerinnen.
Visionen über alle Grenzen hinaus.« Gertrud Chodziesner, Pseud-
onym Gertrud Kolmar (1894-1943, ermordet in Auschwitz), Lyrikerin,
wie Sachs im Jüdischen Kulturbund. Siehe auch den Brief vom 14. 8.
1948 an Gudrun Dähnert:»Gertrud Chodziesners Buch ergriff mich
tief. Sie wurde auch im Jahr 43 verschleppt. Niemand wußte wohin.
Sie wurde auch am 10. Dez. geboren, wie merkwürdig dies alles.«
(Briefe 54)

Der Gärtner [E. B.]
Entstehung: Sommer 1943.
Text: AFogelklou.
Erläuterungen: In einer Beilage im Brief an Emilia Fogelklou-Norlind vom 6. 8. 1943 schreibt Sachs:»Der Gärtner war ein schwachsin-
niges Kind, das viel geneckt wurde und bei meinem Vater eine Zuflucht fand.« (AFogelklou) Bislang nicht identifizierbar.

Der Blinde [R. A.]
Entstehung: Sommer 1943.
Text: AFogelklou.
Erläuterungen: In einer Beilage im Brief an Emilia Fogelklou-Nor-
lind vom 6. 8. 1943 schreibt Sachs:»Der Blinde Organist. Sein Schick-
sal ist zu furchtbar um es in wenigen Worten ausdrücken zu können.«
(AFogelklou) Bislang nicht identifizierbar.

Die an der Sehnsucht starb [U. K.]
Entstehung: Sommer 1943.
Text: AFogelklou.
Erläuterungen: In einer Beilage im Brief an Emilia Fogelklou-Norlind vom 6. 8. 1943 schreibt Sachs:»Die an der Sehnsucht starb: Ein
17jähriges Mädchen die nach Amerika zu Verwandten kam, während
ihre Eltern in Shanghai eine Zuflucht fanden (jetzt von Japanern besetzt) erkrankte seelisch so tief an der Trennung bis sie starb.« (AFogelklou) Bislang nicht identifizierbar.

Die Braut [A. H.]
    Entstehung: Sommer 1943.
    Text: 1984_78:3:5, ALamm.
    Erläuterungen: In den Briefen an Emilia Fogelklou-Norlind nicht
    erwähnt, bislang nicht identifizierbar.

⟨CHÖRE⟩

Einführung

Nelly Sachs sandte diesen Zyklus am 6. 6. 1946 an Walter A. Berendsohn (ABerendsohnD). Es handelt sich hierbei um Gedichte, die nicht
in die »Chöre nach der Mitternacht« (*In den Wohnungen des Todes*) aufgenommen wurden. In APergament befindet sich ein weiteres Ts, das
Sachs am 11. 6. 1946 an Moses und Ilse Pergament schickte: »Anbei
ein Zyklus der in den letzten Nächten entstand«. Vgl. auch die Kommentare zur Buchveröffentlichung.

Kommentar

Texte:
KBS
ADähnert:II
    ACC 1997_08:4, Mappe XVIII »Die Chöre Nach der Mitternacht«
APergament
    NS 1970_107:6
ATegen
    NS 1983_136:3:6 »Nach der Mitternacht. Den Lebenden gewidmet«
SLD
ABerendsohnD
    Arch. 317

Chor der Arbeitenden
    Entstehung: Mai/Juni 1946.
    Text: Arch. 317, ABerendsohnD.

Chor der Lebenden
>   Entstehung: Mai/Juni 1946.
>   Text:Arch. 317, ABerendsohnD.

Chor der Kaufleute
>   Entstehung: Mai/Juni 1946.
>   Text: Arch. 317, ABerendsohnD.
>   Erläuterungen:
>   *es sind Rosenberylle]* Als Schmuckstein verwendetes Mineral. Siehe
>   auch die szenische Dichtung *Beryll sieht in der Nacht* (NSW:III).
>   *liebe Frau, die du aus Salomo's Loblied daherkommst]* Salomo, König von
>   Israel (um 965-926 v. Chr.), gilt als Verfasser des Hohenliedes.

Chor der Winde
>   Entstehung: Mai/Juni 1946.
>   Text: Arch. 317, ABerendsohnD.
>   Erläuterungen:
>   *Ein zu Hause haben wir in der Muschel, / Im Schofar, in der Flöte]* Vgl. das
>   Gedicht »Einer war, der blies den Schofar« in IdWdT.

Chor der Marktleute
>   Entstehung: Mai/Juni 1946.
>   Text: Arch. 317, ABerendsohnD.
>   Erläuterungen:
>   *Spuren im Sande / Briefe für Engel schrieb sie in den Sand]* Vgl. »Die
>   Elegien von den Spuren im Sande«.

Chor der Kinder
>   Entstehung: Mai/Juni 1946.
>   Text: Arch. 317, ABerendsohnD.
>   Erläuterungen:
>   *das Sonnentuch will ich / nehmen, das auf dem Thymian liegt]* Vgl. die spä-
>   teren »Briefe aus der Nacht«: »Alles ist alt, schwach – vergessen – nur
>   zuweilen duftet es von früher. Ysop und Thymian, auch Lebensbaum,
>   sind nur Vergessensdüfte über den Erinnerungen. Keiner deutet.«
>   (NSW:IV)

Chor der Waffenschmiede
Entstehung: Mai/Juni 1946.
Text: NS1970_107:6, APergament.
Varianten: Vgl. den »Chor der Kaufleute«.

An die Sänger Israels
Entstehung: Mai/Juni 1946.
Text: Arch. 317, ABerendsohnD.
Erläuterungen:
Davids liebliche Geschwister, / die Vögel Israels schweigen] Israel. König,
um 1000 v. Chr., galt auch als Dichter von Liedern und Psalmen.
Sänger Israels, sausende Muschel / des Sphärengesangs] Vgl. den Zyklus
»Die Muschel saust« sowie den Kommentar zum Gedicht »Auf daß
die Verfolgten nicht Verfolger werden« in S.

Erntelied
Entstehung: Mai/Juni 1946.
Text: Arch. 317, ABerendsohnD.

Werdende Mutter
Entstehung: Mai/Juni 1946.
Text: Arch. 317, ABerendsohnD.

Wasserschöpferin
Entstehung: Mai/Juni 1946.
Text: Arch. 317, ABerendsohnD.
Erläuterungen:
Rahels Spiegelbild schöpfe ich mit den Händen und küsse es] Vgl. den Kom-
mentar zum Gedicht »Aus dem Wüstensand holst du deine Wohnstatt
wieder heim« in S.
*Auch wenn ich Leitungswasser trinken muß / werde ich das Geheimnis der
Quelle meines Volkes schmecken]* Vgl. den Kommentar zum Gedicht
»Lange haben wir das Lauschen verlernt!« in IdWdT.

Eine trauernde Braut
Entstehung: Mai/Juni 1946.
Text: Arch. 317, ABerendsohnD.

ZEITRAUM »IN DEN WOHNUNGEN DES TODES«

Kommentar

Das Kind
Entstehung: Wohl Sommer 1943.
Text: AWosk.
Erläuterungen: Vgl. das gleichnamige Gedicht aus dem Zyklus »Grabschriften in die Luft geschrieben«.
Eine Mühle am Wasser / mit ihrem Klipp Klapp-Herzen] Vgl. den Kommentar zum Gedicht »Die Schauspielerin [H. L.]«.

Zu denken, daß vielleicht die Nachtigall sang
Entstehung: Vor Ostern 1945.
Text: AFogelklou.
Erläuterungen: Beilage zu einem Brief an Emilia Fogelklou-Norlind zu Ostern 1945 (AFogelklou). Unmittelbar vor dem Gedichttext der Hinweis »Ostern 45 / Aus: Gebete um den toten Bräutigam«, nachfolgend die Nachricht: »Meine Ili, wie nah Du mir bist, ich brauche es Dir nicht zu sagen. Es ward Frühling und hoffentlich Frieden!« Vgl. den Kommentar zum Zyklus »Gebete für den toten Bräutigam« in IdWdT.

Meinem Liebsten auf der Welt!
Entstehung: Vor dem 9. 6. 1946.
Text: NS1983_136:3:6, ATegen.
Erläuterungen: Am 9. 6. 1946 wurde Margarete Sachs 75 Jahre alt. Vgl. das gleichnamige Gedicht zum 9. 6. 1941.

Abendlied
Entstehung: Wohl 1947.
Text: NS1970_107:6, APergament, mit Widmung an Moses und Ilse Pergament, handschriftlicher Zusatz: »〈Wohnungen〉« sowie Übersetzung von Johannes Edfeld (»Aftonsång«).

ZEITRAUM »STERNVERDUNKELUNG«

Kommentar

Rahel, Mutter der Mütter!
 Entstehung: Wohl 1947-1949.
 Text: 1983_136:3:6, ATegen (ursprünglich vorgesehen für den Zyklus »Dein Leib im Rauch durch die Luft«).
 Erläuterungen: Vgl. das Gedicht »Rauschen, rauschen«.
 Motto: Siehe Jer. 31,15.
 Hindin] Weiblicher Hirsch. Siehe auch das Gedicht »Chor der Bäume«. Als Kind hatte Sachs ein Reh als Haustier.

Meine Arme werden kein Maßkrug sein
 Entstehung: Wohl 1947-1949.
 Text: 1983_136:3:6, ATegen (ursprünglich vorgesehen für den Zyklus »Gebete für den toten Bräutigam«).

Klagechor der Wartenden vor Palästinas Toren
 Entstehung: Wohl 1947-1949.
 Text: AWosk.

Welt, hier ruft die Neige aus dem Becher Israel!
 Entstehung: Wohl 1947-1949.
 Text: Arch. 317, ABerendsohnD.

ELEGIEN AUF DEN TOD MEINER MUTTER

Einführung

Am 7. 2. 1950 starb Margarete Sachs nach langer, schwerer Krankheit, drei Wochen später auch der seinerzeit engste Freund von Nelly Sachs, Enar Sahlin. In einem Brief vom 2. 3. 1950 an Walter A. Berendsohn berichtet Sachs: »Nachdem meine Seelenqual durch keines meiner eigenen Vernunftworte sich milderte, erlitt ich nach einem Besuch bei

unserem sterbenden Freund Lektor Sahlin letzten Sonntag einen
Nervenzusammenbruch, nachdem mein wirklich schon kranker Geist
wieder etwas Frieden gefunden hatte. So schrieb ich Elegien zum Ge-
denken an mein Liebstes. Tue sie in den Kasten, wo die Erinnerungen
liegen.« (Briefe 68) Auch im März 1950 berichten Briefe noch von der
Arbeit an den »Elegien«. Am 17. 8. 1950 schreibt Sachs an Hugo Bergmann: »Der Garten am Meer, die Felseninseln ganz kahl und wie aus
der Urzeit entstiegen, Stürme aus schwarzen Schlünden aufheulend
Anfang und Ende mischend, wie sich in meinem Herzen das große
Geheimnis von Tod und Auferstehung meines Geliebtesten mischt.
Dies ist auch der Inhalt der Elegien und des Dramas, an dem ich ar-
beite.« (Briefe 74) Sachs schrieb in dieser Zeit auch an dem Drama
Abram im Salz sowie an Prosatexten mit dem Titel »Nächtliche Aufzeichnungen« (bzw. »Briefe aus der Nacht«), die zwischen 1950 und
1953 entstanden und sich ebenfalls mit dem Tod der Mutter auseinan-
dersetzen. Daß dieser für sie nicht überraschend kam, betont Sachs
in einem Brief vom 4. 1. 1951 an Johannes Edfelt: »Der vorausahnende
Akkord wurde wohl schon in dem Kapitel ›Im Geheimnis‹ aus ›Sternverdunkelung‹ angeschlagen.« (AEdfelt) Die Vielzahl der vorhande-
nen Fassungen zeigt zudem, wie intensiv sich Sachs mit diesem Zyklus beschäftigte.

Sowohl die »Elegien« als auch diese Aufzeichnungen blieben als
Ganzes unveröffentlicht, insgesamt elf der 21 Gedichte wurden später,
zum Teil stark überarbeitet, in die Gedichtsammlungen *Und niemand
weiß weiter* (Zyklus »Untergänge«) und *Flucht und Verwandlung* aufgenommen bzw. in der Zeitschrift ›Botteghe Oscure‹ und im ›Fischer-
Almanach‹ publiziert. Vor allem der deutliche autobiographische Bezug schien Sachs von einer Publikation in der ursprünglichen Form
abzuhalten. Am 29. 5. 1958 schreibt sie an Walter A. Berendsohn: »›Botteghe Oscure‹ ist nun auch mit einer Reihe von meinen Dingen herausgekommen. Es waren Gedichte die eigentlich noch in die letzte
Sammlung gehörten, die ich aber, da ich sie so persönlich fand doch
zurückbehielt.« (ABerendsohn) Zu dem kleinen Zyklus, den sie für
›Botteghe Oscure‹ auswählte, schreibt sie am 21. 12. 1957 an Paul Celan:
»Habe darum tief nachgedacht über Ihren mich so ehrenden Wunsch
Unveröffentlichtes zu senden. Aufzeichnungen und Gedichte aus meiner Untergangszeit liegen da versteckt, nur Mittel den Atem vor dem

Ersticken zu retten. So kamen Ihre lieben, zarten Worte und wurden Anlaß einiges hervorzusuchen, abzuschreiben und es hier anbei zu legen.« (BCelan, 3)

Kommentar

Texte:
DLA
AWosk
  Mappe Gedichte »Elegien auf den Tod meiner Mutter«
  Mappe Gedichte »Elegien auf den Tod meiner Mutter«, mit hs. Korrekturen
  Mappe Gedichte Elegien auf den Tod meiner Mutter, Auswahl, mit hs. Korrekturen
  Briefe von Nelly Sachs an Kurt Pinthus
GU
  AFogelklou
  A:1, 63a:1 »21. Alles weißt du unendlich nun«
KBS
  ADähnert:II
  ACC1997_08:4, Mappe XVIII »O der falsche Segen«
  AEdfelt
  NS1974_98:4 Auswahl, Nr. 9-21 in veränderter Reihenfolge; Beilage in Brief vom 4.1.1951
  ASachs
  L90:5:11 »Elegien auf den Tod meiner Mutter«
SLD
  ABerendsohnD
  Arch. 314-316 »Elegien auf den Tod meiner Mutter«

Was stieg aus deines Leibes weißen Blättern?
  Entstehung: Februar/März 1950.
  Text: ASachs.
  Varianten: Vgl. die spätere Fassung des Gedichts in Unww (NSW:II).
  Erläuterungen:
  Der Kranz deiner warmen Umarmung – / dein geflüstertes Segenswort] Vgl.

»Briefe aus der Nacht«: »Dein lächelnder Segen über meinem Haupt.
Das sank und sank und deines stieg und stieg. In der gestillten Sehnsucht stieg es.« (NSW:IV)

Elohim] In der hebräischen Bibel und im Sohar Bezeichnung für
die Gottheit schlechthin.

O könnte ich deine Blicke heimholen!
  Entstehung: Februar/März 1950.
  Text: ASachs.
  Erläuterungen:
  *Und der große heimlich geübte Abschied / den deine dunklen Augensterne /
  in das Untergangsmysterium der Sonne pflanzten]* In ihren »Briefen aus der
  Nacht« schreibt Sachs: »Sonnenuntergang. Herzzerreißend. Das war
  unsere letzte Vereinigung. Hand in Hand. Vorahnung schon als Kind.
  Marterlicht. Dahinter Segen.« (NSW:IV)
  Dein lächelnder Tod / der meinen weinenden küßte] Siehe »Briefe aus der
  Nacht«: »Dein lächelnder Segen über meinem Haupt. Das sank und
  sank und deines stieg und stieg. In der gestillten Sehnsucht stieg es.
  [...] Wie ein Samenkorn geht das dritte Auge im Traum zuweilen
  auf und sieht uns an – da wissen wir daß Tod sich in Leben wendet.«
  (NSW:IV)

Uhr meiner Zeit!
  Entstehung: Februar/März 1950.
  Text: ASachs.
  Erläuterungen:
  *Nicht mehr Blei der Planeten an den Füßen – / nicht mehr geheime Mond-
  verhaftung]* In ihren »Briefen aus der Nacht« schreibt Sachs: »Ein so spä-
  tes Auge, wie das des Baalschems sah noch den Stein als drehende
  Töpferscheibe bis er fort war – Kraft und Nichts! Und den Stern
  als gedrehten Stein. Und wir Staub, mit dem Kopf in die Schmerzen
  gedrückt tief, tiefer bis in die Grenzen der Welt aus kaltem Metall.
  Blei, Blei das drückt bis zum Sterben.« (NSW:IV)

Mein letzter Atemzug
  Entstehung: Februar/März 1950.
  Text: ASachs.

Erläuterungen:

Seele, meiner Seele / aus fortverlorenem Rosenblut] In den »Briefen aus der Nacht« heißt es unter dem Datum »7. Oktober«: »In der Erlösung werden die Rosenadern anders schön gelegt, vielleicht in die Fußspitze des Cherubim oder unter der grünen Wachstumsfeder des Flügels. Auch in die Segenskraft, die das Leuchten auswirkt in einer Sternenwiege. Erlösung ist Quelle und Meer. Und ich war falsch geordnet und bis in die Quelle getrübt.« (NSW:IV)

Mein Herz, Kompaß auf den seligen Magnetberg gerichtet
Entstehung: Februar/März 1950.
Text: ASachs.

Alles ist vorgezeichnet
Entstehung: Februar/März 1950.
Text: ASachs.
Varianten: Vgl. die spätere Fassung »Röchelnde Umwege« in ›Botteghe Oscure‹ XXI (1958), 374.
Erläuterungen:
Motto: Ex. 25,40.
Menohrah, den Sinai-Feuer-Leuchter] Menora (hebr.), die zehn zum Tempel Salomos gehörenden Leuchter.

Nicht mehr in dieser Form
Entstehung: Februar/März 1950.
Text: ASachs.
Erläuterungen:
In der Nachtwache aus Staub / zwischen Geburt- und Todeslicht] Vgl. »Briefe aus der Nacht«: »Da und dort eine Nachtwache, wo die Dämmerungskämpfer den Hahnenschrei noch überleben, die verrenkten Sehnen in die Richtung des Erwachens gestellt. Wer weiß, vielleicht schließt sich der Kreis bald. Der Apfelkern liegt wieder bei der Wurzel, zwischen Blüte und Sturm. Vorbei. Am Abend kommen die Engel. Umzug. Verwandlung. Gute Nacht.« (NSW:IV)

Ach daß man so wenig begreift
Entstehung: Februar/März 1950.

Text: ASachs.

Varianten: Vgl. die späteren Fassungen des Gedichts in ›Botteghe
Oscure‹ XXI (1958), 374, und FuV (NSW:II).

Zwischen Licht und Licht

Entstehung: Februar/März 1950.

Text: ASachs.

Erstdruck: In identischer Form abgedruckt im Almanach des Fischer Verlages: ›Almanach. Das sechsundsechzigste Jahr‹, Frankfurt
am Main 1952, 87.

Erläuterungen:

sind wir am offenen Grabe der Gast, / deutend und deutelnd / was die Biene
will / wenn sie aus Blumen den Honig sammelt] Vgl. »Briefe aus der Nacht«:
»Versöhnungstag. Tag der Lebensgefahr der Lebenserrettung. Keine
Schonung. Kein Aufheben des Leibes. Schwarzer Kristalltag für die
honigsaugende Biene. Schuld und Versöhnung. Die Sternenwaage
wiegt im Gebet. Israel ist das Volk mit der Waage. Es wird als erstes
gewogen und wiegt weiter bis in den Wurm hinab. Israel hat Sterben gelernt. Darum wurden seine Sehnen anders gestreckt. All seinen
Honig muß es lassen an diesem schwarzen Kristalltag. Aber wenn es
sein furchtbares Gebet gesprochen hat bis in den Weltenschoß hinein, dann steht der Engel mit dem Ginsterzweig vor seinem Ausgang
und sagt: Genieße, denn du lebst!« (NSW:IV)

Nachdem Ewiges aufbrach

Entstehung: Februar/März 1950.

Text: ASachs.

Varianten: Vgl. die stark abweichende Fassung in Unww (»Nachdem
du aufbrachst«) (NSW:II).

Erläuterungen:

blieb im Grabe zurück / einer Nachtwache Wandlung] Vgl. den Kommentar zum Gedicht »Nicht mehr in dieser Form«.

aus welcher Erinnerung Thymian duftet] In ihren »Briefen aus der
Nacht« schreibt Sachs: »im Geruche des Thymians, im Ysop, der da
wächst an der Wand des Paradieses, ›Tränenkrüge der Erinnerung‹ –
dein letztes Wort – verklärte Seele du weißt – und ich bin überwältigt«
(NSW:IV). Siehe auch die spätere Notiz: »Alles ist alt, schwach – ver-

gessen – nur zuweilen duftet es von früher. Ysop und Thymian, auch Lebensbaum, sind nur Vergessensdüfte über den Erinnerungen. Keiner deutet. Gesang? Das Wort ›Elohim‹!«

Wenn alle Zäune gefallen sind
Entstehung: Februar/März 1950.
Text: ASachs.
Erstdruck: Im Almanach des Fischer Verlages: ›Almanach. Das sechsundsechzigste Jahr‹, Frankfurt am Main 1952, 87 f., mit Abweichungen im Versumbruch.

Tod wir schweigen nun zueinander
Entstehung: Februar/März 1950.
Text: ASachs.
Erläuterungen:
aber ich sehe nichts / denn mein drittes Auge ist noch geschlossen] Vgl. »Briefe aus der Nacht«: »Wie ein Samenkorn geht das dritte Auge im Traum zuweilen auf und sieht uns an – da wissen wir daß Tod sich in Leben wendet.« (NSW:IV)

Kein Wort birgt den magischen Kuß
Entstehung: Februar/März 1950.
Text: ASachs.
Varianten: Vgl. die spätere Fassung in ›Botteghe Oscure‹ XXI (1958), 373.

Auswanderer Schlaf
Entstehung: Februar/März 1950.
Text: ASachs.

Geist über den Wassern
Entstehung: Februar/März 1950.
Text: ASachs.
Erläuterungen:
Geist über den Wassern] Vgl. Gen. 1,2: »die Erde aber war wüst und wirr, Finsternis lag über der Urflut und Gottes Geist schwebte über dem Wasser.«

Gestillte Blutbahn
Entstehung: Februar/März 1950.
Text: ASachs.
Varianten: Vgl. die stark abweichende Fassung des Gedichts in Unww (»Wie aber, wenn eines schon hier«) (NSW:II).
Erläuterungen:
Über der schwarzen Nachtwachenfrage / schwebend] Vgl. den Kommentar zum Gedicht »Nicht mehr in dieser Form«.

Lerchenmusik der Gestirne saugend / wie neue Muttermilch?] In ihren »Briefen aus der Nacht« schreibt Sachs: »Alle Ausmessungen in Chaldäa zwischen den Geburt-Leerräumen der Gestirne bis in die Weckeruhr die ›Abraham‹ sang – haben Beziehungen. Dieses Ausloten – in den Meeren der Sehnsucht! Hinter den Kabbala-Rechenexempeln sind noch schwache Wurzeln im Grünen zu ahnen – aber dann schwächer, schwächer – krank – wohin?« (NSW:IV)

Da du dich aufgabst
Entstehung: Februar/März 1950.
Text: ASachs.
Varianten: Vgl. die spätere Fassung »Staubkörner rede ich« in ›Botteghe Oscure‹ XXI (1958), 373.

Nur im Schlaf haben Sterne Herzen
Entstehung: Februar/März 1950.
Text: ASachs.
Varianten: Vgl. die spätere Fassung des Gedichts in Unww (NSW:II).

So sprachst du, schon lesend
Entstehung: Februar/März 1950.
Text: ASachs.

Gemeinsam saßen wir unter dem Lebensbaum
Entstehung: Februar/März 1950.
Text: ASachs.
Erläuterungen:
Gemeinsam saßen wir unter dem Lebensbaum] Siehe »Briefe aus der Nacht« vom 22. 5. 1951: »Warum vergesse ich alles? Großer Düngerhau-

fen, wo das Vergessene sich fruchtbar macht. Muttererde wieder in den Garten gestreut. Duft, Duft vom Lebensbaum.« (NSW:IV)

Alles weißt du unendlich nun
    Entstehung: Februar/März 1950.
    Text: ASachs.
    Varianten: Vgl. die spätere Fassung des Gedichts in Unww (NSW:II).
    Erläuterungen: Siehe den Kommentar zur späteren Fassung.

O der falsche Segen
    Entstehung: Februar/März 1950.
    Text: ADähnert, mit hs. Vermerk: »Zugehörig ›Eleg. a. d. Tod. m. Mutter‹«, identische Tss in AFogelklou und im DLA, Nachlaß von Kurt Pinthus. Siehe den Brief vom 30. 8. 1950 an Gudrun Dähnert: »Ich lege Dir die letzte Elegie anbei.« (Briefe 75)

ABKÜRZUNGEN, SIGLEN UND KURZTITEL

Die Siglen von Archiven, Nachlässen und Sammlungen werden durch-
gehend mit einem vorangestellten A gekennzeichnet. Soweit möglich,
wurden die Angaben der Nelly-Sachs-Bibliothek in der Königlichen
Bibliothek Stockholm übernommen. Die vorliegende Werkausgabe
erscheint als NSW, gefolgt von der römischen Bandzahl. In den Kommentaren beziehen sich Textverweise ohne weitere Angaben auf Gedichte derselben Veröffentlichungen bzw. Werkgruppen; Verweise auf
eine andere Veröffentlichung oder Werkgruppe innerhalb desselben
Bandes der Werkausgabe erfolgen mit Angabe des jeweiligen Buches
oder der jeweiligen Werkgruppe; Verweise auf Texte eines anderen
Bandes der NSW erfolgen mit Angabe des betreffenden Buches oder
der betreffenden Werkgruppe sowie mit Angabe des Bandes dieser
Werkausgabe. Bei Seitenangaben wird i. a. auf vorangestelltes »S.« ver-
zichtet. Eine folgende Seite wird mit »f.« angegeben. Steht nach der
Sigle für eine Briefausgabe kein Komma, verweist die folgende Zah-
lenangabe auf die Briefnummer innerhalb der genannten oder zitierten Ausgabe. Bis auf wenige Ausnahmen wurden nur veröffentlichte
Werke sigliert.

Editorisches

(Klammer)	Angaben zum Entstehungsjahr bzw. zur Erst-veröffentlichung stehen ggf. in Klammern.
[Eckige Klammer]	Mutmaßliche Zeitangaben stehen in eckigen Klammern.
⟨Spitze Klammer⟩	Sofern Sachs einen Text nicht betitelt hat, wer-den entweder die ersten Worte oder eine sach-bezogene Angabe zwischen spitzen Klammern als Titel eingesetzt.
Kursivierung	Titel von Büchern sowie veröffentlichter szeni-

	scher Dichtungen werden durchgehend kursiviert.
»Doppelte Anführungszeichen«	Gedichte, Gedichtzyklen sowie unveröffentlichte Materialien werden im laufenden Text mit doppelten Anführungszeichen angegeben.
›Einfache Anführungszeichen‹	Periodika werden mit einfachen Anführungszeichen angegeben.
~~Durchstreichung~~	Von Sachs gestrichenes Wort.
| Senkrechte Striche |	Unsichere Worte oder Formulierungen werden mit senkrechten Strichen angegeben.
[...]	Auslassung von bis zu fünf Wörtern.
[- - -]	Auslassung von bis zu fünf Sätzen.
[?]	Unlesbare Buchstaben oder unlesbares Wort.
[??], [???], [????] ...	Zwei, drei, vier etc. unlesbare Wörter.

Abkürzungen

DF	Druckfassung
EA	Erstausgabe
EF	Erstfassung
EV	Erstveröffentlichung
Ms	Manuskript
Mss	Manuskripte
Ts	Typoskript
Tss	Typoskripte
v.	Vers bzw. Verse
Z.	Zeile bzw. Zeilen

Archive, Nachlässe, Sammlungen

AAdK	Archiv der Akademie der Künste, Berlin
ABörsenverein	Archiv des Börsenvereins des Deutschen Buchhandels, Geschäftsstelle Friedenspreis des Deutschen Buchhandels, Berlin
DLA	Deutsches Literaturarchiv, Marbach am Neckar
AWosk	Nachlaß Rosi Wosk

GU	Göteborgs Universitetsbibliotek
AFogelklou	Sammlung Emilia Fogelklou
KBS	Kungliga Biblioteket, Stockholm
AAlsberg	Sammlung Elisabeth und Margarete Alsberg, Material Nelly Sachs betreffend
ABerendsohn	Archiv Walter A. Berendsohn
ACohen	Marcel Cohen: Material Nelly Sachs betreffend
ADähnert:I	Gudrun Dähnerts Nelly-Sachs-Sammlung I
ADähnert:II	Gudrun Dähnerts Nelly-Sachs-Sammlung II
ADinesen	Ruth Dinesen: Material Nelly Sachs betreffend
AEdfelt	Johannes Edfelts Papiere Nelly Sachs betreffend
AHolmqvist	Bengt und Margaretha Holmqvist: Material von und über Nelly Sachs
AKnoche	Elisabeth Knoches nachgelassene Papiere Nelly Sachs betreffend
ALagercrantz	Olof Lagercrantz' Sammlung
ALamm	Greta und Martin Lamms Papiere Nelly Sachs betreffend
ALennartsson	Eva-Lisa Lennartssons nachgelassene Papiere
ALindegren	Erik Lindegrens Papiere
ALindegrenN	Erik Lindegrens Papiere – Nachtrag
APergament	Moses Pergaments Sammlung Nelly Sachs betreffend
ASachs	Nelly Sachs Sammlung
ASachsN	Nelly Sachs, Nachtrag
ASachsS	Nelly Sachs: Sonette
ASahlin	Enar Sahlins Papiere Nelly Sachs betreffend
ASahlinB	Enar Sahlin: Briefe von Nelly Sachs
ATegen	Gunhild Tegens Papiere Nelly Sachs betreffend
AThoursie	Nelly Sachs: Briefe und Gedichte, an Ragnar und Brita Thoursie gesandt
AWaern	Inge Waern-Malmquists Papiere
SBB	Staatsbibliothek zu Berlin
AAufbau	Archiv des Aufbau Verlags
SLD	Stadt- und Landesbibliothek, Dortmund
ABerendsohnD	Nachlaß Walter A. Berendsohn im Nelly-Sachs-Archiv

ASuhrkamp — Archiv des Suhrkamp Verlags, Marbach am Neckar

Nelly Sachs
Schriften und Briefausgaben

AG — *Ausgewählte Gedichte.* Mit einem Nachwort von Hans Magnus Enzensberger. Frankfurt am Main: Suhrkamp Verlag, 1963, 95 S.

Briefe — *Briefe der Nelly Sachs.* Herausgegeben von Ruth Dinesen und Helmut Müssener. Frankfurt am Main: Suhrkamp Verlag, 1984, 396 S.

Briefregister — *Nelly Sachs Briefregister. 3454 Briefe auf Microfiches.* Herausgegeben von Ruth Dinesen. Stuttgart: Verlag Hans-Dieter Heinz, Akademischer Verlag, 1989.

BCelan — Paul Celan/Nelly Sachs, *Briefwechsel.* Herausgegeben von Barbara Wiedemann. Frankfurt am Main: Suhrkamp Verlag, 1993, 183 S.

BDomin — Hilde Domin/Nelly Sachs, *Briefwechsel.* In: *Nelly Sachs – »an letzter Atemspitze Lebens«.* Herausgegeben von Birgit Lermen und Michael Braun. Bonn: Bouvier Verlag, 1998, 217-254.

BSchwedhelm — Karl Schwedhelm, *Nelly Sachs. Briefwechsel und Dokumente.* Herausgegeben und mit Anmerkungen versehen von Reinhard Kiefer und Bernhard Albers. Aachen: Rimbaud Verlag, 1998, 64 S.

DS — *Die Suchende.* Gedichtzyklus. Frankfurt am Main: Suhrkamp Verlag, 1966, o. P. [15 S.]

FG — »Frühe Gedichte«. In: LuEN, 243-262.

FiS — *Fahrt ins Staublose. Die Gedichte der Nelly Sachs.* Frankfurt am Main: Suhrkamp Verlag, 1961, 403 S.

FuV — *Flucht und Verwandlung.* Gedichte. Stuttgart: Deutsche Verlags-Anstalt, 1959, 72 S.

G	*Gedichte.* Herausgegeben und mit einem Nachwort von Hilde Domin. Frankfurt am Main: Suhrkamp Verlag, 1977, 141 S.
GR	*Glühende Rätsel.* Gedichte. Frankfurt am Main: Insel Verlag, 1964, 56 S.
GR:I	»Glühende Rätsel«, I. Gedichtzyklus. In: AG, 70-81.
GR:II	»Glühende Rätsel«, II. Gedichtzyklus. In: GR, 35-54.
GR:III	»Glühende Rätsel«, III. Gedichtzyklus. In: SG, 199-216.
GR:IV	»Glühende Rätsel«, IV. Gedichtzyklus. In: TdN, 67-74.
IdWdT	*In den Wohnungen des Todes.* Gedichte. Berlin: Aufbau-Verlag, 1947, 78 S.
L	*Landschaft aus Schreien.* Ausgewählte Gedichte. Auswahl und Nachwort von Fritz Hofmann. Berlin und Weimar: Aufbau-Verlag, 1966, 112 S.
LuB	»Leben unter Bedrohung«. Prosa. In: ›Ariel‹ (Darmstadt) 3 (1956), 19.
LuE	*Legenden und Erzählungen.* Prosa. Berlin: Friedrich Wilhelm Mayer Verlag, 1921, 124 S.
LuEN	Faksimilierter Nachdruck von *Legenden und Erzählungen.* In: Ruth Dinesen, *»Und Leben hat immer wie Abschied geschmeckt«. Frühe Gedichte und Prosa der Nelly Sachs.* Stuttgart: Verlag Hans-Dieter Heinz, Akademischer Verlag, 1987, 123-242.
NeW	»Nur eine Weltminute«. Szenische Dichtung. In: *Aus aufgegebenen Werken.* Herausgegeben vom Suhrkamp Verlag. Frankfurt am Main: Suhrkamp Verlag, 1968, 143-147.
NfTdL	»Noch feiert Tod das Leben«. Gedichte. In: FiS, 345-386.
NSW	Nelly Sachs, *Werke.*
Richard	»Briefe und Dokumente«. 20 kommentierte Briefe von Nelly Sachs an Lionel Richard. Mit weiteren Dokumenten. Bearbeitet von Michael Kessler. In: Kessler, 309-372.

S   *Sternverdunkelung.* Gedichte. Amsterdam: Ber-
             mann-Fischer/Querido-Verlag; Wien: Ber-
             mann-Fischer-Verlag; Berlin: Suhrkamp Ver-
             lag, 1949, 82 S.

SfdJ   *Simson fällt durch Jahrtausende und andere szeni-
             sche Dichtungen.* München: Deutsche Verlags-
             Anstalt, 1967, 154 S.

SG   *Späte Gedichte.* Frankfurt am Main: Suhrkamp
             Verlag, 1965, 221 S.

SnL   *Suche nach Lebenden. Die Gedichte der Nelly Sachs.*
             2. Band. Herausgegeben von Margaretha Holm-
             qvist und Bengt Holmqvist. Mit einer Nachbe-
             merkung der Herausgeber. Frankfurt am Main:
             Suhrkamp Verlag, 1971, 184 S.

TdN   *Teile dich Nacht. Die letzten Gedichte.* Herausge-
             geben von Margaretha Holmqvist und Bengt
             Holmqvist. Mit einer Nachbemerkung der Her-
             ausgeber. Frankfurt am Main: Suhrkamp Ver-
             lag, 1971, 83 S.

Unww   *Und niemand weiß weiter.* Gedichte. Hamburg
             und München: Ellermann Verlag, 1957, 100 S.

V   *Verzauberung. Späte szenische Dichtungen.* Frank-
             furt am Main: Suhrkamp Verlag, 1970, 157 S.

ZiS   *Zeichen im Sand. Die szenischen Dichtungen der
             Nelly Sachs.* Frankfurt am Main: Suhrkamp Ver-
             lag, 1962, 359 S.

                         Übersetzungen

AadSih   *Aber auch diese Sonne ist heimatlos. Schwedische Lyrik
             der Gegenwart.* Übersetzt und ausgewählt von
             Nelly Sachs. Darmstadt: Georg Büchner Ver-
             lag, 1956, 64 S.

AL   Artur Lundkvist, *Gedichte.* Herausgegeben und
             mit einem Nachwort versehen von Peter Hamm.
             Aus dem Schwedischen übertragen von Fried-

	rich Ege, Peter Hamm, Ilmar Laaban, Nelly Sachs und A. O. Schwede. Köln und Berlin: Verlag Kiepenheuer & Witsch, 1963, 184 S.
EL	Erik Lindegren, *Weil unser einziges Nest unsere Flügel sind*. Ausgewählt und übersetzt von Nelly Sachs. Mit einem Vorwort von Bengt Holmqvist. Neuwied und Berlin: Luchterhand Verlag, 1963, 92 S.
GE	Gunnar Ekelöf, *Poesie*. Texte in zwei Sprachen. Herausgegeben von Hans Magnus Enzensberger. Übersetzt von Nelly Sachs. Nachwort von Bengt Holmqvist. Nachbemerkung von Nelly Sachs. Frankfurt am Main: Suhrkamp Verlag, 1962, 100 S.
JE	Johannes Edfelt, *Der Schattenfischer*. Ausgewählte Gedichte. Aus dem Schwedischen übertragen und herausgegeben von Nelly Sachs. Nachwort von Nelly Sachs. Darmstadt: Georg Büchner Verlag, 1958, 35 S.
KV	Karl Vennberg, *Poesie*. Texte in zwei Sprachen. Herausgegeben von Hans Magnus Enzensberger. Übersetzt von Nelly Sachs und Hans Magnus Enzensberger. Nachwort von Lars Gustafsson. Frankfurt am Main: Suhrkamp Verlag, 1965, 121 S.
Lundh	Gunnar Lundh, *Weihnachtsmorgen im hohen Norden*. Fotografien von Gunnar Lundh. Texte von Anders Frostenson. Anders Frostensons Prosatext wurde aus dem Schwedischen übersetzt von Guenter Klingmann. Die Lieder des schwedischen Gesangbuchs, sofern sie keine Entsprechung im Deutschen hatten, übertrug, wie auch die Verse von Anders Frostenson, Nelly Sachs. Stockholm: LTs Förlag, 1956, o. P. [48 S.]
SchwG	*Schwedische Gedichte*. Ausgewählt und übertragen von Nelly Sachs. Neuwied und Berlin: Luchterhand Verlag, 1965, 131 S.

| VWuG | *Von Welle und Granit. Querschnitt durch die schwedische Lyrik des 20. Jahrhunderts.* Aus dem Schwedischen übertragen und zusammengestellt von Nelly Sachs. Vorwort von Nelly Sachs. Berlin: Aufbau-Verlag, 1947, 189 S. |

*Andere Autoren
über Nelly Sachs*

Bahr	Ehrhard Bahr, *Nelly Sachs*, München: C. H. Beck und Edition text + kritik, 1980.
Berendsohn	Walter A. Berendsohn, *Nelly Sachs. Einführung in das Werk der Dichterin jüdischen Schicksals. Mit unveröffentlichten Briefen aus den Jahren 1946-1958.* Darmstadt: Agora Verlag, 1974.
Dähnert	Gudrun Dähnert, »Wie Nelly Sachs 1940 aus Deutschland entkam. Mit einem Brief an Ruth Mövius«. In: ›Sinn und Form‹ 2 (2009), 226-257.
DBdNS	*Das Buch der Nelly Sachs.* Herausgegeben von Bengt Holmqvist. Frankfurt am Main: Suhrkamp Verlag, 1968.
Dinesen	Ruth Dinesen, *Nelly Sachs. Eine Biographie.* Aus dem Dänischen von Gabriele Gerecke. Frankfurt am Main: Suhrkamp Verlag, 1994.
DinesenU	*»Und Leben hat immer wie Abschied geschmeckt«. Frühe Gedichte und Prosa der Nelly Sachs.* Stuttgart: Verlag Hans-Dieter Heinz, Akademischer Verlag, 1987.
Fritsch-Vivié	Gabriele Fritsch-Vivié, *Nelly Sachs.* Reinbek bei Hamburg: Rowohlt Taschenbuchverlag, 1993.
Holmqvist	Bengt Holmqvist, »Die Sprache der Sehnsucht«. In: DBdNS, 7-70.
Huml	*»Lichtersprache aus den Rissen«. Nelly Sachs – Werk und Wirkung.* Herausgegeben von Ariane Huml. Göttingen: Wallstein Verlag, 2008.

Kessler	*Nelly Sachs. Neue Interpretationen.* Herausgegeben von Michael Kessler und Jürgen Wertheimer. Tübingen: Stauffenburg Verlag, 1994.
Lagercrantz	Olof Lagercrantz, *Versuch über die Lyrik der Nelly Sachs.* Aus dem Schwedischen von Helene Ritzerfeld. Frankfurt am Main: Suhrkamp Verlag, 1967. Im Original: *Den pågående skapelsen. En studie i Nelly Sachs diktning.* Stockholm: Wahlström & Widstrand, 1966.
Lennartsson	Eva-Lisa Lennartsson, »Nelly Sachs och hennes vänner: mina personliga minnen«. In: ›Fenix‹ 3 (1984), 46-133.
Lermen	*Nelly Sachs — »an letzter Atemspitze des Lebens«.* Herausgegeben von Birgit Lermen und Michael Brain. Bonn: Bouvier Verlag, 1998.
NSzE:1	*Nelly Sachs zu Ehren. Gedichte · Prosa · Beiträge.* 1. Band. Herausgegeben vom Suhrkamp Verlag. Frankfurt am Main: Suhrkamp Verlag, 1961.
NSzE:2	*Nelly Sachs zu Ehren. Gedichte · Beiträge · Bibliographie.* 2. Band. Herausgegeben vom Suhrkamp Verlag. Frankfurt am Main: Suhrkamp Verlag, 1966.
Ostmeier	Dorothee Ostmeier, *Sprache des Dramas — Drama der Sprache. Zur Poetik der Nelly Sachs.* Tübingen: Max Niemeyer Verlag, 1997.
Sager	Peter Sager, *Nelly Sachs. Untersuchungen zu Stil und Motivik ihrer Lyrik.* Dissertation. Bonn: Rheinische Friedrich-Wilhelms-Universität, 1970.
Schubert:1	Lina Schubert, »Rückblick wie ich das Leben sah! Bei der Familie Sachs! im Jahre 1929«, L90:6:6, ASachs.
Schubert:2	Lina Schubert, »Wie ich das Leben im Hause William Sachs sah im Jahre 1930«, L90:6:6, ASachs.
Schubert:3	Lina Schubert, »Erinnerungen an das Jahr 1931 im Hause der Dichterin ›Nelly Sachs‹!«, L90:6:6, ASachs.

Sommerer	Gerald Sommerer, *»Aber dies ist nichts für Deutschland, das weiß und fühle ich.« Nelly Sachs – Untersuchungen zu ihrem szenischen Werk.* Würzburg: Verlag Königshausen & Neumann, 2008.

Weitere Literatur

Baalschem	Martin Buber, *Die Legende des Baalschem.* Umgearbeitete Neuausgabe. Zürich: Manesse Bibliothek der Weltliteratur, 1955 [1907].
Bibel	*Die Bibel oder die ganze Heilige Schrift des Alten und Neuen Testaments, nach der deutschen Übersetzung Martin Luthers.* Durchgesehene Ausgabe. Berlin: Britische und Ausländische Bibelgesellschaft, 1913.
Buber-Rosenzweig	*Die Schrift.* Verdeutscht von Martin Buber gemeinsam mit Franz Rosenzweig (1925-1937). Neuausgabe in vier Bänden. Heidelberg: Verlag Lambert Schneider, 1981-1986.
CBücher	Martin Buber, *Die Chassidischen Bücher.* München: Verlag von Jakob Hegner, 1928.
CErzählungen	Martin Buber, *Die Erzählungen der Chassidim.* Zürich: Bibliothek der Weltliteratur, 1949.
Deutung	Martin Buber, *Deutung des Chassidismus. Drei Versuche.* Berlin: Schocken Verlag, 1935.
Gog	Martin Buber, *Gog und Magog.* Ungekürzte Ausgabe. Frankfurt am Main und Hamburg: S. Fischer Bücherei, 1957.
Haus-Bibel	*Kleine Schul- und Haus-Bibel. Geschichten und erbauliche Lesestücke aus den heiligen Schriften der Israeliten. Nebst einer Auswahl aus den Apokryphen und der Spruchweisheit der nachbiblischen Zeit.* Herausgegeben von Jacob Auerbach. Berlin: Verlag M. Poppelauer, 1928.
Konfessionen	Martin Buber, *Ekstatische Konfessionen.* Jena: Verlag Eugen Diederichs, o. J. [1909].

Maggid	Martin Buber, *Der große Maggid und seine Nachfolger.* Frankfurt am Main: Verlag Rütten & Loenig, 1922.
Müller	Ernst Müller, *Der Sohar und seine Lehre. Einleitung in die Gedankenwelt der Kabbalah.* Berlin und Wien: R. Löwit Verlag, 1920.
Nachman	Martin Buber, *Die Geschichten des Rabbi Nachman, ihm nacherzählt von Martin Buber.* Revidierte Fassung. Frankfurt am Main: S. Fischer Verlag, 1955 [1906].
Scholem	Gershom Scholem, *Die jüdische Mystik in ihren Hauptströmungen.* Frankfurt am Main: Metzner Verlag, 1957.
Sohar	*Die Geheimnisse der Schöpfung. Ein Kapitel aus dem Sohar.* Übersetzt von Gershom Scholem. Berlin: Schocken-Verlag, 1935.
SoharM	*Der Sohar. Das heilige Buch der Kabbala.* Ausgewählt, übertragen und herausgegeben von Ernst Müller. Wien: Verlag Heinrich Glanz, 1932.
Totenbuch	Lama Kazi Dawa Samdup, *Das tibetanische Totenbuch oder die Nachtod-Erfahrungen auf der Bardo-Stufe.* Herausgegeben von W. Y. Evans-Wentz. Übersetzt aus der englischen Fassung und eingeleitet von Louise Göpfert-March. Mit einem psychologischen Kommentar von C. G. Jung. Zürich und Leipzig: Rascher Verlag, 1953.

ZEITTAFEL

1891   Leonie Sachs wird am 10. 12. als einziges Kind des Fabrikanten Georg William Sachs (geb. 7. 2. 1858) und der Margarete Sachs, geborene Karger (geb. 9. 6. 1871), beide »mosaischen Glaubens«, in Berlin geboren.

1892   William Sachs wird erstmals als wohnhaft in der Maaßenstraße 15 in Berlin-Schönberg im Adreßbuch eingetragen.

1894   Wahrscheinlicher Umzug der Familie in die Lessingstraße 33 in Tiergarten. Für das Jahr 1893 ist kein Eintrag im Einwohnerverzeichnis vorhanden; ab 1894 wird die Familie erstmals als dort wohnhaft aufgeführt.

1897-1900 Besuch der Dorotheen-Schule in Moabit.

1900-1902 Privatunterricht.

1903-1908 Besuch der Höheren Mädchenschule von Hélène Aubert in der Brückenallee 6. Erste schriftstellerische Arbeiten.

1905-1906 1. 5. 1905 - 20. 4. 1906 Abwesenheit von Berlin. Wahrscheinlicher Aufenthalt in einem Landschulheim.

1908-1910 Vor dem Geburtstag 1908 Begegnung mit einem Mann, möglicherweise während eines Kuraufenthalts in Bad Reinerz/Riesengebirge. Geistige und körperliche Krise, ausgelöst durch dieses Liebeserlebnis, an dem sie »bis zum Sterben« gelitten habe (Brief an Elisabeth Borchers vom 1. 5. 1958). Den Namen des vermutlich älteren Mannes vertraute sie nur der Mutter an. Er war »ein nicht-jüdischer Mann aus guter Familie. Er wurde Widerstandskämpfer in der Nazi-Zeit. Er wurde (vor meinen Augen) gemartert und schließlich umgebracht«, gibt Sachs später – in einem Gespräch am 11. 1. 1959 mit Walter A. Berendsohn – an. Sie fühlt sich zeitlebens an das Erlebnis gebunden und wird es in vielen Formen schriftstellerisch verarbeiten. 26. 4. 1908 - 30. 9. 1910: Abwesenheit von Berlin. Möglicherweise weilt sie in dem vom Psychiater Richard Cassirer geführten Sanatorium in der Hagenstraße 43-47 in Grunewald.

1909	Freundschaft mit Dora Jablonski, verheiratete Horwitz, die Tochter einer Schulkameradin von Sachs' Mutter.
1910	Möglicher Beginn der Arbeit an den »Sonetten«, die später an Selma Lagerlöf geschickt werden.
1911	Siegmundshof 16 in Tiergarten wird erstmals als Wohnsitz der Familie im Einwohnerverzeichnis angegeben.
1915	Die ersten in Prosa verfaßten »Stimmungsbilder« sowie Gedichte werden zur Veröffentlichung angeboten, aber nicht gedruckt.
1919	Gedichte in freier Form an Selma Lagerlöf geschickt.
1921	*Legenden und Erzählungen* erscheint bei F.W. Mayer in Berlin-Wilmersdorf. Der Verkaufserfolg ist gering.
1923	Die Familie Sachs wird »von einstigem Wohlstand in die bitterste Notlage versetzt«, wie Sachs in einem Brief an Lagerlöf vom 18.11. schreibt.
1924	Beginn der langen Krankheit des Vaters. Zeitweise ist er bettlägerig und wird von der Tochter gepflegt. Behandlungen finden auch im Sanatorium von Dr. Lazarus in Grunewald statt.
1929	Ein erstes Gedicht erscheint in der ›Vossischen Zeitung‹. Beginn der Freundschaft mit Gudrun Harlan, verheiratete Dähnert, einer Nichte Hélène Auberts.
1930	Am 26.11. stirbt William Sachs an Krebs. Er wird auf dem konfessionslosen Friedhof Wilmersdorf eingeäschert.
1931	Umzug in die Lessingstraße 33, wo die Familie das Haus, in dem sich die Firma des verstorbenen Vaters befindet, noch besitzt.
1932	Margarete Sachs erscheint als Eigentümerin im Berliner Adreßbuch.
1930-1933	Der Gedichtzyklus »Leise Melodie« entsteht.
1933	30.1.: Machtergreifung der NSDAP. Zu dieser Zeit leben in Berlin etwa 160 000 Juden, was einem Drittel der in Deutschland lebenden Juden entspricht. 27.2.: Reichstagsbrand. Erste Verhaftungswelle, Aufhebung der Grundrechte, Beginn der »rassisch« motivierten Einschränkungen und Verfolgungen. 21.3.: Einrichtung eines Konzentrationslagers in Oranienburg bei Berlin. 1.4.: Beginn des Boykotts

von Geschäften im Besitz deutscher Staatsbürger jüdischer Abstammung. Erste Gedichte im ›Berliner Tageblatt‹, danach in jüdischen Zeitungen. 9. 5.: Bücherverbrennung. Beginn der Freundschaft mit Anneliese Neff. 16. 6.: Gründung des Kulturbundes der deutschen Juden. 27. 9.: Reichskulturkammergesetz tritt in Kraft.

1934   1. 1.: Schriftleitergesetz tritt in Kraft. Der Gedichtzyklus »Biblische Lieder« entsteht.

1935   Am 17. 7. wird »Chelion. Eine Kindheitsgeschichte« – die »erste Prosaarbeit nach langer Pause« – an Selma Lagerlöf geschickt. 15. 9.: Erlaß der »Nürnberger Gesetze«.

1936-1938   Freundschaft mit Vera Lachmann. Erna Feld-Leonhard liest mehrfach Gedichte und Prosa von Sachs im Jüdischen Kulturbund. Gedichte in ›Der Morgen‹, der Zeitschrift des Jüdischen Kulturbundes, Berlin, sowie in der Wochenzeitung des Jüdischen Zentralvereins ›C.-V.-Zeitung‹, Berlin, und im ›Israelitischen Familienblatt‹, Hamburg.

1937   Entstehung des Gedichtzyklus »Lieder vom Abschied. An den Fernen«. Intensivierung der Zwangsverkäufe jüdischer Firmen und Geschäfte. 16. 7.: Beschränkung der Ausgabe von Reisepässen an Juden.

1938   Verschärfung der NS-Rassenpolitik. 26. 4.: Registrierungspflicht für alle jüdischen Vermögenswerte. 9./10. 11.: organisierter Pogrom, die sog. »Reichskristallnacht«, in der u. a. Synagogen und Bethäuser in Brand gesteckt, danach Zwangsvermögensabgaben für Juden erlassen wurden. Erste nachweisbare Bemühungen Sachs' um Ausreise für sich und ihre Mutter.

1939   Ab 1. 1. müssen alle jüdischen Frauen den Namen »Sara« annehmen. Hitler kündigt im Fall des Krieges die »Vernichtung der jüdischen Rasse in Europa« an. 30. 4.: Aufhebung des Mieterschutzes für Juden. In Juni/Juli reist Gudrun Harlan nach Schweden, um sich bei Selma Lagerlöf und Prinz Eugen Bernadotte um eine Einreisegenehmigung zu bemühen. 1. 9.: Überfall auf Polen, Ausbruch des Zweiten Weltkriegs. Spätestens am 17. 8. sog. »Entjudung des Grundstücks Berlin NW. 87, Lessingstraße 33«. Be-

schwerden am 12. 10. als »unbegründet« zurückgewiesen.
Auflösung des Besitzes der Familie Sachs. Am 26. 10. zie-
hen Mutter und Tochter in ein möbliertes Zimmer bei Frau
Professor Hedwig Rosenheim in der Mommsenstraße 22.
Letzte deutsche Veröffentlichung eines Gedichts vor der
Flucht im ›Jüdischen Blindenjahrbuch 5699‹ (1938/1939).

1940   Beginn der Deportationen in Lager und Ghettos im
Osten. Am 23. 3. erscheint »Schlafe, Nachtigall, du hast gesungen«, dem Tod Selma Lagerlöfs gewidmet, auf Vermitt-
lung Enar Sahlins als erstes Gedicht in der schwedischen
Zeitung ›Nya Dagligt Allehanda«. Im März ziehen Mutter
und Tochter in die Pension Schwalbe in der Mommsen-
straße 55. Ab 9. 4. Besetzung Norwegens und Dänemarks
durch deutsche Truppen. Im Mai Einberufung Sachs' zum
Arbeitsdienst, gleichzeitig Erhalt der Einreiseerlaubnis für
Schweden. Am 16. 5. Abflug von Berlin-Tempelhof nach
Stockholm. Private Unterbringungen. Im Sommer Entste-
hung der »Miniaturen um Schloß Gripsholm« und der
»Schwedischen Elegien«. Juni/August: Wohnung bei Enar
Sahlin in Odengatan 6, Stockholm. Ab August möbliertes
Zimmer bei Charlotta Goldstein in Alströmergatan 16. Im
Dezember entsteht »Ein Spiel vom Zauberer Merlin«.

1940-1941 Ausweitung der deutschen Eroberungen. Okkupation von
Holland und Frankreich. 18. 10.: erste Deportation von
etwa 1000 Menschen von Berlin nach Lodz. Massaker
im Osten, erste systematische Vergasungen.

1941   Im Sommer Kontakt mit Johannes Edfelt. Im Oktober Bezug einer Einzimmerwohnung im Haus Bergsundsstrand
23 im Süden Stockholms. Im Dezember Veröffentlichung
des ins Schwedische übersetzten Gedichts »Aftonsång«
(»Abendlied«) in der Zeitschrift ›Vi‹.

1942   20. 1.: Wannsee-Konferenz zur »Endlösung der Judenfra-
ge«. Erste Übersetzungen schwedischer Lyrik.

1943   Entstehung der »Grabschriften in die Luft geschrieben«
sowie des ersten Teils der »Elegien von den Spuren im
Sande«.

1943-1946 Entstehung der szenischen Dichtung *Eli. Ein Mysterienspiel
vom Leiden Israels.*

1944   Beginn der Freundschaft mit Walter A. Berendsohn. Drei
           »Grabschriften« erscheinen in schwedischer Übertragung
           in ›Vi‹.

1944-1945 Entstehung der Zyklen »Gebete für den toten Bräuti-
           gam« und »Dein Leib im Rauch durch die Luft« sowie
           des zweiten Teils der »Elegien von den Spuren im Sande«.
           8. 5. 1945: Kriegsende in Europa. Von den über 160 000 Ber-
           liner Juden wurden 55 000 ermordet, 7000 starben durch
           Selbstmord, 90 000 war die Emigration gelungen, nur 8000
           erlebten die Befreiung.

1944-1947 Übersetzungstätigkeit für die SDU, Samarbetskommittén
           för demokratiskt uppbyggnadsarbete (»Komitee für demo-
           kratische Aufbauarbeit«).

1946   Im April Lesung schwedischer Gedichte in deutscher Über-
           setzung im schwedischen Rundfunk. Am 19. 4. erste Be-
           gegnung mit Moses und Ilse Pergament. Im Mai werden
           Gedichte im Freien Deutschen Kulturbund, Stockholm,
           vorgetragen. Entstehung des Zyklus »Chöre nach der Mit-
           ternacht«. Im Sommer Arbeit an der später *Abram im Salz*
           genannten szenischen Dichtung unter dem Arbeitstitel
           »Mann aus Ur«. Das Gedicht »Chor der Tröster« sowie
           Übersetzungen aus dem Schwedischen erscheinen in ›Die
           Tat‹, Zürich.

1947   Johannes Edfelt veröffentlicht einen Artikel über Sachs
           in der Zeitschrift ›Idun‹. Im Frühjahr entsteht der Zyklus
           »Die Muschel saust«. Der Gedichtband *In den Wohnungen
           des Todes* sowie der »Querschnitt durch die schwedische Ly-
           rik des 20. Jahrhunderts« *Von Welle und Granit* erscheinen
           im Ostberliner Aufbau-Verlag.

1947-1948 Lektüre der Vorlesungsmanuskripte Hugo Bergmanns über
           jüdische Religionsphilosophen. Die Gedichte für den Band
           Sternverdunkelung entstehen.

1948   Im August Umzug mit der Mutter in eine Einzimmerwoh-
           nung mit Küchenecke im Bergsundsstrand 23, wo Sachs
           bis zu ihrem Tod wohnen wird.

1949   *Sternverdunkelung* erscheint in Amsterdam (Bermann-Fi-
           scher/Querido-Verlag), Wien (Bermann-Fischer-Verlag)

und Berlin (Suhrkamp Verlag). Übersetzungen schwedischer Gedichte und Prosa in der ›Literarischen Revue‹, München.

1950 7. 2.: Tod von Margarete Sachs nach langjähriger Krankheit. Im März Nervenzusammenbruch. Beginn der unveröffentlichten Meditationen über den Tod der Mutter, »Briefe aus der Nacht«, die drei Jahre später vorläufig beendet werden. 25. 10.: Ernst Müllers Einleitung in die Gedankenwelt der jüdischen Mystik, *Der Sohar und seine Lehre*, in der Bibliothek der Mosaischen Gemeinde. Danach vertiefte Auseinandersetzung mit dem Buch *Sohar*. Im November Beisetzung der Urne des Vaters im Grab der Mutter im mosaischen Teil des Norra Begravningsplatsen, Stockholm. Die Gedichte »Völker der Erde« und »Wenn im Vorsommer der Mond« erscheinen in der Ost-Berliner Zeitschrift ›Sinn und Form‹. Im Dezember wird aufgrund ungesicherter sozialer Verhältnisse der Antrag auf die schwedische Staatsbürgerschaft abgelehnt.

1951 Fertigstellung der szenischen Dichtung »Das Haar«, aus der *Abram im Salz* z.T. hervorgehen wird. Im Juli Aufenthalt bei der Familie Pergament in Uttervik bei Stockholm. Die schwedische Übersetzung dreier »Elegien« erscheint in der Zeitschrift ›Bonniers Litterära Magasin‹. Dank der Unterstützung Walter A. Berendsohns erscheint ein Privatdruck von *Eli* als Subskriptionsausgabe in Malmö. Am 30. 11. erste Begegnung mit Lenke Rothman.

1952 Die szenischen Dichtungen *Abram im Salz* und *Nachtwache* entstehen. Im März und April Arbeit am »Sohar«-Zyklus. 24. 4.: Zuerkennung der schwedischen Staatsbürgerschaft.

1953 Am 5. 5. liest Eva-Lisa Lennartsson »O die Schornsteine« bei der Feier zum 5. Jahrestag der Gründung des Staates Israel auf Skansen in Stockholm. 27. 5.: Operation, die mit Lumbalanästhesie bei wachem Bewußtsein erlebt wird. Entstehung des Zyklus »Operation wach ›durchlebt‹«, später in »In Ohnmacht hinterm Augenlid« umbenannt. Drei Gedichte erscheinen in französischer Übersetzung in der Zeitschrift ›Documents‹. Rosi Wosk zieht mit ihrem Mann Henry und ihrem Sohn Bertil in eine Nachbarwohnung.

1954   Im Juni entsteht der Zyklus »Die Stunde zu Endor«. Im Juli
        Ferienaufenthalt auf Bergs Herrgård in Dalsland. Im Juli/
        August erster Besuch Gudrun Dähnerts in Stockholm. Sie-
        ben Gedichte aus dem Zyklus »Unterm Polarstern« er-
        scheinen in der Zeitschrift ›Akzente‹.

1955   Das Gedicht »Landschaft aus Schreien« sowie der Prosa-
        text »Leben unter Bedrohung« erscheinen in schwedischer
        Übersetzung in der Zeitschrift ›Vår lösen‹.

1956   Veröffentlichung des Prosatexts »Leben unter Bedrohung«
        in der Zeitschrift ›Ariel‹. Im Sommer Besuch von Alfred
        Andersch. Am 31. 7. liegt die endgültige Fassung von
        Abram im Salz vor. Im September Aufenthalt in Sunhults-
        brunn bei Tranås. Am 22. 11. Abendveranstaltung in der
        Jüdischen Studentenvereinigung, Stockholm, bei der Inge
        Waern und Eva-Lisa Lennartsson u. a. aus der szenischen
        Dichtung *Eli* lesen und Johannes Edfelt die Einführung
        hält. Gedichte erscheinen im ›Mitteilungsblatt für Christ-
        lich-jüdische Zusammenarbeit‹, Hamburg. *Aber auch diese
        Sonne ist heimatlos*, eine Auswahl schwedischer Lyrik, er-
        scheint im Georg Büchner Verlag, Darmstadt.

1957   Vier Gedichte aus *Und niemand weiß weiter* sowie einige
        Übersetzungen aus dem Schwedischen werden in der Zeit-
        schrift ›Texte und Zeichen‹ veröffentlicht. Beginn der Ar-
        beit an *Simson fällt durch Jahrtausende*. Im März Beginn des
        Briefwechsels mit Peter Hamm. Im Juni hält Moses Per-
        gament eine Vorlesung über Sachs in Dortmund. Erste
        Bemühungen um einen Preis mit ihrem Namen, bei de-
        nen der schwedische Dichter Ragnar Thoursie und der
        deutsche Journalist Egon Kötting wichtige Rollen spielen.
        27. 9.: Begegnung mit dem Regisseur und Theaterleiter Ru-
        dolf Sellner. Zur Buchmesse erscheint *Und niemand weiß
        weiter* im Ellermann Verlag in Hamburg und München.
        Korrespondierendes Mitglied der Deutschen Akademie
        für Sprache und Dichtung in Darmstadt. Im Dezember Be-
        ginn des Briefwechsels mit Paul Celan.

1958   Am 1. 1. Verleihung des neu eingerichteten Lyrikpreises
        des schwedischen Autorenverbandes. Im Januar erster Be-

such von Hans Magnus Enzensberger. Sachs besucht eine
Aufführung von Samuel Becketts *Endspiel*. Im Frühjahr
entstehen die ersten Gedichte des Zyklus »Flucht und
Verwandlung«. 11.-13. 4.: abgebrochene Teilnahme an einer
»Dichterkonferenz« der Sigtuna-Stiftung. Im Mai wird *Eli*
als Hörspiel in der Bearbeitung von Alfred Andersch vom
Süddeutschen und Norddeutschen Rundfunk gesendet.
Veröffentlichung von Johannes Edfelts *Der Schattenfischer*
im Georg Büchner Verlag, Darmstadt. Acht, z. T. nur dort
veröffentlichte Gedichte erscheinen in der Zeitschrift ›Botteghe Oscure‹, Rom.

1959   Am 13. 2. hält Hans Magnus Enzensberger einen Vortrag
über Sachs im Norddeutschen Rundfunk. 19. 3.: Uraufführ-
ung der Oper *Eli* von Moses Pergament im schwedischen
Rundfunk. Kurz danach Nervenzusammenbruch. *Flucht
und Verwandlung* erscheint in der Deutschen Verlags-Anstalt, Stuttgart. 7. 7.: Verleihung des Literaturpreises des
Kulturkreises im Bundesverband der Deutschen Industrie.
9. 7.: erste Begegnung mit dem Schweizer Lyriker und Kri-
tiker Rudolf Peyer. Im August Besuch von Peter Hamm.
Ab Oktober deutliche Anzeichen von Verfolgungsängsten.
Zwei Szenen aus *Der magische Tänzer* erscheinen in der Zeitschrift ›Hortulus‹.

1959-1960   Entstehung der dramatischen Dichtungen *Vergebens an
einem Scheiterhaufen* und *Was ist ein Opfer?*.

1960   Im Februar Veranstaltung mit Rezitationen in der Deut-
schen Botschaft, Stockholm. Deutliche Anzeichen psychi-
scher Schwäche. 25. 5.: Fahrt mit Eva-Lisa Lennartsson
nach Zürich. Am Flughafen warten Paul Celan mit seiner
Frau Gisèle Celan-Lestrange und seinem Sohn Eric sowie
Ingeborg Bachmann und Hans Rudolf Hilty, Verleger und
Herausgeber der Zeitschrift ›Hortulus‹. Am 26. 5. Treffen
mit Celan im Hotel Zum Storchen. 29. 5.: Verleihung des
Meersburger Droste-Preises für Dichterinnen, an der auch
Gudrun Dähnert mit ihrem Mann teilnimmt. Von dort
Reise nach Zürich, wo Sachs am 31. 5. im Rundfunk liest,
und ins Tessin zu Alfred und Gisela Andersch. Danach

zurück nach Zürich und weiter nach Paris, wo ein erneutes Treffen mit Celan stattfindet. Man besucht u. a. das Grab Heines auf dem Friedhof Montmartre. 16. 6.: Rückkehr nach Stockholm. Verschlechterung des psychischen Zustands. Während des Sommers wohnt Sachs zum Teil bei Inge Waern. Veröffentlichung von drei Szenen aus *Simson fällt durch Jahrtausende* in der Zeitschrift ›Blätter + Bilder‹. Ab 1. 8. wohnt Sachs einige Tage bei Astrid Ivarsson, einer Polizeikrankenschwester. Vorschau von Erwin Leisers Film *Mein Kampf*. 8. 8.: Einlieferung in die psychiatrische Abteilung des Södersjukhuset. *Was ist ein Opfer?* erscheint in ›Hortulus‹. 9. 9.: Überweisung in die Nervenklinik Beckomberga, wo Sachs unter anderem mit Elektroschocks und Insulin behandelt wird. Paul Celan besucht Stockholm. Im September wird *Simson fällt durch Jahrtausende* im Süddeutschen Rundfunk gesendet. Ab 8. 10. nimmt Sachs mit ihrer Umwelt wieder Kontakt auf. Entstehung der ersten acht Gedichte des Zyklus »Noch feiert Tod das Leben«. Im Dezember im Fåhraeuska Vilohemmet in Högberga außerhalb von Stockholm.

1961   Im Januar erst bei Margareta Danneskiöld-Samsøe, dann in der eigenen Wohnung. Hier wird Sachs bis zu ihrem Tod hauptsächlich von Rosi Wosk unterstützt. Erster Besuch mit Hans Magnus Enzensberger bei Bengt und Margaretha Holmqvist. März / September in Beckomberga. Vom 11. 4. bis 15. 12. Eichmann-Prozeß vor dem Jerusalemer Bezirksamt. Urteil: »Tod durch den Strang«. Entstehung der szenischen Dichtung *Beryll sieht in der Nacht*. Die schwedische Auswahl *Flykt och förvandling* erscheint bei Folket i Bilds Lyrikklubb in Stockholm. Korrespondierendes Mitglied der Freien Akademie der Künste, Hamburg. Stiftung des Nelly-Sachs-Preises durch die Stadt Dortmund und Ernennung der Namensgeberin zur ersten Preisträgerin. 18. 11.: erste Begegnung mit Erik Lindegren. 10. 12.: Feier des siebzigsten Geburtstages mit Freunden und Vertretern des schwedischen Kulturlebens sowie mit offiziellen Gästen aus Dortmund. *Nelly Sachs zu Ehren* – Gedichte, Prosa und Beiträge, herausgegeben von Bengt Holmqvist – erscheint im Suhrkamp Verlag, ebenso *Fahrt ins Staublose.*

1962   Von Februar bis Dezember in Beckomberga, über Weihnachten in Högberga. Arbeit an den Übersetzungen von Gunnar Ekelöfs Gedichten, zu Ostern erste und einzige Begegnung der beiden Dichter. Entstehung des ersten Zyklus der *Glühenden Rätsel.* 14. 3.: Verleihung des ersten Nelly-Sachs-Preises (in Abwesenheit der Dichterin). Zugleich erste Bühnenaufführung von *Eli* an den Städtischen Bühnen Dortmund. *Eli* wird in ›Spectaculum‹ veröffentlicht. *Zeichen im Sand* erscheint im Suhrkamp Verlag. Danach weitere Arbeit an szenischen Dichtungen. Die Übersetzung von Ekelöfs *Poesie* erscheint im Suhrkamp Verlag.

1963   Von Januar bis Mai in der eigenen Wohnung, dann erneut Beckomberga. Entstehung des zweiten Zyklus der *Glühenden Rätsel.* Im August endgültige Entlassung aus der Klinik. Korrespondierendes Mitglied der Bayerischen Akademie der schönen Künste, München. *Ausgewählte Gedichte* erscheinen mit einem Nachwort von Hans Magnus Enzensberger im Suhrkamp Verlag. Die Übersetzung von Erik Lindegrens *Weil unser einziges Nest unsere Flügel sind* erscheint im Luchterhand Verlag in Neuwied und Berlin.

1964   4. 5.: Nelly-Sachs-Abend des Deutschen Kulturinstituts, Stockholm. Im September Tagung der Gruppe 47 in Sigtuna und Stockholm. Begegnung mit zahlreichen Teilnehmern. *Glühende Rätsel* (1. und 2. Zyklus) erscheint in der Insel-Bücherei, Frankfurt am Main. *Das Leiden Israels* erscheint mit einem Nachwort von Werner Weber im Suhrkamp Verlag. Erik Lindegrens Übersetzung *Än hyllar döden livet* erscheint im Bonniers Förlag, Stockholm. Ab Dezember Entstehung des dritten Zyklus von *Glühende Rätsel.*

1965   17. 10.: Friedenspreis des Deutschen Buchhandels in Frankfurt am Main. Anschließend erster und einziger Besuch in Berlin nach der Flucht, als Ehrengast der Stadt, in Begleitung von Margaretha und Bengt Holmqvist. Der Band *Späte Gedichte* erscheint im Suhrkamp Verlag, die Auswahl *Schwedische Gedichte* bei Luchterhand. Eine Auswahl der

Gedichte Karl Vennbergs, *Poesie*, erscheint in der Übersetzung von Enzensberger und Sachs im Suhrkamp Verlag.

1966 Entstehung des vierten Zyklus der *Glühenden Rätsel*. Im Frühjahr Entstehung des Zyklus *Die Suchende*. Aus Anlaß der Veröffentlichung seines Buches *Den pågående skapelsen* (auf deutsch: *Versuch über die Lyrik der Nelly Sachs*, 1967) hält Olof Lagercrantz am 9.3. in deren Anwesenheit einen Vortrag über Sachs. Am 21.8. strahlt der schwedische Rundfunk eine Sendung aus, in der Sachs aus ihren Gedichten liest. Am 24.10. werden die Preisträger des Literaturnobelpreises bekanntgegeben. 10.12.: Verleihung des Nobelpreises für Literatur an Josef Agnon und Nelly Sachs (»für ihre hervorragenden lyrischen und dramatischen Werke, die das Schicksal Israels mit ergreifender Stärke interpretieren«). *Nelly Sachs zu Ehren* – Gedichte, Beiträge, Bibliographie, herausgegeben von Bengt Holmqvist – kommt ebenso wie *Die Suchende* im Suhrkamp Verlag heraus. Der erste Zyklus der *Glühenden Rätsel* erscheint in der Übersetzung Gunnar Ekelöfs unter dem Titel *Glödande gåtor* im Bonniers Förlag, Stockholm. Übersetzungen von Gedichten in mehrere Sprachen.

1967 Im März Herzanfall. 14.7.: Ehrenbürgerin der Stadt West-Berlin. Nelly-Sachs-Abend in Stockholm, Ausstellung im Leo-Baeck-Institut, New York. *Simson fällt durch Jahrtausende und andere szenische Dichtungen* erscheint in der Deutschen Verlags-Anstalt, München. Übersetzungen von Gedichten und Dramen in mehrere Sprachen.

1968 16.3.: Tod von Gunnar Ekelöf. Von April bis Mai in der psychiatrischen Klinik des Rålamshovssjukhuset, Stockholm. Im Frühjahr erscheint *Vägen är en hand*, eine Auswahl der szenischen Dichtungen in der Übersetzung Margaretha Holmqvists. 31.5.: Tod von Erik Lindegren. Das Fragment »Nur eine Weltminute« erscheint in *Aus aufgegebenen Werken* im Suhrkamp Verlag. Dort kommt auch *Das Buch der Nelly Sachs* heraus, herausgegeben von Bengt Holmqvist. Gedichte und Dramen in mehreren Sprachen.

10. 10.: Abend im Moderna Museet, Stockholm, zum Werk von Sachs in ihrer Anwesenheit.

1969   Im Februar wird *Eli* in der Akademie der Künste, West-Berlin, aufgeführt. Am 14. 3. rezitiert Eva-Lisa Lennarts-son Gedichte im Deutschen Kulturinstitut, Stockholm, in Anwesenheit von Sachs. Im April Krebsoperation. Von August bis Oktober Krankenhausaufenthalt.

1970   *Verzauberung. Späte szenische Dichtungen* erscheint im Suhr-kamp Verlag. Ende April Freitod Paul Celans in Paris. Am 12. 5. stirbt Nelly Sachs. 19. 5.: Beerdigung im mosaischen Teil des Norra Begravningsplatsen, Stockholm, neben dem Grab der Eltern.

1971   *Suche nach Lebenden.* Gedichte aus dem Nachlaß, sowie die letzten Gedichte *Teile dich Nacht,* beide herausgegeben von Bengt und Margaretha Holmqvist, erscheinen im Suhr-kamp Verlag.

VERZEICHNIS DER GEDICHTTITEL
UND -ANFÄNGE

INHALTSVERZEICHNIS

NELLY SACHS
WERKE

Kommentierte Ausgabe
in vier Bänden
Herausgegeben von
Aris Fioretos

Band I
Gedichte 1940-1950
Herausgegeben von
Matthias Weichelt

Band II
Gedichte 1951-1970
Herausgegeben von
Ariane Huml und Matthias Weichelt

Band III
Szenische Dichtungen
Herausgegeben von
Aris Fioretos

Band IV
Prosa und Übertragungen
Herausgegeben von
Aris Fioretos